Frankreich

VAUCLUSE
Avignon

ALPES-DE-HAUTE-PROVENCE
Manosque

ALPES-MARITIMES
Nice

BOUCHES-DU-RHÔNE
Marseille

VAR
Toulon

Mer Méditerranée

100% PROVENCE
UND CÔTE D'AZUR

Ⓜ

INHALT

Wie funktioniert der Reiseführer? 4
Einleitung 6
Provence früher 8
Provence heute 14
Typisch Provence 16
Praktische Infos 24
Sprachführer 36
Top 10 – unsere Favoriten 42

ALPES-MARITIMES 50
Nizza 54
Cannes 82
Monaco 94
Les Alpes d'Azur 102

VAR 104
Saint-Tropez 108
Hyères 120
Toulon und Umgebung 130
La Provence Verte 140
Draguignan 148
Le Haut-Var 156
Fréjus und Saint-Raphaël 168

BOUCHES-DU-RHÔNE 178
Marseille 182
Aix-en-Provence 198
Arles 210
La Camargue 220
Les Alpilles 228
Cassis 238

VAUCLUSE 244
Avignon 248
Luberon 264
Mont Ventoux 276
Côtes du Rhône 284

ALPES-DE-HAUTE-PROVENCE 292
Digne-les-Bains, Manosque und Sisteron 296
Lac de Sainte-Croix und Gorges du Verdon 302
Ortsnamen- und Themenregister 310

WIE FUNKTIONIERT DER REISEFÜHRER?

Um diesen Reiseführer übersichtlich zu gestalten, haben wir die Provence und die Côte d'Azur in fünf Regionen aufgeteilt: die Departements Alpes-Maritimes, Var, Bouches-du-Rhône, Vaucluse sowie Alpes-de-Haute-Provence. Die dazugehörige Karte liegt in der vorderen Umschlagklappe. Den Farben der Regionen begegnen Sie auch am Seitenrand wieder, sodass Sie schnell zu dem gewünschten Ziel blättern können. Das Buch umfasst sechs Kapitel: eines mit allgemeinen Informationen und anschließend die der jeweiligen Regionen. Am Anfang jedes Kapitels finden Sie eine Kurzdarstellung und die wichtigsten Orte. Danach folgt eine Übersicht der Highlights der Region, die in einer fünftägigen Autotour zusammengefasst sind.

Zu jedem Ort geben wir eine ausführliche Beschreibung der wichtigsten Sehenswürdigkeiten. Außerdem verraten wir Ihnen, wo Sie am besten essen, trinken, shoppen, ausgehen und übernachten können und was es sonst noch zu tun gibt. In acht übersichtlichen Top-10-Listen zeigen wir Ihnen zusätzlich, was Sie auf keinen Fall verpassen sollten. Sie finden unsere Empfehlungen im Buch durch folgendes Symbol wieder .

KARTEN UND ÜBERSICHTSPLÄNE

- In der Umschlagklappe befindet sich eine große herausnehmbare Karte der Provence, auf der die wichtigsten Straßen und Orte verzeichnet sind. Um Ihnen das Suchen zu erleichtern, finden Sie auf der Rückseite außerdem ein Ortsverzeichnis.
- Bei der Autotour am Anfang jedes Kapitels zeigt eine praktische Übersichtskarte, wo Sie sich befinden und welche Orte auf Ihrem Weg liegen.
- Die thematisch geordneten Favoriten (S. 42–49) sind in weiteren Übersichtskarten mit einem gekennzeichnet, damit sie leichter auffindbar sind.
- Für die wichtigsten Orte ist eine Karte des Zentrums enthalten. Die Nummern sowie die Farben der Kreise, die in dieser Karte eingezeichnet sind, verweisen auf die Sehenswürdigkeiten, Restaurants, Geschäfte, Hotels etc. neben der Karte.
- In der hinteren Umschlagklappe befinden sich sechs kleinere herausnehmbare Karten: vier Rundgänge durch die wichtigsten Städte der Region und zwei (Rad-)Wanderungen durch die schönsten Naturgebiete.

100% APP

Mit der App können Sie sich die Tipps und Adressen einfach und kostenlos auf Ihr Smartphone (iPhone oder Android-Phone) herunterladen. So sind Sie immer und überall bestens ausgerüstet, auch wenn Sie das Buch einmal nicht zur Hand haben. Alle Daten sind komplett offline, sodass keine Roaming-Gebühren entstehen.

EINFÜHRUNG

Auf den folgenden Seiten erfahren Sie alles über die Geschichte und die Gegenwart der Provence und was diese Region von anderen unterscheidet. Sie erhalten praktische Informationen zum Beispiel über Klima und Wetter, Reisemöglichkeiten, Essgewohnheiten, Feiertage und Events. Am Ende der Einführung ist ein kleiner Sprachführer Französisch zusammengestellt. Sehr hilfreich, wenn Sie sich mal nach etwas erkundigen möchten.

PREISANGABEN BEI HOTELS UND RESTAURANTS

Um Ihnen eine ungefähre Vorstellung von den Preisen in den Hotels und Restaurants zu geben, finden Sie bei den Anschriften stets auch Preise. Bedenken Sie allerdings, dass diese nicht immer gleich sind, sondern beispielsweise je nach Jahreszeit (Haupt- und Nebensaison) variieren können. Die Angaben für Hotels beziehen sich auf ein Doppelzimmer mit Frühstück pro Nacht, es sei denn, es ist etwas anderes genannt. Bei den Restaurants ist – wenn nichts anderes erwähnt ist – der Durchschnittspreis eines Hauptgerichts inklusive Getränk angegeben, bei Bars und Cafés der Preis für ein Getränk wie zum Beispiel eine Tasse Kaffee oder Tee.

HABEN SIE NOCH TIPPS?

Wir haben diesen Reiseführer mit großer Sorgfalt zusammengestellt. Da das Angebot an Geschäften, Restaurants und Bars jedoch regelmäßig wechselt, kann es sein, dass eine Empfehlung nicht mehr existiert. Besuchen Sie in diesem Fall oder wenn Sie andere Anmerkungen oder Fragen zu diesem Guide haben, unsere Website *www.100travel.de/provence* oder schreiben Sie uns an *info@momedia.com*. Wir freuen uns über Hinweise, neue Tipps und natürlich Fotos. Posten Sie diese gerne auf unserer facebook fanpage: *facebook.com/100travel*.

Last but not least möchten wir noch bemerken, dass keine der vorgestellten Adressen für ihre Erwähnung bezahlt hat, weder für den Text noch für die Fotos. Alle Texte wurden von einer unabhängigen Redaktion geschrieben.

EINLEITUNG

Beim Wort "Provence" denkt man sofort an lilafarbene Lavendelfelder, ein wogendes Meer von Sonnenblumen und an knorrige Olivenbäume. Der Name "Côte d'Azur" ruft dagegen Bilder eines türkisfarbenen Mittelmeers, von vollen Stränden und malerischen Häfen hervor, in denen kleine Fischerboote neben teuren Jachten liegen. Stimmt alles, aber natürlich gibt es noch viel mehr zu entdecken. Wie zum Beispiel die zerklüfteten Berge, tiefen Schluchten und wilden Flüsse der Voralpen. Oder Naturparks, wie man sie nur in Frankreich antrifft – nirgendwo gibt es so viele auf so engem Raum. Oder verschlafene Dörfer mit jahrhundertealten Traditionen und natürlich die südfranzösische Küche, die erlesenen Weine und unzähligen Bistros und Restaurants, in denen man sich unter schattenspendenden Platanen wie Gott in Frankreich fühlen kann. *La vie en rose* – es ist die gleiche Sonne, die einst Künstler wie van Gogh, Picasso und Matisse inspirierte. Auch das alles gehört zu 100% Provence und Côte d'Azur.

Die Provence und die Côte d'Azur zählen beide zur Region Provence-Alpes-Côte d'Azur (kurz: PACA). In diesem Guide haben wir uns an den politischen Grenzen dieser Region orientiert, was bedeutet, dass Gebiete wie die Drôme Provençal, der Osten des Departements Gard und das Departement Hérault, die oft als Teile der Provence angesehen werden, hier nicht berücksichtigt sind.

Die Region PACA umfasst insgesamt sechs Departements: Hautes-Alpes, Alpe-de-Haute-Provence und Vaucluse im Norden sowie Alpes-Maritimes, Var und Bouches-du-Rhône entlang der Küste. All diese Regionen kommen in diesem Reiseführer vor – abgesehen von dem Bereich Hautes-Alpes. Denn dieses verhältnismäßig kleine Berggebiet mit weniger als 100.000 Einwohnern gehört aufgrund seiner Charakteristika eher zur nördlich gelegenen Alpenregion.

Die Unterschiede in der Region PACA sind beträchtlich: Vom Baden im Mittelmeer bis hin zum Skifahren in den provenzalischen Voralpen ist eigentlich alles möglich. Jedoch sind auch die Entfernungen entsprechend, vor allem in den nördlichen Departements Alpes-de-Haute-Provence und Hautes-Alpes. Hier kommt man aufgrund der mangelhaften Infrastruktur oftmals nicht weiter als 50 Kilometer pro Tag. Wer also glaubt, dass zwei Wochen locker reichen, um die Provence zu erkunden, der irrt.

Nehmen Sie sich lieber Zeit, genauso wie die Provenzalen selbst – insbesondere in den heißen Sommermonaten, wenn es hier entsprechend zugeht. Folgen Sie dem Beispiel der Einheimischen, die während der nachmittäglichen Hitze kühle Räume aufsuchen. Wer verschiedene Ecken der Region ausführlich erkunden will, tut gut daran, jeweils mehrere Tage einzuplanen, anstatt kreuz und quer herumzufahren.

Die Frage, was nun eigentlich die Côte d'Azur genau ist, werden wir hier sofort beantworten: Die Côte d'Azur ist der 432 Kilometer lange Küstenstreifen zwischen Cassis im Departement Bouches-du-Rhône und der italienischen Grenze bei Menton im Departement Alpes-Maritimes.

In englischsprachigen Ländern wird der Küstenstreifen zwischen Nizza und Menton auch oft als "Französische Riviera" bezeichnet. Dass wir hier oft nur die Kurzform "Provence" verwenden, während der Titel des Buches *100% Provence und Côte d'Azur* lautet, geschieht nur der besseren Lesbarkeit halber und stellt keineswegs eine Abwertung der anderen wunderbaren Departements dar.

PROVENCE FRÜHER

Jahrhundertealte Spuren zeugen vielerorts von den zahllosen Völkern, die diese Region Frankreichs einst besiedelten. Einflüsse, die auch heute noch spürbar sind, etwa in den Baustilen, landwirtschaftlichen Methoden oder Essgewohnheiten. Wer den vielseitigen Charakter der Provence und Côte d'Azur verstehen will, kommt um eine Zeitreise in die Vergangenheit dieser Region daher nicht herum.

LIGURER, GRIECHEN UND KELTEN

Etwa 5000 v. Chr. wurde der südfranzösische Küstenstreifen von Germanenstämmen besiedelt, die ihr Nomadenleben aufgaben, um Landbau und Viehzucht zu betreiben. Nicht zuletzt das milde Klima und die reichhaltigen Nahrungsquellen hatten es den Ligurern angetan. Ganze Siedlungen und Ställe für das Vieh wurden aus Steinen errichtet. Diese sogenannten *bories*, von denen in Gordes noch einige Exemplare gut erhalten sind, werden auch heute noch von Hirten genutzt.

Die neuen Küstenbewohner betrieben Handel mit den seefahrenden Griechen, die um 600 v. Chr. anfingen, entlang der Küste Handelsposten zu errichten. Massalia (Marseille), dem bedeutendsten davon, brachten sie Entwicklung und Wohlstand. Reben und Olivenbäume führten sie ein, und sie brachten den Ligurern den Wein- und Olivenbau bei. Beide Völker lebten friedlich neben- und miteinander, bis die Ligurer sich nach und nach mit kriegerischen Kelten aus dem Norden vermischten. Diese Kelto-Ligurer forderten einen größeren Anteil am wirtschaftlichen Erfolg der Griechen.

Als schließlich ein Sturm auf Massalia drohte, holten sich die Griechen die Unterstützung der Römer. Letztere stationierten ab dem Jahr 125 v. Chr. immer mehr Truppen in Südfrankreich, zum Beispiel in Aquae Sextiae (Aix-en-Provence), und vergrößerten so ihren Einfluss. Diverse römische Heerführer eilten den Griechen zu Hilfe und drängten die von allen Seiten heranstürmenden Angreifer zurück. Doch dann unterlief den Griechen ein fataler Fehler …

RÖMER

In Rom bereitete sich der äußerst ehrgeizige Konsul Julius Cäsar auf den großen Kampf um die Alleinherrschaft über das Römische Reich vor, nachdem er bereits im Gallischen Krieg (58-51 v. Chr.) einen Großteil Frankreichs erobert hatte. Bei ihrer Entscheidung, welchem römischen Herrscher sie folgen würden, machten die Massalioten – die Nachfahren der Griechen, die Massalia gegründet hatten – einen kapitalen Fehler: Statt für Julius ergriffen sie Partei für dessen Rivalen Pompeius. Dafür bekamen

sie 49 v. Chr. die Quittung, als Julius Caesar als frischgebackener Kaiser kurzerhand Massalia eroberte und größtenteils in Schutt und Asche legte. Die Stadt verlor ihren Status als Provinzhauptstadt an Arelate (Arles), das sich danach zu einem bedeutenden Zentrum des Weströmischen Reiches entwickelte. Die griechische Hoheit in der römischen Provincia Transalpina (daher der Name Provence) ging abrupt zu Ende. Bis zum 5. Jahrhundert n. Chr. dauerte die Pax Romana, die Zeit, in der relative Ruhe und großer Wohlstand herrschten. Dann änderten sich die Verhältnisse drastisch. Was blieb, waren die beeindruckenden Bauwerke: Theater (Orange, Vaison-la-Romaine), Arenen (Arles), Thermen (Glanum, Nice), Brücken (Bonnieux) und ein ausgeklügeltes Netz von Verbindungswegen wie die Via Aurelia und die Via Domitia.

BARBAREN UND GRAFEN

Zwischen dem 4. und 9. Jahrhundert durchlebte die südfranzösische Region stürmische Zeiten. Nach und nach wurden die Römer von kriegerischen Barbaren abgelöst, die ihrerseits von den Hunnen aus Osteuropa vertrieben worden waren. Erst kamen die Vandalen, dann die Goten und zum Schluss die Franken, die die Provence als Reichsprovinz annektierten. Aufgrund der großen Entfernung zwischen dem Kernreich und der weit entlegenen Provinz verloren die fränkischen Könige jedoch rasch ihre Macht in dieser Region. Die Provence verwahrloste daraufhin zunehmend, wurde unwirtlich und lockte fremde Völker wie die Sarazenen, Normannen und Ungarn an. Durch Vererbung fiel das Gebiet zwischenzeitlich dem deutschen Kaiser zu, bevor es abwechselnd den Grafen von Barcelona und Toulouse gehörte.

Im 12. Jahrhundert war die Provence eine Grafschaft, bis der Graf von Toulouse zum Verdruss des Papstes Partei für die Katharer ergriff, die sich als Gegenkirche zur herrschenden römisch-katholischen Kirche in Südfrankreich verstanden. Der Papst rief daraufhin zu Kreuzzügen gegen die Katharer auf, die schließlich deren Ende bedeuteten. Im 14. Jahrhundert übergab der französische König dem Vatikan die Grafschaft, damals Venaissin genannt, was mächtigen Kirchenmännern kurze Zeit später sehr gelegen kommen sollte ...

PÄPSTE UND DIE PEST

Anlässlich der Wahl eines neuen Papstes in Rom entflammte 1309 ein Konflikt, der zum avignonesischen Papsttum führte. Zwischen 1309 und 1377 war die Grafschaft Venaissin ein Kirchenstaat und Avignon der Sitz von nicht weniger als sieben sogenannten Gegenpäpsten (Päpste, die den römischen Papst nicht anerkannten). Für Avignon brach dadurch eine große Blütezeit an.

1348 wurde die Provence von der Pest heimgesucht, deren Ausbreitung mit einer sogenannten Pestmauer verhindert werden sollte, von der heute noch Reste zu sehen sind. Dennoch wurde die Bevölkerung stark dezimiert, nicht zuletzt auch durch Hungersnöte und daraus resultierende politische Instabilität.

Erst im 15. Jahrhundert, unter König René I. (dem Guten), kehrte wieder Ruhe ein. Seine Amtszeit währte zwar nur zehn Jahre (1470–1480), aber die hatten es in sich. Er sorgte für wirtschaftlichen Aufschwung und lud Künstler nach Aix-en-Provence ein, das Avignon schon kurze Zeit später als kulturelles Zentrum ablöste. Nach Renés Tod wurde die Provence endgültig ein Teil des Königreichs Frankreich – zumindest politisch. Denn ihm zugehörig fühlten die Provenzalen sich noch lange nicht ...

DIE REVOLUTION UND DER KAISER

Bis zur Französischen Revolution bestand die Provence aus einigen mehr oder weniger autonomen Graf- und Markgrafschaften, die ein gemeinsames Parlament in Aix-en-Provence unterhielten: Das Fürstentum Orange war bis 1713 im Besitz des niederländischen Prinzen Wilhelm I. von Oranien, während Avignon und die Grafschaft

Venaissin bis 1791 dem Vatikan unterstanden. Das Fürstentum Monaco gehörte bereits seit dem Jahr 1308 – wie auch heute noch – der Familie Grimaldi. Mit der Revolution befreite Frankreich sich vom Joch der Bourbonen.

Bereits in der ersten Hälfte des 17. Jahrhunderts hatte Ludwig XIII. den nach Unabhängigkeit strebenden Regionen im Süden des Landes die Daumenschrauben angelegt und die Macht des Königs weiter ausgeweitet. Der Sonnenkönig, Ludwig XIV., setzte die Politik seines Vorgängers fort und stürzte das Land 1788 in ein finanzielles Desaster. Teure Kriege ließen die Staatsschuld ins Unermessliche steigen, die Klassenunterschiede in der Gesellschaft nahmen drastisch zu.

Die angespannte Situation führte schließlich zum Sturm auf das Pariser Gefängnis La Bastille am 14. Juli 1789. An diesem Tag, Frankreichs heutigem Nationalfeiertag, begehrte das Volk gegen das Königshaus und die bestehende Gesellschaftsordnung auf. Das Kampflied, das 500 Marseiller im August 1792 bei ihrem Einzug in Paris sangen, ist auch heute noch die Nationalhymne: *La Marseillaise.* Am 21. September 1792 wurde die Erste Französische Republik ausgerufen, ein Jahr später starben Ludwig XVI. und seine Gattin Marie-Antoinette unter der Guillotine. Das Volk kam jedoch vom Regen in die Traufe, denn schon bald erwies sich die neue "Herrschaft des Volkes" unter Robespierre als eine wahre Schreckensherrschaft.

Die Bevölkerung Südfrankreichs wandte sich bereits früh von der neuen Regierung ab und ergriff Partei für einen ehrgeizigen Brigadegeneral aus Korsika, Napoleon Bonaparte, der die Macht an sich reißen wollte. Nach einem Staatsstreich 1799 krönte Napoleon sich 1804 zum Kaiser. Seinen Begabungen als Gesetzgeber und Organisator stand eine rücksichtslose Kriegslust gegenüber, die ihm zunehmend Probleme bereitete. Nach einem verheerenden Feldzug gegen Russland folgte 1814 die Verbannung auf die italienische Insel Elba. Ein Jahr später gelang ihm jedoch die Flucht, und er kehrte mit 1000 Anhängern nach Paris zurück. Diesem Siegeszug von der französischen Mittelmeerküste bis nach Grenoble wurde 1932 feierlich mit der Eröffnung der Route Napoléon gedacht, die seitdem bei Touristen sehr beliebt ist.

Allerdings währte die Rückkehr des kleinen Kaisers nur 100 Tage. 1815 erlitten seine Truppen bei Waterloo eine allerletzte Niederlage – und Napoleon wurde erneut verbannt. Diesmal nach St. Helena, wo er am 5. Mai 1821 im Alter von 51 Jahren starb.

Die vielen napoleonischen Kriege hatten den Handel in Marseille vollkommen zum Erliegen gebracht und Frankreichs Süden zum Armenhaus werden lassen. Paris war und blieb das Machtzentrum. Als entlegene Region versprach sich die Provence nicht viel von der neuen – verhassten – Regierung im Norden. Eine provenzalische Grundhaltung, die auch heute noch sehr weitverbreitet ist, obwohl das 20. Jahrhundert durchaus Veränderungen brachte – auch positive …

STARS UND MALER

Als Urlaubsparadies wurde die französische Mittelmeerküste bereits im 19. Jahrhundert entdeckt. 1834, um genau zu sein, als der englische Adelige Lord Brougham an der Grenze zu Italien wegen einer dort grassierenden Choleraepidemie zur Umkehr gezwungen war und in Cannes blieb. In dem damals noch völlig unbedeutenden Fischerdorf ließ er eine Villa errichten, die ihm 34 Jahre lang als Winterquartier diente. Als viele reiche Adelsfamilien seinem Beispiel folgten, erlangte die Côte d'Azur erste große Bekanntheit. Internationale Filmstars und Künstler mischten sich jedoch erst im 20. Jahrhundert unter die blaublütigen Badegäste.

Auch anderswo in der Provence brach für Kunst und Kultur eine wahre Blütezeit an. Auf Initiative des provenzalischen Dichters Frédéric Mistral wurde 1854 die literarische Bewegung Félibrige gegründet. Mistral wurde 1904 mit dem Literaturnobelpreis ausgezeichnet und war somit der erste Star seiner Heimat. Die besonderen Lichtverhältnisse in dieser Region lockten zwischen 1875 und 1920 auch immer mehr Kunstmaler an: Paul Cézanne ließ sich von der Landschaft rund um Aix in den Bann ziehen, Vincent van Gogh malte seine schönsten Werke in Arles, und auch Picasso und Matisse ließen sich hier für ihre Meisterwerke inspirieren. Die Provence und die Côte d'Azur haben die bedeutendsten Maler der Kunstgeschichte maßgeblich beeinflusst. Daher erreichte die Region zu dieser Zeit den Status als künstlerisches und kulturelles Zentrum Frankreichs. Aber es gab auch andere prägende Entwicklungen.

NEUE BESUCHER

Am Anfang des 20. Jahrhunderts wurde langsam das ganze Potenzial der Mittelmeerregion erkannt. Wirtschaftlich erlangte die Provence ab 1934 größere Bedeutung durch den Ausbau der Rhone für den Schiffsverkehr. Der strategische Wert der Region äußerte sich am 15. August 1944, bei der zweitgrößten Landung der alliierten Truppen zwischen Saint-Raphaël und Saint-Tropez, die schließlich zur Befreiung von Südfrankreichs führte. In den 1960er-Jahren wurden an der Durance die ersten Wasserkraftwerke in Betrieb genommen und bei Fos-sur-Mer der Grundstein für eine Hafenanlage gelegt. Mehr Autonomie erlangte die Region in den 1970er-Jahren. Die Autobahn zwischen Marseille und Paris wurde eröffnet, und durch den Anschluss der Mittelmeerregion an das Hochgeschwindigkeitsnetz der Bahn im Jahr 2001 verkürzte sich die Fahrzeit von Paris nach Marseille mit dem Zug auf nur noch drei Stunden.

Die Provence ist deutlich näher an die Welt herangerückt. Die Region ist schnell und bequem erreichbar dank einiger internationaler Großflughäfen sowie eines hervorragenden Straßen- und Schienennetzes. Wie schon früher werden auch in Zukunft Besucher aus aller Welt den abwechslungsreichen Süden Frankreichs besuchen und auch bereichern.

PROVENCE HEUTE

Mit 31.500 Quadratkilometern ist die Provence etwas größer als Brandenburg. Die knapp 4,7 Millionen Einwohner (8 Prozent der Landesbevölkerung) wohnen überwiegend (zu 90 %) in den Städten. Marseille, die größte Stadt der Region und die drittgrößte Stadt des Landes, zählt 850.000 Einwohner, das Ballungsgebiet hat die größte Bevölkerungsdichte der Provence. Die Region Alpes-de-Haute-Provence ist klein und dünn besiedelt, die 140.000 Einwohner teilen sich eine Fläche von nur 7000 Quadratkilometern. Damit gehört dieses Departement zu den am dünnsten besiedelten Gebieten Frankreichs (20 Einwohner/km²).

Der Tourismus ist in der Provence und an der Côte d'Azur zum Wirtschaftszweig Nummer eins aufgestiegen: Fast 80 Prozent der Berufstätigen verdienen in diesem Bereich ihr Brot. Nach 1950 erreichte der Massentourismus erstmals auch den Süden Frankreichs und schwappte von der Küste kommend über das Hinterland. Millionen Besucher verbringen heute hier ihre Sommerferien; kaum eine andere französische Region ist so überlaufen.

Jahrhundertelang war die Landwirtschaft die wichtigste Einkommensquelle, heute ist sie das nur noch für drei Prozent der Berufstätigen. In den Bergen findet man vereinzelt noch kleine Viehbetriebe und auch Schafhirten.

Der Weinbau leidet seit Jahrzehnten unter dem Konkurrenzkampf mit Importweinen aus aller Welt, und auch andere Erzeugnisse wie Lavendel und Schnittblumen können sich auf dem internationalen Markt kaum noch behaupten. Entwicklungen, die den Boden für neue, umweltschonende Anbaumethoden bereiteten. Die Produktion von Bio-Weinen stieg sprunghaft an und ihre Qualität und Beliebtheit nehmen stetig zu. Die Gegend rund um St. Rémy de Provence gehört zu den Hauptanbaugebieten Frankreichs für Oliven.

Die Fischerei hat dagegen – abgesehen von Nizza – nur noch lokale Bedeutung. Die Industrieproduktion befindet sich vor allem in und um Marseille. Hier sind unter anderem Ölraffinerien, Flugzeughersteller und wichtige Technologiezentren angesiedelt.

Provenzalen sind eigentlich keine Franzosen – finden sie zumindest selbst. "Die Provence war bereits Europa, als Frankreich noch gar nicht existierte", lautet eine weitverbreitete und durchaus berechtigte Meinung. Denn die jetzige Bevölkerung ist sehr durchmischt und setzt sich aus vielen Nationalitäten zusammen: Während im Westen noch viele Spanischstämmige leben, sind viele Menschen im Osten italienischer Herkunft.

Auch der Zuzug aus dem Mittelmeerraum, vor allem Algerien, hat erheblich zugenommen. Heute ist Marseille sogar die zweitgrößte "algerische" Stadt nach Algier. Und das ist vielen Einheimischen ein Dorn im Auge. Kein Wunder, dass die rechtsgerichtete Front National hier bis 2002 große politische Triumphe feierte. Jean-Marie Le Pen, der Parteichef von FN, erreichte sogar die zweite Runde der französischen Präsidentenwahl.

Heute haben die politisch Rechten deutlich an Macht eingebüßt, obwohl die "Unterwanderung" aufgrund unaufhaltsamer Landflucht weiter zunimmt: Briten, Belgier sowie Niederländer haben hier in den letzten Jahren (Zweit-)Wohnsitze erworben. Aber auch eine wachsende Zahl französischsprechender Städter auf der Suche nach Ruhe und mehr Platz entscheidet sich für ein Domizil in der Provence. "Les étrangers" (Ausländer) werden sie genannt. Womit Provenzalen übrigens nicht nur Neuankömmlinge aus dem Ausland meinen, sondern auch die Einwohner des Nachbardorfes ...

TYPISCH PROVENCE

LAVENDEL

In den Monaten Juni und Juli, wenn der Lavendel blüht, gleichen die Departements Vaucluse, Alpes-de-Haute-Provence und Teile des Hautes-Alpes einem lilafarbenen Meer. Einen Monat später, wenn sich alle Blüten entfaltet haben, bricht die Erntezeit an. Was früher in Handarbeit geschah, erledigen heute Maschinen – aus Kostengründen, denn der Wettbewerb mit synthetischen Duftstoffen ist hart. Echter Lavendel (*Lavendula angustifolia*, lavande fine), mit nur einer Blüte je Stängel, wird zusehends vom Lavandin verdrängt, der mehrere Blüten pro Stängel aufweist. Letzterer blüht zwar länger und ergibt einen fünffachen Ertrag, dafür ist der Duft aber weniger intensiv. Für einen Liter Lavendelöl werden 130 Kilogramm echter Lavendel benötigt, aber nur 40 Kilogramm Lavandinblüten. Öl vom echten Lavendel wird für die Herstellung von Parfüm und Heilprodukten verwendet, Lavandinöl für Seife und Waschmittel. In der Provence geht der Lavendelanbau auf das 19. Jahrhundert zurück, die hiesige Produktion deckt 80 Prozent des weltweiten Bedarfs. Im August finden überall in der Provence Erntefeste statt, bei denen man auch alles über den Anbau und die Traditionen erfahren kann.

TRÜFFEL

Die meisten französischen Trüffel stammen aus dem Périgord, aber auch die Provence darf nicht unerwähnt bleiben. Vor allem Carpentras, Apt, Aups und Forcalquier sind die Fundorte des "schwarzen Diamanten", eines unscheinbaren Pilzes, der im Wurzelbereich von Bäumen wächst. Trüffel werden nicht angebaut, sondern wachsen frei in der Natur, ohne jegliches menschliche Zutun. Die Suche nach Trüffeln, an der sich zwischen November und März viele Provenzalen beteiligen, ist ein lukrativer Zeitvertreib. Denn für ein Kilogramm Trüffel werden gut und gern 800 Euro gezahlt! Das Aufspüren von Trüffeln wird ausgebildeten Hunden überlassen, die den penetranten Geruch des Pilzes von Geburt an kennen. Manche *rabassiers* (Trüffelbauern) laden Freunde des Trüffels ein, bei der winterlichen Suche zu helfen – und bei der Verkostung der frischen Ernte. Trüffel sind einfach köstlich, zum Beispiel als Zutat von Omeletts, aber auch in Scheibchen geschnitten und mit etwas Olivenöl beträufelt. Wer den Trüffelhandel mal aus der Nähe erleben will, kann dies auf einem Trüffelmarkt tun, zum Beispiel in Carpentras. Aber Achtung: Das ist nichts für Langschläfer!

LE PROVENÇAL

Auf Ortseingangsschildern provenzalischer Dörfer stehen meistens zwei Namen: ein französischer und ein provenzalischer. *Le Provençal* ist eine der Sprachen, aus denen sich das Okzitanisch zusammensetzt – eine Ansammlung von Dialekten, die als eigene Sprache Südfrankreichs gilt. Sie hat ihre Wurzeln im Lateinischen und entwickelte sich nach dem Untergang des Römischen Reiches zur *langue d'Oc*. Jahrhundertelang wurde das Okzitanisch stiefmütterlich behandelt und erst in der Nachkriegszeit "wiederentdeckt". Heute wird diese Sprache sogar wieder an Schulen und Universitäten Südfrankreichs gelehrt. Zu den okzitanischen Wörtern, die man häufig in geografischen Namen antrifft, gehören *baume* (Höhle), *combe* (Tal ohne Fluss) und *mas* (Gehöft). Wer gern mal ein Wörtchen auf Okzitanisch mitreden will, braucht bloß an ein Wort ein "g" dranzuhängen: *paing* (= pain = Brot), *ving* (= vin = Wein), *bieng* (= bien = gut).

WEIN

Der Weinbau in der Provence geht auf die griechischen Siedler zurück, die hier um 600 v. Chr. Rebstöcke pflanzten. Damit ist die Provence wohl das älteste Weinbaugebiet Frankreichs. Sie ist vor allem für ihre herrlichen Roséweine bekannt, obwohl immer mehr Winzer auch hervorragende Rot- und Weißweine hervorbringen, die sich ebenfalls wunderbar als Begleiter mediterraner Gerichte eignen. Das Klima – mit langen sonnenreichen Sommern und milden Wintern – ist geradezu ideal, nicht zuletzt für biologische Anbaumethoden. Das wichtigste Anbaugebiet erstreckt sich von St. Rémy de Provence bis nach Toulon. Zu den besten Weinen gehören die AOC-Weine (*Appelation d'Origine Controlée*) aus Côtes du Rhône, Les Baux, Côtes de Provence, Côtes du Ventoux, Bandol, Cassis, Bellet und Palette. Eine Stufe darunter, aber oft fast genauso gut, sind die VDQS-Weine (*Vins Délimités de Qualité Supérieure*), wie zum Beispiel Coteaux d'Aix-en-Provence, Coteaux Varois und Côtes du Luberon. Wer auf eigene Faust die Weinregion entdecken will, sollte den zahlreichen Weinstraßen folgen.

OLIVENÖL

Vor dem 19. Jahrhundert war der Olivenanbau die wichtigste Einkommensquelle der Region, bis die Konkurrenz aus den Nachbarstaaten übermächtig wurde. Dennoch haben viele provenzalische Landwirte Olivenbäume und -haine und gehört die Olivenernte zum alljährlichen Ritual. Ein kleiner Teil der Oliven wird im September unreif gepflückt, um als Speiseoliven auf dem Tisch zu landen. Das Gros der Oliven jedoch verbleibt bis November an den Bäumen, bis sie dunkellila und groß sind. Nach der Ernte werden sie zu Olivenmühlen (*moulins de l'huile*) verfrachtet und dort zu Öl gepresst. Die erste Kaltpressung (*première pression*) ergibt das beste Öl. Für einen

Liter Öl werden fünf Kilogramm Oliven benötigt; ein ausgewachsener Olivenbaum ergibt jährlich bis zu 40 Kilogramm, und das jahrhundertelang. Die Olivenernte geschieht meistens von Hand, eine schonende, aber auch arbeitsintensive Methode. Dies erklärt, warum eine Flasche gutes Olivenöl schnell mal zehn Euro kostet. Olivenhaine findet man überall in der Provence, das beste Öl aber stammt aus der Gegend um St. Rémy de Provence. Wer die Herstellung von Olivenöl miterleben will, sollte eine der vielen Olivenmühlen besuchen.

WEIHNACHTEN (*CALENDO*)

In der Provence dauert die – sehr traditionsreiche – Weihnachtszeit (*fêtes calendales*) zwei Monate. Am 4. Dezember (*St. Barbe*, Hl. Barbara) legen die Provenzalen Weizenkörner in etwas Wasser. Wenn diese bis zum Geburtstag Christi keimen, verspricht das kommende Jahr Glück und Wohlstand. Am 24. Dezember wird ein sehr großes Stück Obst- oder Olivenholz entzündet, ein Symbol für die Wintersonnwende und das neue Jahr (*cacho fio*). Und am Heiligabend findet das *gros souper* statt, ein ausgiebiges Essen, dessen Auftakt leichte Gerichte wie Schnecken, Gemüse und Fisch bilden. Nach der Mitternachtsmesse wird das Essen mit 13 Desserts fortgesetzt, eine Zahl, die Christus und die zwölf Apostel symbolisieren soll. Dazu gehören vier Trockenfrüchte (Feigen, Rosinen, Mandeln und Nüsse), die die vier Bettelorden darstellen, sechs regionale Früchte (Äpfel, Birnen, Melonen, Pflaumen, Quitten(marmelade) und kandierte Zitronenschalen), schwarzer und weißer Nugat sowie ein *pompe à l'huile*, eine Art Pfannkuchen, der in einer Mischung aus Orangenblütenöl und Olivenöl ausgebacken wurde. Mit dem Abbau der Weihnachtskrippen am 2. Februar (Mariä Lichtmess, *Chandeleur*) endet die Weihnachtszeit schließlich.

SANTONS

Santons, vom provenzalischen *santoun* (kleiner Heilige) abgeleitet, sind handbemalte Tonfiguren, die in der Weihnachtszeit die provenzalischen Krippen (*crèche*) bevölkern. Als infolge der Revolution von 1789 die Kirchen geschlossen wurden, erfand ein Abt in Marseille diese Figuren, damit die Menschen wenigstens zu Hause eine Krippe ausstatten konnten. Im 19. Jahrhundert bekamen die traditionellen Krippenfiguren Verstärkung: Figuren aus dem damaligen Alltagsleben wie Müller, Scherenschleifer, Pistazienbauern, Pfarrer und Narr. So entwickelte sich die *crèche* zu einer echten Dorfgemeinschaft. Heute sind die Santons weltberühmt, nicht zuletzt dank bekannter Hersteller aus Aubagne, Marseille und Aix-en-Provence. In der Weihnachtszeit gibt es überall Santon-Märkte und -Krippen, die man bewundern kann – manchmal sogar zu Hause bei Einheimischen. Eine Alternative gibt es sogar im Sommer: in Fontaine de Vaucluse oder bei La Petite Provence in Le Paradou im Département Bouches-du-Rhône (*www.lapetiteprovenceduparadou.com*).

PÉTANQUE

Die provenzalische Variante des jahrhundertealten Boccia (französisch: *jeu de boules*) gehört zum südfranzösischen Alltagsleben wie der Wein. Das Wort *pétanque* wurde abgeleitet von *pieds tanqués*, was "Füße beieinander" bedeutet. Angeblich stammt das provenzalische Spiel aus La Ciotat (Bouches-du-Rhône), wo 1910 ein gewisser Jules, "Le Noir" genannt, seine Kugel mit geschlossenen Füßen warf. Ob er dies tat, weil er betrunken war oder als Folge seines Rheumaleiden ist bis heute ungeklärt. Fest steht aber, dass es in der Provence kein Dorf gibt, das keinen *boulodrôme* besitzt: einen rechteckigen, staubigen Platz unter Platanen, wo nachmittags gespielt wird. In groben Zügen ähneln die Spielregeln denen des traditionellen Boule-Spiels, sodass Mitspielen kein Problem sein sollte. Ein Spiel kann leicht Stunden dauern, inklusive Pausen, in denen kalter Pastis genossen wird. In Vallauris bei Cannes gibt es sogar ein Pétanque-Museum.

BOUILLABAISSE, PISTOU UND AÏOLI

Die provenzalische Küche hat viele traditionelle Gerichte. Entdecken können Sie die nur, wenn Sie sie probieren. Bestellen Sie einfach, wenn Sie essen gehen, etwas, das Sie noch nicht kennen. Im Folgenden ein paar typisch provenzalische Gerichte, die Sie unbedingt essen sollten:

Bouillabaisse: eine Fischsuppe, die Fischer früher nach ihrer Rückkehr vom Meer zubereiteten. Dazu wurde Meerwasser zum Kochen gebracht und darin wurden dann Fische, die frisch aus den Netzen kamen, gegart. Danach wurde die Suppe über Brotwürfel (*croûtons*) gegossen und mit einer pikanten Chili-Knoblauch-Soße (*rouille*) gegessen. Heute gilt Bouillabaisse als hochpreisige Delikatesse, die man wegen der langen Zubereitungszeit am Vortag im Restaurant vorbestellen muss. Zu den heute feststehenden Zutaten einer Bouillabaisse zählen *rascasse* (Skorpionsfisch), *grondin* (Knurrhahn) und *congre* (Meeraal). Je nach lokaler Tradition werden auch noch andere Fischarten, Muscheln, Krabben und manchmal sogar Kartoffeln dazugegeben. Die Fische werden in einer kräftigen Brühe gekocht und erst am Tisch zerlegt. Die Brühe wird separat dazu gereicht.

Pistou: ein cremiges Pesto aus Knoblauch, Basilikum, Parmesan und Olivenöl. Wie in Italien wird es mit warmen Nudeln vermischt oder zusammen mit Tomaten, Auberginen, Zwiebeln, Zucchini und weißen Bohnen zu einer *soupe au pistou* – einem beliebten Frühjahrsgericht – verarbeitet.

Aïoli: eine Mayonnaise aus Olivenöl und jungem Knoblauch, die zu Salaten, kaltem Fleisch oder auf Brot gegessen wird. Das gleichnamige Gericht wird aus hart gekochten Eiern, gekochtem Weißfisch und Gemüse zubereitet und zusammen mit der Aïoli-Mayonnaise genossen. In vielen Restaurants ist Freitag Aïoli-Tag.

PRAKTISCHE INFOS

DIE BESTE REISEZEIT

Durchschnittlich scheint in der Provence an 300 Tagen die Sonne, an der Côte d'Azur sogar noch öfter. Durch das im Süden angrenzende Mittelmeer herrscht in der Region mediterranes Klima, die Alpen und das Zentralmassiv im Norden halten Kälte und Niederschläge aus dem französischen Inland zurück. Die Sommer sind sehr warm, oft auch heiß mit Temperaturen von 30 Grad Celsius und mehr. Die Winter könnten unterschiedlicher nicht sein: Während sie an der Küste sehr mild sind, wird es im Hinterland der Provence richtig winterlich mit Tiefsttemperaturen von bis zu minus 15 Grad Celsius. An der Côte d'Azur sitzt man in der kalten Jahreszeit im T-Shirt draußen, während man in manchen Teilen der Nordprovence bereits im Herbst die Skier anschnallen kann. Wer Wärme und Sonne liebt, sollte die Provence daher in der Zeit zwischen Mai und Oktober besuchen. Für einen Aktivurlaub empfehlen sich eher das Frühjahr und der Spätherbst oder im Norden der Region auch der Sommer. Aber auch in den Wintermonaten ist die Provence natürlich immer eine Reise wert.

Beeindruckend farbenprächtig ist die Provence übrigens zu jeder Jahreszeit. An der Küste blühen bereits im Februar die Mimosen, das Frühjahr wird von den rosa Blüten der Obstbäume eingeläutet, und der Lavendel färbt die Landschaft bis weit in den Juni hinein spektakulär lila. Im Sommer, wenn sich die Sonnenblumen der Sonne zuwenden, ist Gelb die Farbe der Provence. Ab September verzaubern die sich verfärbenden Blätter der Rebstöcke die Landschaft, und im Winter erscheint das Blau des provenzalischen Himmels noch tiefer als sonst. Kein Wunder, dass Cézanne und van Gogh gerade hier ihre schönsten Werke malten ...

In diesem Teil Südfrankreichs ist Regen eher ein rares Phänomen. Der meiste Niederschlag fällt in der Zeit von April bis November, dann allerdings oft als Platzregen – als müsste der Wassermangel im Nu ausgeglichen werden. Schwere Gewitter können einem im Sommer gehörig den Schlaf rauben. Im Winter geht in den Bergen der Niederschlag meist als Schnee nieder. Dennoch: Die Provence ist ein eher niederschlagsarmes Gebiet. Ganz anders verhält es sich jedoch mit dem Wind. Der Mistral (vom provenzalischen *mistrau* oder *maestral* für "meisterlich" abgeleitet) ist ein Wind, der aus nordwestlicher Richtung durch das schmale Rhonetal gen Süden bläst. Er erreicht zuweilen Geschwindigkeiten von 200 km/h, bläst nicht selten tagelang und wird dabei stetig kälter. Vor allem im Rhonetal kann die Temperatur empfindlich sinken, während der Osten der Provence und die Côte d'Azur meistens verschont bleiben. Toller Nebeneffekt des Mistrals: ein klarer Himmel, der eine großartige Fernsicht ermöglicht.

ANREISE

> FLUGZEUG Die Provence ist weniger als zwei Flugstunden von Deutschland entfernt. Drei Städte verfügen über einen internationalen Flughafen: Nizza (Aéroport Nice), Toulon (Toulon-Hyères) und Marseille (Marseille-Provence), wobei nur Marseille und Nizza direkt von einem der großen deutschen Flughäfen angeflogen werden. Direktflüge nach Marseille starten in München, Frankfurt und Augsburg, nach Nizza in Frankfurt, München, Hamburg, Berlin, Zürich, Genf, Basel, Wien und auch in den grenznahen Flughäfen von Straßburg und Luxemburg. Wer seinen Urlaub in der Westprovence verbringen will, für den ist der Flughafen von Montpellier im benachbarten Departement Languedoc-Roussillon eine gute Alternative. Direktverbindungen gibt es allerdings nur mit Frankfurt (Hahn) und München.

Aufgrund der teilweise sehr günstigen Flugpreise und der recht hohen Mautgebühren auf Frankreichs Autobahnen ist die Reise nach Südfrankreich mit dem Flugzeug oft sogar billiger als mit dem Auto. Selbst dann, wenn man beschließt, vor Ort ein Auto zu mieten. Es empfiehlt sich allerdings, zeitig nach Flugangeboten Ausschau zu halten und den Flug geraume Zeit vor der Abreise zu buchen.

> AUTO Für viele Provence-Urlauber ist das eigene Auto nach wie vor Transportmittel Nummer eins. Eine gute Wahl, wenn man nicht an einem Ort verweilen oder regelmäßig Ausflüge machen will. Allerdings müssen für die Fahrt in den Süden bis zu drei Tage Anreisezeit eingeplant werden, je nachdem, in welcher Ecke Deutschlands Sie starten. Von wenigen Ausnahmen (zum Beispiel dem Elsass) abgesehen, fallen auf französischen Autobahnen Mautgebühren (*péage*) an. Diese müssen vor Ort bar oder mit Kreditkarte bezahlt werden (EC-Karten werden nicht akzeptiert!). Praktisch: Auf folgender Website kann man sich die anfallenden Gebühren vorab berechnen lassen: *www.autoroutes.fr*.

In den Sommermonaten gehört die französische A7 nach Südfrankreich, *Route du Soleil* genannt, zu den stauträchtigsten Autobahnen Westeuropas. Vor allem im Juli und August, der Hauptreisezeit und Ferienzeit vieler Franzosen, ist der südliche Teil der A7 zwischen Lyon und Orange, wo sich die Autobahn nach Westen (Spanien) und Osten (Italien) hin teilt, oft hoffnungslos überlastet. Meiden Sie die berüchtigten "schwarzen Samstage", denn da geht oft stundenlang gar nichts mehr – nicht zuletzt auch wegen Rückstaus von den Mautstationen und Autobahnrast- und Tankstellen. Informieren Sie sich deshalb rechtzeitig vor der Abfahrt über die Verkehrsprognosen auf der französischen A7.

Parken ist in den Großstädten normalerweise kein Problem. Parkgaragen gibt es genug, und die Gebühren sind oftmals deutlich niedriger als in Deutschland. In kleineren Ortschaften ist das Parken meist kostenlos.

> **ZUG** Mit dem französischen Hochgeschwindigkeitszug TGV ist man in wenigen Stunden in der Provence. Der Zug hält in Avignon, Aix-en-Provence, Marseille, Toulon, Saint-Raphaël, Cannes und Nizza. Einmal am Tag fährt ein TGV von Frankfurt (über Straßburg) nach Marseille, der auch in Avignon und Aix-en-Provence hält (Angebote dazu finden Sie unter *www.bahn.de*). Eine bequeme, aber nicht gerade billige Alternative ist der Autozug: An einigen Tagen im Monat fährt in der Zeit von April bis Oktober ein Autozug der Deutschen Bahn von Hamburg, Düsseldorf oder Frankfurt (Neu-Isenburg) nach Narbonne, das nicht mal 200 Kilometer von der Westprovence entfernt liegt (*www.dbautozug.de/autozug/reiseziele*).

Auch vor Ort kann Zugfahren eine gute Alternative zum Auto sein, vor allem in den Sommermonaten. So spart man sich den Stress auf den überfüllten Straßen und etwaige Parkprobleme. Der TGV bringt einen zum Beispiel in weniger als einer Stunde von Avignon nach Marseille. Fahrkarten gibt es unter anderem in den Bahnhöfen (*gares*) oder den Verkaufsstellen der französischen Bahn SNCF. Praktische Alternative: Fahrkarte online kaufen und selbst ausdrucken. Für mehr Informationen siehe *www.sncf.com/de/fahrgaste*.

ESSEN UND TRINKEN

Für Franzosen hat das Frühstück (*le petit déjeuner*) keine große Bedeutung. Die meisten begnügen sich mit einer großen Tasse Kaffee und einem Croissant, nicht selten unterwegs zur Arbeit oder Schule. Das erklärt auch, wieso morgens in vielen kleinen Cafés Körbe mit Croissants auf dem Tresen stehen. Es ist übrigens ganz normal (und erlaubt), sich beim Bäcker Croissants oder *pains au chocolat* (Schokobrötchen) zu holen und in einem benachbarten Straßencafé zu verspeisen – solange man etwas zum Trinken dazubestellt.

In Frankreich eine ganz normale Tasse Kaffee zu bekommen, ist nicht ganz einfach. Denn die Kaffeevariationen sind zahllos, und der Jargon wechselt von Café zu Café und Region zu Region. Wenn Sie *un café* bestellen, zum Beispiel nach dem Essen, wird Ihnen meistens eine kleine Tasse mit starkem, schwarzem Kaffee serviert. Am ehesten gleicht noch ein *café allongé* (verlängerter Kaffee) dem "deutschen" Kaffee. Nur selten wird Milch in einem Kännchen dazuserviert. Wer seinen Kaffee also gern mit einem Schuss Milch trinkt, sollte *une noisette* ordern. Ein Café au Lait oder ein Café crème ist eine große Tasse Kaffee mit viel (warmer) Milch. Ein Cappuccino ist in Frankreich oft eine Tasse Kaffee mit Schlagsahne. Wer einen Espresso trinken will, bestellt am besten *un espresso*, *un petit café* oder *un serré*. Oder *un double*, wenn es ein doppelter sein soll. Und Liebhaber von koffeinfreiem Kaffee entscheiden sich für *un déca*.

Das Mittagessen (*le déjeuner*) findet zwischen 12 und 14 Uhr statt, zumindest an Wochentagen. An Sonntagen wird ab 13 Uhr *en famille* gegessen, oftmals bis zum späten Nachmittag. An der Küste ist ein Mittagessen nach 14 Uhr zwar nicht unüblich, aber auch nicht so gängig, dass Sie sich darauf verlassen dürfen. Deshalb empfiehlt es sich, in einem Restaurant speziell dafür zu reservieren. Was übrigens immer vernünftig ist, wenn man keine böse Überraschung erleben will. Denn vor allem kleinere Restaurants schließen oft, sobald die letzten Gäste ihre Mahlzeit beendet und das Lokal verlassen haben. Wer zu spät kommt, hat eben Pech gehabt ...

Das Abendessen (*le dîner*) wird nicht vor 20 Uhr eingenommen. Auch hierfür ist eine Reservierung ratsam, vor allem in der Hochsaison und wenn man in einem bestimmten Lokal essen möchte. Für Franzosen ist Reservieren normal.

Ein Lokal zu betreten und sich einfach irgendwo hinzusetzen, wird als sehr unhöflich empfunden. Man sollte am Eingang auf den Inhaber oder Ober warten und fragen, ob noch ein Tisch frei ist. Am Tisch wird meistens sofort die Speisekarte gereicht und dazu eine Karaffe mit (Leitungs-)Wasser und ein Brotkorb. In vornehmeren Restaurants versuchen Bedienungen Gäste zum Bestellen von Mineralwasser zu verführen, aber auch hier kann man ohne Skrupel *une carafe d'eau* oder *eau de robinet* (Leitungswasser) verlangen. Oder *une carafe château de la pompe* ("acqua comunale").

Franzosen essen ungern unterwegs auf der Straße. Was aber nicht bedeutet, dass man keine Snacks oder (belegte) Brötchen bekommen würde. Viele Bäcker verkaufen auch Pizzastücke, und die meisten Cafés bieten Sandwiches oder *tartines*, belegte Baguettes, zum Mitnehmen an. Einheimische essen ihre Zwischenmahlzeiten aber lieber zu Hause oder im Straßencafé, wo sie sich etwas zu trinken dazubestellen.

Die Auswahl an Aperitifs (*l'apéritif*) ist groß. Franzosen lieben süße Cocktails und trinken nur selten Wein vor dem Essen – dafür aber fast immer dazu. Wer einen Wein als Aperitif trinken will, sollte *un quart de rosé, blanc* oder *rouge* ordern. Gereicht wird dieser in einer Karaffe (etwa zwei Gläser) mit einem Glas. Wenn Sie zu zweit sind, können Sie natürlich noch ein Glas extra kommen lassen. Allerdings sind zwei Gläser Wein in der Regel billiger als eine Karaffe der gleichen Menge. Ein Glas Süßwein wie Beaume de Venise ist ein beliebter Aperitif vieler provenzalischer Frauen, während Männer eher Pastis oder Ricard bevorzugen.

Weinliebhaber kommen in der Provence voll auf ihre Kosten. Fast jedes Dorf hat seinen eigenen Wein, der in Restaurants oft *en pichet* (in einer Karaffe) serviert wird. Dank der kleinen Menge kann man während eines Essens mehrere Weine probieren, und das zu einem akzeptablen Preis. Übrigens stimmt es nicht, dass beim Mittagessen immer Wein getrunken wird. Denn schließlich müssen die meisten ja noch arbeiten.

In vielen Restaurants kann die Rechnung (*l'addition*) mit Kreditkarte beglichen werden. Achten Sie beim Betreten eines Lokals auf die Aufkleber auf der Eingangstür, so vermeiden Sie böse Überraschungen. Im Trinkgeldgeben sind Franzosen eher zurückhaltend, Bedienungen schätzen es aber sehr. Zwischen fünf und zehn Prozent des Rechnungsbetrages sind ausreichend.

ÖFFNUNGSZEITEN

> **GESCHÄFTE** Die meisten Geschäfte haben von 12 bis 14 Uhr geschlossen, im Sommer sogar bis 15.30 Uhr. Größere Supermärkte jedoch nicht, und auch der *hypermarché* in den großen Einkaufszentren hat durchgehend von 8 bis 20 Uhr geöffnet. Supermärkte sind in der Regel auch sonntags bis 12 Uhr geöffnet. Bäcker öffnen ihre Läden bereits sehr früh, haben aber oft eine lange Mittagspause (manchmal bis 17 Uhr). Wenn es im Ort mehrere Bäcker gibt, sprechen sie ihre Ruhetage untereinander ab. Einfach zum nächsten Bäcker gehen, lautet dann die Devise. Im Allgemeinen gilt, dass die Geschäfte im Sommer länger geöffnet haben als im Winter. In der kalten Jahreszeit sind sowieso viele Läden geschlossen und an Feiertagen oft nur eingeschränkt geöffnet.

> **APOTHEKEN** Fast jeder Ort zählt mehrere Apotheken, die in der Regel von 9.30 bis 12.30 Uhr und von 14.30 bis 18.30 Uhr geöffnet sind. Welche Apotheke Wochenenddienst hat, steht auf der Eingangstür der Apotheken vermerkt. Da es in Frankreich keine Drogerien gibt, bekommt man in den Apotheken auch nicht verschreibungspflichtige Arzneimittel, die in Deutschland in Drogeriemärkten verkauft werden. Und wie in Deutschland kann man sich von einem Apotheker auch medizinisch beraten lassen.

> **MUSEEN** An Montagen und Feiertagen sind die meisten Museen geschlossen. Die Öffnungszeiten wechseln von Museum zu Museum und von Saison zu Saison. Daher empfiehlt es sich, sich vorab auf der Website des Museums oder bei der örtlichen Touristeninformation (*Office du Tourisme*) zu informieren.

> **POSTÄMTER UND BANKEN** Beide sind in der Mittagszeit meistens geschlossen. In größeren Städten sind die Öffnungszeiten meist anders als in kleineren Ortschaften. Wer es genau wissen will, sollte sich auf der Website informieren. Wie alle Behörden sind Banken und Postämter auch an Feiertagen geschlossen.

FEIERTAGE

Frankreich kennt elf gesetzliche Feiertage (*jours fériés*). An diesen Tagen sind Geschäfte, Banken, Museen und Behörden geschlossen oder nur eingeschränkt geöffnet:

1. Januar	Neujahr (Jour de l'An)
März/April	Ostersonntag (Pâques)
April/Mai	Christi Himmelfahrt (Ascension)
1. Mai	Tag der Arbeit (Fête de Travail)
8. Mai	Waffenstillstand 1945 (Fête de la Victoire)
Mai/Juni	Pfingstsonntag (Pentecôte)
14. Juli	Nationalfeiertag (Fête Nationale/Quatorze Juillet)
15. August	Mariä Himmelfahrt (Marie l'Assomption)
1. November	Allerheiligen (Toussaint)
11. November	Waffenstillstand 1918
25. Dezember	Erster Weihnachtstag (Noël)

Obwohl Karfreitag (Vendredi Saint), Ostermontag und der zweite Weihnachtstag in Frankreich keine Feiertage sind, bleiben manche Geschäfte geschlossen oder sind nur eingeschränkt geöffnet. Am Pfingstmontag wird vielerorts normal gearbeitet und viele Läden sind geöffnet. Nach der Hitzewelle 2003, bei der viele Senioren starben, ist der Pfingstmontag per Gesetz zum Tag der Solidarität mit Senioren ausgerufen worden (an dem man die Hälfte des Gehalts für die Seniorenhilfe spendet). Inzwischen nimmt aber die Zahl derer, die sich am Pfingstmontag freinehmen, wieder stark zu.

VERANSTALTUNGEN

> JANUAR, Barjols: *Fête des Tripettes*
Am zweiten Januarwochenende gedenkt dieses Dorf seiner mysteriösen Rettung (dank eines Rindes!) aus einer Hungersnot. Dabei kommen Innereien auf den Tisch. Nur für Menschen mit einem stabilen Magen!

> JANUAR, Richerenches: *Messe de la Truffe*
Am dritten Sonntag im Januar findet hier die berühmte Messe des Trüffels, des "schwarzen Diamanten", statt. Der wöchentliche Trüffelmarkt am Samstag, der größte Frankreichs, ist ein Muss für Liebhaber.

> FEBRUAR, Menton: *Fête du Citron*
Das Erntefest zu Ehren der Zitrone zwischen Mitte und Ende Februar wird in Menton ausgiebig gefeiert – Umzug mit Festwagen mit bezaubernden Kunstwerken aus Zitronen inklusive.

> FEBRUAR, Nizza: *Carnaval de Nice*
Der weltberühmte Karneval von Nizza – mit Umzug, Blumenkorso und Lichterparade – findet immer in den beiden letzten Februarwochen statt.

> FEBRUAR, Bormes les Mimosas: *Fête de Mimosa*
Am dritten Sonntag im Februar steht Bormes les Mimosas ganz im Zeichen der zarten gelben Mimosen, die im zeitigen Frühjahr in voller Blüte stehen. Keine Lust auf Gedränge? Dann genießen Sie einfach die 130 Kilometer lange Route de Mimosa entlang der Küste.

> APRIL, Arles: *Féria de Pâques*
Kein anderer Ort in der Provence ist so spanisch geprägt und daher wundert es nicht, dass die neue Stierkampfsaison hier farbenprächtig und feierlich eröffnet wird. Auch interessant, wenn man Stierkämpfe nicht mag. Mehr Informationen finden Sie unter *www.feriaarles.com*.

> MAI, Cannes: *Festival de Cannes*
In der dritten Maiwoche ziehen Glitzer und Glamour in Cannes ein, wenn Stars und Sternchen aus allen Erdteilen an die Côte d'Azur kommen, um der weltberühmten Verleihung der "Goldenen Palme" beizuwohnen.

> MAI, Saintes-Maries-de-la-Mer: *Le Pélérinage des Gitans*
Jedes Jahr am 24. und 25. Mai pilgern Roma aus ganz Europa hierher, um in einer bunten Prozession ihre Schutzheilige, die schwarze Sara, hoch zu Ross ans Meer zu tragen. Verpasst? Nicht schlimm, denn am 19. und 20. Oktober wiederholt sich das ganze Spektakel.

> **21. JUNI, vielerorts in Frankreich:** *Fête de la Musique*
Dieses landesweite Musikfestival findet auf Plätzen, Straßen und in Rathäusern, Behörden, Krankenhäusern und sogar Gefängnissen statt, die Konzerte sind allesamt kostenlos.

> **JULI, Avignon:** *Festival d'Avignon*
Jeden Sommer lockt das älteste Theaterfestival Frankreichs mehr als 120.000 Besucher nach Avignon. Während des einmonatigen Festivals werden die besten französischen und englischen Theaterproduktionen und auch kleinere Stücke gezeigt. Die Vorstellungen finden u. a. im Palais des Papes sowie auf Straßen und Plätzen statt. Programminfos unter *www.festival-avignon.com*.

> **JULI/AUGUST, Arles:** *Rencontres Internationales de la Photographie*
Eines der weltweit bedeutendsten Fotofestivals mit Ausstellungen in der ganzen Stadt. Besonderheit: jährlich wechselnder namhafter Kurator.

> **JULI/AUGUST, Orange:** *Les Chorégies d'Orange*
Dieses bekannte Opernfestival im grandiosen Théâtre Antique von Orange ist ein Muss – nicht nur für Opernfans, auch für weltberühmte Opernstars. Mehr Informationen und Pläne unter *www.choregies.asso.fr*.

> **AUGUST, Sault:** *Fête de la Lavande*
Mit einem Wettkampf im Lavendelschneiden, einem Kunstmarkt, einer traditionellen Sternfahrt und zahlreichen anderen Aktivitäten wird Mitte August die Lavendelernte gefeiert. Wer die blühenden Lavendelfelder erleben will, sollte die Provence im Juni oder Juli besuchen.

> **SEPTEMBER, Avignon:** *Ban des Vendanges*
Im Rahmen der Weinlese präsentieren mehr als 100 Rhonewinzer Anfang September ihre Weine. Ein großartiges Fest für alle Liebhaber des Rhoneweins!

> **OKTOBER, Collobrières:** *Fête de la Châtaigne*
An den letzten drei Oktoberwochenenden, wenn der Erntebeginn feierlich eingeläutet wird, kann man Maronen in allen erdenklichen Variationen kosten.

> **NOVEMBER, Istres:** *Fête des Bergers*
Traditionelles Fest mit Schafen, Schafhirten, Wettkämpfen im Schafehüten und einer provenzalischen Kunsthandwerksmesse.

> **DEZEMBER, Mouriès:** *Fête de l'Huile Nouvelle*
Am ersten Dezemberwochenende wird das frisch gepresste Olivenöl der neuen Ernte feierlich vorgestellt, und die Ölmühlen im AOC Vallée des Baux öffnen ihre Türen für Verkostungen.

PRAKTISCHE ADRESSEN UND TELEFONNUMMERN

> LÄNDERVORWAHL
Die Vorwahlnummer von Frankreich lautet 0033 (+33), die von Monaco 00377, von Deutschland 0049, von der Schweiz 0041 und Österreich 0043

> NOTRUFNUMMERN
Europäische Notrufnummer: 112 (Mobil- und Festnetz)
Feuerwehr – bei Unfällen, Feuer oder medizinischen Notfällen: 18
SAMU – regionale Notarztdienste für medizinische Notfälle: 15
Polizei: 17
Anrufe aus dem Festnetz (und einer Telefonzelle) sind hierbei kostenlos.

> BOTSCHAFTEN & KONSULATE
Deutsche Botschaft in Paris
13/15, avenue Franklin D. Roosevelt, Tel.: 01 53834500
Öffnungszeiten: Konsularabteilung: Montag–Donnerstag 8.30–16.45 Uhr, Freitag 8.30–14.00 Uhr.
Generalkonsulat in Marseille
338, avenue du Prado, Tel.: 0491 167520

Schweizer Botschaft in Paris
142, rue de Grenelle, Tel.: 01 49556700
Schweizer Konsulat in Marseille
7, rue d'Arcole, Tel.: 0496 101410

Österreichische Botschaft in Paris
17, avenue de Villars, Tel.: 01 40633090
Österreichisches Generalkonsulat in Marseille
27, cours Pierre Puget, Tel.: 0491 530208

> MIT DEM HANDY TELEFONIEREN
Die größten französischen Mobilfunkanbieter sind Orange France, SFR und Bouygues Telecom. Mehr Informationen auf der Website des jeweiligen Anbieters oder unter *www.frankreich-info.de/service/reiseinformationen/mobiles-internet-umts-frankreich*.

INTERNET

In den größeren Städten der Provence gibt es einige Internetcafés. Mehr Informationen dazu erhalten Sie bei den örtlichen Touristeninformationen.

POST

Die französischen Briefkästen sind gelb. Briefmarken (*timbres*) sind bei den Postämtern und in den Tabakläden (rotes Aushängeschild, auf dem *Tabac* steht) erhältlich.

GELDANGELEGENHEITEN

Standorte von Geldautomaten sind in Frankreich mit einem Schild gekennzeichnet, auf dem eine Hand und eine Geldkarte zu sehen sind. In den Städten findet man sie allerorts, in manchen Dörfern sucht man sie jedoch vergeblich. Kreditkarten werden in den meisten Geschäften und Restaurants akzeptiert (siehe Aufkleber an der Eingangstür). Manchmal muss man die PIN eingeben, und in manchen Läden muss man sich ausweisen. In Geschäften ist der Einsatz von Kreditkarten oft an einen Minimumbetrag gekoppelt.

SPRACHFÜHRER

BEGRÜSSUNG

hallo	salut	auf Wiedersehen	au revoir
guten Tag	bonjour	Bis bald!	À bientôt!
guten Abend	bonsoir	Wie geht es?	Comment ça va?
gute Nacht	bonne soirée	danke, (sehr) gut	(très) bien, merci
Schlaf gut.	Bonne nuit.	angenehm	enchanté(e)

NOTFÄLLE

Hilfe!	Au secours!
Helfen Sie mir!	Aidez-moi!
Stopp!	Arrêtez!
Vorsicht!	Attention!
Rufen Sie einen Arzt/Krankenwagen!	Appelez un médecin/une ambulance.
Rufen Sie die Polizei/Feuerwehr!	Appelez la police/les pompiers.
Wo ist das Krankenhaus?	Où est l'hôpital?
Es ist ein Unfall passiert.	Il y a eu un accident.
Ich wurde bestohlen.	J'ai eté cambriolé.

BASICS

ja	oui
nein	non
bitte schön (wenn man etwas übergibt).	Voilà!
bitte (wenn man etwas möchte)	s'il vous plaît
Danke.	Merci.
Entschuldigung, Verzeihung	pardon, excusez-moi
wann	quand
warum	pourquoi
wer	qui
Wo ist ...?	Où est ...?
was (wie)	comment
Keine Ahnung./Ich weiß es nicht.	Je ne sais pas.
Ich verstehe nicht.	Je ne comprends pas.
Sprechen Sie Englisch?	Parlez-vous anglais?
Können Sie das wiederholen?	Pouvez-vous le répéter, s'il vous plaît?
Können Sie etwas langsamer sprechen?	Pouvez-vous parler moins vite, s'il vous plaît?

Können Sie mir helfen?	Pouvez-vous m'aider?
Ich bin ein/-e Deutsche/-r.	Je suis allemand/-e.
Ich spreche ein wenig Französisch.	Je parle un peu le français.

ZAHLEN

0	zéro	19	dix-neuf
1	un, une	20	vingt
2	deux	21	vingt et un
3	trois	22	vingt-deux
4	quatre	30	trente
5	cinq	31	trente et un
6	six	40	quarante
7	sept	50	cinquante
8	huit	60	soixante
9	neuf	70	soixante-dix
10	dix	71	soixante-onze
11	onze	80	quatre-vingts
12	douze	81	quatre-vingt-un
13	treize	90	quatre-vingt-dix
14	quatorze	100	cent
15	quinze	200	deux cent
16	seize	201	deux cent un
17	dix-sept	1000	mille
18	dix-huit	2000	deux mille

ZEIT

der Vormittag	le matin	Sonntag	dimanche
der Mittag	l'après-midi	eine Woche	une semaine
der Abend	le soir	ein Monat	un mois
die Nacht	la nuit	eine Stunde	une heure
heute	aujourd'hui	eine halbe Stunde	une demi-heure, trente minutes
gestern	hier		
morgen	demain	eine Viertelstunde	un quart d'heure, quinze minutes
Montag	lundi		
Dienstag	mardi	Mittagszeit (12.00)	midi
Mittwoch	mercredi	Mitternacht (00.00)	minuit
Donnerstag	jeudi	(zu) früh	(trop) tôt
Freitag	vendredi	(zu) spät/ich habe mich verspätet.	(trop) tard/je suis en retard.
Samstag	samedi		

TELEFONIEREN

Hallo?	Allo?
Mein Name ist ...	C'est/ici ...
Kann ich mit ... sprechen?	Je peux parler à ...?
Ich höre Sie nicht.	Je ne vous entends pas.
Kann ich eine Nachricht hinterlassen?	Je peux laisser un message?

ÜBERNACHTEN

Haben Sie noch ein Zimmer (frei)?	Avez-vous une chambre (disponible)?
Kann ich ein Zimmer reservieren?	Je peux réserver une chambre?
Ich habe reserviert.	J'ai réservé/j'ai une réservation.
Ich hätte gern ein Doppelzimmer.	Je voudrais une chambre double/à deux personnes.
mit einem Doppelbett	avec un grand lit
mit zwei separaten Betten	une chambre à deux lits
mit Badezimmer	avec salle de bains
für eine Nacht/zwei Nächte	pour une nuit/deux nuits
Wie teuer?	C'est combien?
Ist das Frühstück inklusive?	Le petit déjeuner est inclu?
der Schlüssel	la clé

UNTERWEGS

reisen	voyager
Auto	la voiture
Autovermietung	la location de voitures
Stau	le bouchon
die Autobahn	l'autoroute
die Mautstraße	le péage
der Führerschein	le permis de conduire
der Reisepass/die Identitätskarte	le passeport/la carte d'identité
das Bußgeld/der Strafzettel	l'amende/le procès-verbal
Diesel	diesel, gazole
Volltanken, bitte.	Le plein, s'il vous plaît.
Ich habe eine Autopanne.	Ma voiture est en panne.
Können Sie mich abschleppen?	Pouvez-vous me dépanner?
der Bus	l'autobus
die Bushaltestelle	l'arrêt d'autobus
der Zug	le train
der Bahnhof	la gare
die Zugfahrkarte	un billet de train

Schalter	le guichet
einfache Fahrt	aller simple
Hin- und Rückfahrt	aller-retour
Flugzeug	l'avion
Flughafen	l'aéroport
Flugticket	un billet d'avion
Verspätung	le délai
Fahr-/Flugplan	l'horaire
Abflug	le départ
Ankunft	l'arrivée
Ich suche …	Je cherche …
Wo ist …?	Où est …?
Straße	la rue
Weg	la route
Verkehrsampel	le feu
Kreuzung	le croisement, le carrefour
Ausfahrt	la sortie
(nach) links/(nach) rechts	(à) gauche/(à) droite
geradeaus	tout droit
nahe	près
weit(er)	(plus) loin
(nach) oben, hinauf	en haut
(nach) unten, hinab	en bas
Haben Sie einen Stadtplan?	Avez-vous un plan de la ville?
Wo befindet sich der nächste Geldautomat?	Où est le distributeur de billets le plus proche?

EINKAUFEN

Geschäft/Laden	le magasin
Supermarkt	le supermarché
Lebensmittel	l'alimentation
einkaufen	faire le shopping/faire des courses
Öffnungszeiten	les heures d'ouverture
geöffnet/geschlossen	ouvert/fermé
Wie teuer?	C'est combien?
Haben Sie …?	Avez vous . ?
Kann ich es mal anprobieren?	Je peux l'essayer?
Kann ich es umtauschen?	Je peux l'échanger?
Ich will nur schauen.	Je regarde seulement.
Ich nehme es.	Je le/la prends.
Akzeptieren Sie auch Kreditkarten?	Acceptez-vous les cartes de crédit?
Kassenbon	le reçu, le ticket de caisse

Schlussverkauf	les soldes
die Größe	la taille (Kleidung)/la pointure (Schuhe)
dieser/diese	celui-ci/celle-ci

RESTAURANT

das Mittagessen	le déjeuner
das Abendessen	le dîner
das Menü/die Speisekarte	le menu/la carte
das Tagesmenü/Tagesgericht	le menu du jour/le plat du jour/la formule
die Weinkarte	la carte des vins
der (Wein-)Keller	la cave
Haben Sie einen Tisch für vier Personen?	Avez-vous une table pour quatre personnes?
Ich möchte einen Tisch reservieren.	Je voudrais réserver une table.
Ich habe einen Tisch reserviert.	J'ai réservé une table.
Kann ich einen Aperitif bestellen?	Je peux commander un apéritif?
Wasser ohne/mit Kohlensäure	l'eau plate/gazeuse
eine Karaffe mit Wasser/Rotwein/Rosé/Weißwein	une carafe d'eau/de vin rouge/de rosé/de vin blanc
ein Bier	une bière (Flasche)/une pression (Fassbier)
ein Cola	un coca
die Eiswürfel	les glaçons
das Besteck	le couvert
das Glas	le verre
die Flasche	la bouteille
der Teller	le plat
das Messer	le couteau
die Gabel	la fourchette
der Löffel	la cuillère
die Serviette	la serviette
(medizinische) Diät	le régime alimentaire
glutenfrei	sans gluten
Haben Sie einen Kinderstuhl?	Avez-vous une chaise d'enfant?
Ich bin Vegetarier.	Je suis végétarien(ne).
Wo ist die Toilette?	Où sont les toilettes?
Die Rechnung, bitte.	L'addition, s'il vous plaît.

SPEISEKARTE

les boissons	die Getränke
l'entrée	die Vorspeise
le plat principal	die Hauptspeise
la garniture	die Beilage
le dessert	die Nachspeise
le pain	das Brot
la soupe/le potage	die Suppe
les escargots	die Schnecken
la viande de bœuf	das Rindfleisch
la viande de porc	das Schweinefleisch
le poulet	das Hühnchen
l'agneau	das Lamm
le canard	die Ente
le poisson	der Fisch
les crustacés	die Krustentiere
les crevettes	die Garnelen
la salade (verte/mixte)	(grüner/gemischter) Salat
les pommes de terre (sautés/vapeurs)	(Brat-/gekochte)Kartoffeln
les frites	Pommes frites
les légumes	das Gemüse
la ratatouille	das provenzalisches Gemüsegericht
le steak/le bifteck	das Steak
saignant	englisch gebraten
à point	medium
bien cuit	durchgebraten
grillé	gegrillt
rôti	gebraten
du four	aus dem Ofen
l'ail	der Knoblauch
l'huile (d'olive)	das (Oliven-)Öl
le vinaigre	das Essig
le poivre	der Pfeffer
le sel	das Salz
le (plateau de) fromage	die Käse(platte)
la glace	das Eis
le fruit	das Obst
le gâteau	die Torte
le café	der Kaffee

TOP 10 HIGHLIGHTS

Den **Mont Ventoux** mit dem Rad (oder Auto) bezwingen und die Aussicht genießen **>** S. 277	1
In Avignon im beeindruckenden **Palais des Papes** herumspazieren **>** S. 249	2
Sich an den **Stränden von Saint-Tropez** unter die Prominenz mischen **>** S. 109	3
Auf den Spuren des Autors Peter Mayle den malerischen **Luberon** erkunden **>** S. 265	4
In und um **Sault** den betörenden Duft der **Lavendelfelder** erschnuppern **>** S. 282	5
Abseits vom mondänen **Cannes** durch die engen Gassen von **Le Suquet** streifen **>** S. 83	6
Die bezaubernde Natur der **Verdon-Schlucht**, Europas größten Canyon, entdecken **>** S. 157	7
Die Wandlung der Hafenstadt **Marseille** zu einer Kulturmetropole bestaunen **>** S. 183	8
Das Künstlerdorf **Saint-Paul de Vence** besuchen und einen Aperitif genießen **>** S. 76	9
Die einmalige **Camargue** und das weite Rhonedelta entdecken **>** S. 221	10

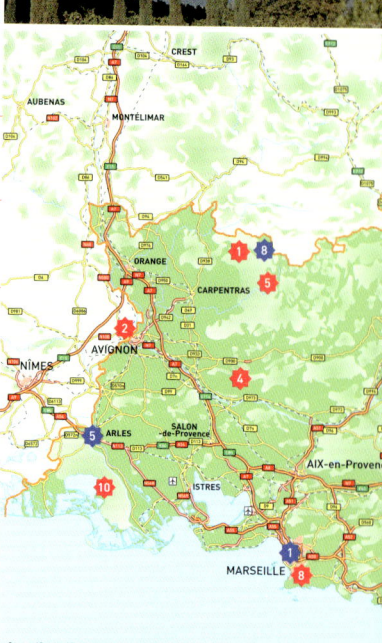

TOP 10 RELAXEN

1. Auf einer der schönen Terrassen im **Cours Julien** in **Marseille** das Leben genießen **>** S. 196

2. Bei den herrlichen **Wasserfällen von Sillans-la-Cascade** Abkühlung suchen **>** S. 166

3. Im Herzen **Nizzas** mit Blick auf das Meer **picknicken >** S. 69

4. Die Ruhe und Schönheit der **Abtei von Le Thoronet** erleben **>** S. 144

5. Sich im wohltuenden Spa von **Le Calendal** in **Arles** verwöhnen lassen **>** S. 218

6. Die Luxusstrände von **Pampelonne** unweit Saint-Tropez aufsuchen **>** S. 116

7. Einen Nachmittag auf der Terrasse des **Café de la Place** verbringen **>** S. 79

8. Das **Chalet Reynard** am **Mont Ventoux** besuchen – auch ohne Rad **>** S. 277

9. Für Trüffelfans und Ruhesuchende. **Montagnac-Montpezat >** S. 306

10. Einen Strandtag im **Le Bard'Ô** in Sanary-sur-Mer ausklingen lassen **>** S. 132

TOP 10
KUNST

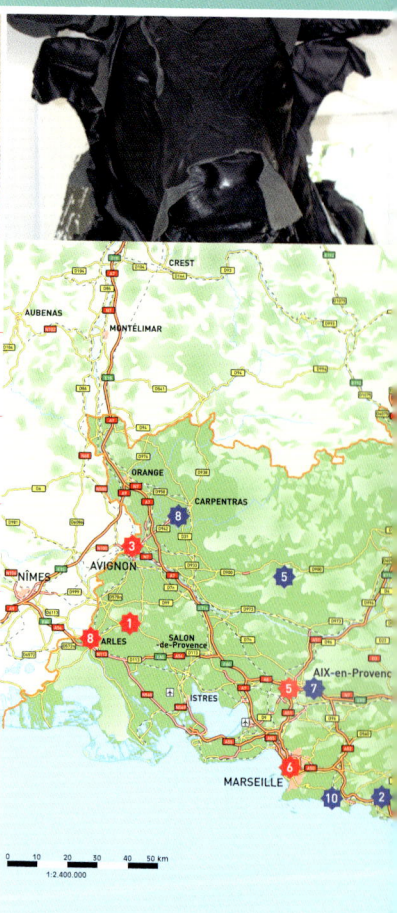

1. Sich im **Musée Estrine** in Saint-Rémy auf die Spuren Vincent van Goghs begeben **>** S. 230

2. In der **Fondation Maeght** eine der weltweit größten Kunstsammlungen bewundern **>** S. 76

3. In **Avignon** einen Stadtspaziergang mit dem Besuch dreier Museen verbinden **>** S. 249

4. Während eines **Kunstspaziergangs** die **Côte d'Azur** als Inspirationsquelle erleben **>** S. 67

5. Das Wohnhaus und Atelier von **Paul Cézanne** in Aix besuchen **>** S. 202

6. **Marseille** als führende **Kunst- und Kulturstadt** entdecken **>** S. 183

7. Nonplusultra: das **MAMAC** in der Museumsstadt **Nizza >** S. 60

8. Hommage an Arles' berühmtesten Einwohner: die **Fondation van Gogh >** S. 214

9. Picasso brauchte nur ein halbes Jahr, um das **Musée Picasso** in Antibes zu füllen **>** S. 72

10. **Saint-Tropez:** Kunst und Kultur mit Sonne und Meer verbinden **>** S. 109

TOP 10 RESTAURANTS

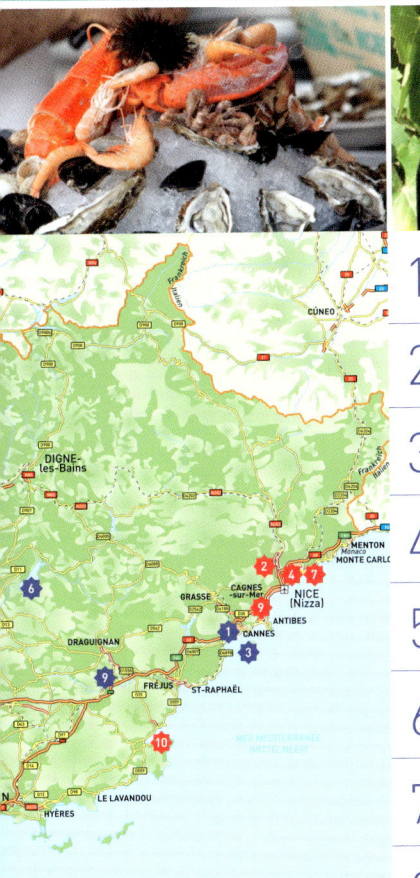

1. **Coquillages Brun**: Hier gibt es die besten *fruits de mer* der Côte d'Azur **>** S. 86

2. Die Kreativität des Sternekochs **Bérard** in La Cadière d'Azur testen **>** S. 139

3. Auf der Insel **Saint-Honorat** bei den Mönchen schlemmen **>** S. 90

4. Bei **Moom** raffinierte japanische Küche mit Blick auf das Meer genießen **>** S. 136

5. Zum Ziegenbauer von **Le Castellas** ans Ende der Welt fahren und vorzüglich essen **>** S. 272

6. Sich in **Bauduen** am Lac de Sainte-Croix kulinarisch verwöhnen lassen **>** S. 165

7. Im **Pasta Cosy** in Aix die besten Nudelgerichte probieren **>** S. 205

8. Am Fuß des Mont Ventoux **den "schwarzen Diamanten"** kosten **>** S. 278

9. In der **Maison des Vins Côtes de Provence** 800 Weine verkosten **>** S. 152

10. **Im Hafen von Cassis** köstliche Muscheln mit Pommes bestellen **>** S. 240

100% PROVENCE > TOP 10 RESTAURANTS · 45

TOP 10
NATUR

Die **reizvollsten Wanderungen** am Mittelmeer entdecken **>** S. 117 — **1**

Lieber nackt? Dann auf zur FKK-Insel **Île du Levant >** S. 125 — **2**

In einem einmaligen **Naturreservat** die Vogelvielfalt der Camargue bewundern **>** S. 222 — **3**

Die eindrucksvollen **Calanques von Cassis** vom Wasser aus betrachten **>** S. 239 — **4**

Mit dem Panoramazug den Naturpark **Parc National du Mercantour** durchfahren **>** S. 66 — **5**

Sich im Frühjahr an den Farben und Düften entlang der **Mimosenstraße** erfreuen **>** S. 128 — **6**

In den **Ockerminen von Bruoux** das "rote Gold" bestaunen **>** S. 274 — **7**

In **Quinson** Natur, Urzeit und Architektur erleben **>** S. 304 — **8**

In einem **Naturschutzgebiet** an einem herrlichen Strand sonnenbaden **>** S. 128 — **9**

Auf dem **Sentier de Littoral** bei Bandol den herrlichen Meeresblick genießen **>** S. 136 — **10**

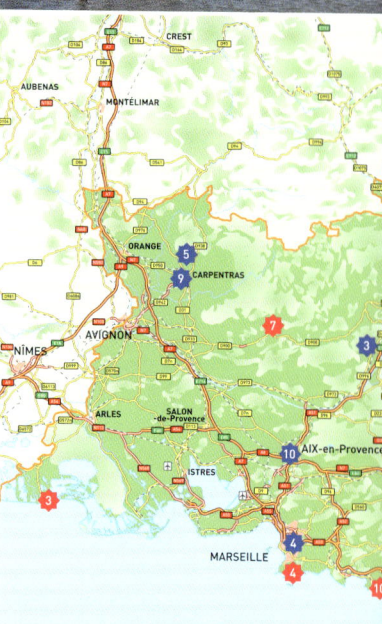

SHOPPEN

TOP 10

1. Im *cercle d'or* von Monaco steht Einkaufen auf dem Programm **>** S. 99

2. In **Varages** das schönste Steingut der Provence erstehen **>** S. 143

3. Mit zehn Prozent Rabatt Wellnessprodukte von **l'Occitane en Provence** kaufen **>** S. 299

4. Alles, was gerade in ist, findet man bei **Oogie** in Marseille unter einem Dach **>** S. 193

5. Für Wein ist **Nuances du Sud** in Beaumes-de-Venise die erste Adresse **>** S. 291

6. Bei **Baobab** in Nizza Schönes für zu Hause kaufen **>** S. 65

7. Das **Käse-Paradies** von Cannes mit mehr als 250 Sorten entdecken **>** S. 90

8. Lust auf Süßes? Bei **Thierry Morin** in Draguignan auf seine Kosten kommen **>** S. 150

9. Freitags in **Carpentras**: über den schönsten **Markt** der Provence schlendern **>** S. 277

10. Süchtig nach Schokolade? Dann seien Sie bei **Riederer** in Aix auf der Hut **>** S. 205

100% PROVENCE > TOP 10 SHOPPEN - 47

TOP 10
MIT KIDS

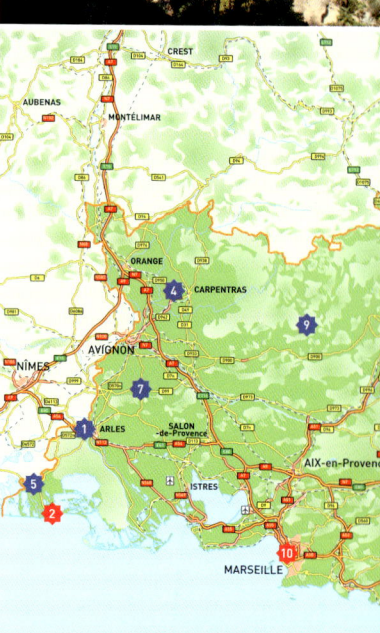

1. Ganz sicher: (Tret-)Bootfahren auf dem **See von Sainte-Croix** > S. 307

2. **Durch die Camargue reiten** (auch für Eltern/Kinder ohne Reiterfahrung) > S. 225

3. Mit einem **nostalgischen Zug** durch Nizzas Berge nach Digne-les-Bains bummeln > S. 103

4. Ein Strandfest für Jung und Alt: **La Note Bleue** in Monaco > S. 97

5. Das spannende **Musée Océanographique** besuchen und Haie bestaunen > S. 96

6. Einen tollen Outdoortag in den **Tropfsteinhöhlen von Villecroze** verleben > S. 162

7. Mit der ganzen Familie auf der **Insel Les Embiez** herumstromern > S. 136

8. Mit Kind und Kegel einen Tag in **Marineland** zubringen > S. 75

9. In Digne-les-Bains auf **Fossiliensafari** gehen > S. 297

10. Das geheimnisvolle **Château d'If** besuchen und danach baden gehen > S. 186

ÜBERNACHTEN

TOP 10

1. Wohnen wie Picasso: im stilvollen **Nord-Pinus** in Arles > S. 218

2. Das **HI Hotel** mitten in Nizza – hip und mit tollem Strand > S. 70

3. Im Olivenhain des stimmungsvollen **B&B Alegria** den Alltag vergessen > S. 164

4. Paradiesisches Schloss in den Weinbergen: **Château Talaud** > S. 280

5. Bei einem *gardian* in der Camargue eine Bleibe finden > S. 225

6. Weltberühmtes Dorfgasthaus: **La Colombe d'Or** in St.-Paul de Vence > S. 79

7. In **Les Ateliers de L'Image** in einem Baumhaus schlafen > S. 234

8. Offenbarung: das **Designhotel BOR** auf der Halbinsel Giens > S. 126

9. Zwischen den roten Ockerfelsen des **Colorado Provençal** nächtigen > S. 274

10. Naturgenuss pur: **La Bastide de Moustiers** > S. 303

NIZZA, CANNES, MONACO, LES ALPES D'AZUR

ALPES-MARITIMES

AUTOTOUR ALPES-MARITIMES

So können Sie das Departement Alpes-Maritimes in fünf Tagen erkunden. Die Route bringt Sie zu allen Orten, die Sie gesehen haben müssen, und hält auch einige Überraschungen bereit. Sie essen zwischen Einheimischen und wohnen ganz besonders.

TAG 1 **NIZZA >** an der belebten Cours Saleya frühstücken (S. 56) **>** durch die Gassen der Altstadt schlendern **>** die Cathédrale Saint-Réparate an der Place Rossetti besuchen (S. 60) **>** moderne Kunst im MAMAC bestaunen (S. 60) **>** bei Alziari Olivenöl kosten (S. 66) **>** bei Le Bistrot d'Antoine brunchen (S. 64) **>** die Stadt auf zwei oder mehr Rädern erkunden (S. 69) **>** am Hi Beach entspannen (S. 70) **>** bei Keisuke Matsushima zu Abend essen (S. 64) **>** und in Le Dortoir übernachten (S. 70) **>**

TAG 2 **MONACO >** in Nizza den Zug zum Parc de la Colline nehmen und die Aussicht über die Baie des Anges genießen (S. 69) **>** nach Villefranche-sur-Mer fahren **>** La Chapelle Saint-Pierre besuchen (S. 80) **>** bei Les Garçons zu Mittag essen (S. 81) **>** nach Monaco fahren **>** den Fürstenpalast bewundern (S. 95) **>** im Casino Blackjack spielen (S. 96) **>** am Privatstrand des Hotels La Note Bleue entspannen (S. 97) **>** bei Huit & Demi tafeln (S. 99) **>** im Ni Hôtel nächtigen (S. 100) **>**

TAG 3 **PARC NATIONAL DU MERCANTOUR & SAINT-PAUL DE VENCE >** von Monaco aus eine Autofahrt durch den Parc du Mercantour starten **>** ein Picknick verzehren **>** nach Saint-Paul de Vence fahren **>** und die Fondation Maeght besuchen (S. 76) **>** bei den Galerien in den schmalen Gassen vorbeischauen **>** einen Aperitif auf der Terrasse des Café de la Place genießen (S. 79) **>** und im Hotel La Colombe d'Or speisen und übernachten (S. 79) **>**

TAG 4 **CANNES >** nach Cannes fahren **>** einen Workshop mit einem Mittagessen bei Les Apprentis Gourmets verbinden (S. 89) **>** an der Rue d'Antibes und La Croisette shoppen gehen **>** im Carlton einen Drink bestellen **>** sich bei Céneri und Jean-Luc Pelé an der Rue Meynardier verführen lassen (S. 90) **>** zum höchsten Punkt von Le Suquet wandern **>** bei Sug'Art Fingerfood und Kunst genießen (S. 86) **>** im Hôtel Molière wohnen (S. 93) **>**

TAG 5 **CANNES UND ÎLE SAINT-HONORAT >** mit der Fähre auf die Île Saint-Honorat übersetzen (S. 91) **>** die Insel erkunden **>** die Abtei von Lérins besuchen **>** bei den Mönchen in La Tonnelle zu Mittag essen **>** mit der Fähre zurück nach Cannes **>** auf der Terrasse des Teesalons Volupté etwas essen und trinken (S. 88) **>** erneut im Hôtel Molière schlafen (S. 93) **>**

NIZZA STADT

BAUDENKMÄLER, MUSEEN UND LE VIEUX NICE

Nizza ist eine tolle Stadt, für deren Erkundung man etwas Zeit braucht. Die moderne Metropole – fünftgrößte Stadt Frankreichs mit internationalem Hafen und einer jungen Bevölkerung – ist zukunftsorientiert, ist sich aber auch ihres kulturellen Erbes durchaus bewusst. Die Altstadt wurde in jüngster Zeit grundlegend saniert. Außerhalb der Stadt ist der inmitten von alten Olivenhainen und Weinbergen gelegene Wissenschaftspark Sophia Antipolis auf dem besten Weg, zum Silicon Valley des Südens aufzusteigen.

Vielerorts in der Stadt zeugen zahlreiche Spuren von einer reichen, aber auch turbulenten Vergangenheit. Wie Funde aus der Terra Amata und La Grotte du Lazaret belegen, war die Gegend schon in der Urzeit besiedelt. Später kamen Griechen und Römer mit Handelsflotten und schlugen hier ihre Zelte auf. Ihnen folgten die Sarazenen, die ihrerseits 972 vom Grafen der Provence, Wilhelm I., vertrieben wurden. 1388 wandten die Einwohner Nizzas sich gegen den Grafen der Provence und schlossen sich dem italienischen Haus Savoyen an, dem sie, von wenigen Unterbrechungen etwa unter Ludwig XIV. abgesehen, fast durchgängig angehörten. Kein Wunder, dass Nizza teilweise auch heute noch italienisch wirkt. Erst nach einem Volksentscheid 1860 wurde Nizza französisch. Es folgte die Zeit der englischen Barone und russischen Zaren und des raschen Aufstiegs zu einem der bekanntesten Urlaubsorte der Côte d'Azur.

Markant ist die architektonische Vielfalt Nizzas, wie der Barockbau Palais Lascaris, das Belle-Époque-Hotel Negresco und die russisch-orthodoxe Kathedrale Saint Nicolas belegen. Nizza war auch die Stadt der Künstler – und ist das auch heute noch. Für Chagall, Matisse, Renoir, Dufy, Modigliani und viele mehr galt die Stadt als Inspirationsquelle. In den zahlreichen Museen sind viele ihrer Werke zu besichtigen. Ab der Mitte des 20. Jahrhunderts entwickelte sich Nizza zum Zentrum der (post)modernen, internationalen Kunstszene mit eigenen Strömungen wie dem Neuen Realismus (Nouveau Réalisme) in den 1960er-Jahren mit Vertretern wie Yves Klein sowie Supports/Surfaces (1970er-Jahre). Auch zeitgenössische Künstler wie der Graffitikünstler Ben und Bildhauer Bernar Vernet trugen dazu bei.

Der Eintritt in die städtischen Museen Nizzas ist kostenlos. Und mit dem French Riviera Pass gilt Gleiches auch für zahlreiche weitere Museen an der Côte d'Azur. Außerdem bietet der Pass viele Ermäßigungen für besondere Ausflugsziele in der Region. Der Pass ist bei der Touristeninformation (Office du Tourisme, 5 Promenade des Anglais), am Bahnhof (Avenue Thiers), am Flughafen (Terminal 1) und auch online erhältlich. Es gibt drei Varianten: für 24 Stunden (24 Euro), für 48 Stunden (36 Euro) oder für 72 Stunden (54 Euro). Mehr Informationen unter de.nicetourisme.com

---

Die angenehme Betriebsamkeit auf der Promenade des Anglais ist typisch für Nizza. Der breite Boulevard mit seinen Hotelpalästen wie dem Negresco verläuft parallel zur Baie des Anges. Hier kann man zum Beispiel in einem der blauen Stühle oder direkt am Strand den Sonnenuntergang genießen. Wer dem Boulevard folgt, der landet direkt in der charmanten Altstadt, Le Vieux Nice. Hier findet man zahllose gemütliche Plätze wie die Place Rossetti, bunte Märkte (Le Cours Saleya) und besondere Baudenkmäler.

SEHENSWÜRDIGKEITEN

Nizza ist nach Paris die Stadt mit den meisten Museen und kann stolze 71 historische Baudenkmäler aufweisen.

Einen Stadtspaziergang finden Sie auf der herausnehmbaren Karte in der Umschlagklappe.

L'OPÉRA DE NICE Nachdem 1881 ein Brand das Stadttheater vollständig zerstört hatte, wurde an gleicher Stelle ein Opernhaus errichtet, das der Stadt mehr Glanz verleihen sollte. François Aune, ein Lehrling von Gustave Eiffel, entwarf die Oper nach dem Vorbild des Palais Garnier, der Pariser Oper, inklusive der typischen Belle-Époque-Fassade. Die ersten Vorstellungen in einem italienischen Barockdekor fanden 1885 statt. Auch heute noch hat die Opéra de Nice international einen ausgezeichneten Ruf, sie war das Sprungbrett für viele namhafte Künstler. Einmalig in Europa: die *diacosmie*, ein Atelier, in dem Dekors und Kostüme hergestellt werden.
4 & 6 RUE SAINTFRANÇOIS-DE-PAULE, WWW.OPERA-NICE.ORG, T 0492 174000

Seltsamerweise liegt der Eingang der Oper an der Nordseite und nicht an der dem Meer zugewandten Südseite. Grund: Damals, als der Quai des États-Unis noch nicht existierte, befanden sich hier unansehnliche Fischerbauten. Außerdem war eine blasse Haut zu der Zeit ein Zeichen von Wohlstand, mit dem man klarstellte, nicht arbeiten zu müssen. Schon deshalb konnte man den wohlhabenden Damen nicht zumuten, in der Sonne zu warten.

COURS SALEYA Wer Le Vieux Nice ("Das alte Nizza") besucht, muss den Cours Saleya gesehen haben, den Markt für Blumen, Obst und Gemüse – und montags auch für Antiquitäten und Kuriositäten. An der Südseite des Marktes liegen die Ponchettes, eine Reihe alter Fischerhäuser, in denen sich Cafés, Restaurants und Galerien befinden. Die Nordseite liegt genau gegenüber dem Palais de la Préfecture, der einstigen Residenz der Herzöge von Savoyen.
COURS SALEYA, BLUMENMARKT DI-SO 7.00-16.00, OBST- UND GEMÜSEMARKT DI-SO 6.00-13.00, ANTIKMARKT MO 8.00-17.00, GALERIES LES PONCHETTES, 77 QUAI DES ÉTATS-UNIS, GEÖFFNET: DI-SO 10.00-12.00 & 14.00-18.00

LE VIEUX NICE, NIZZAS ALTSTADT

NIZZA STADT

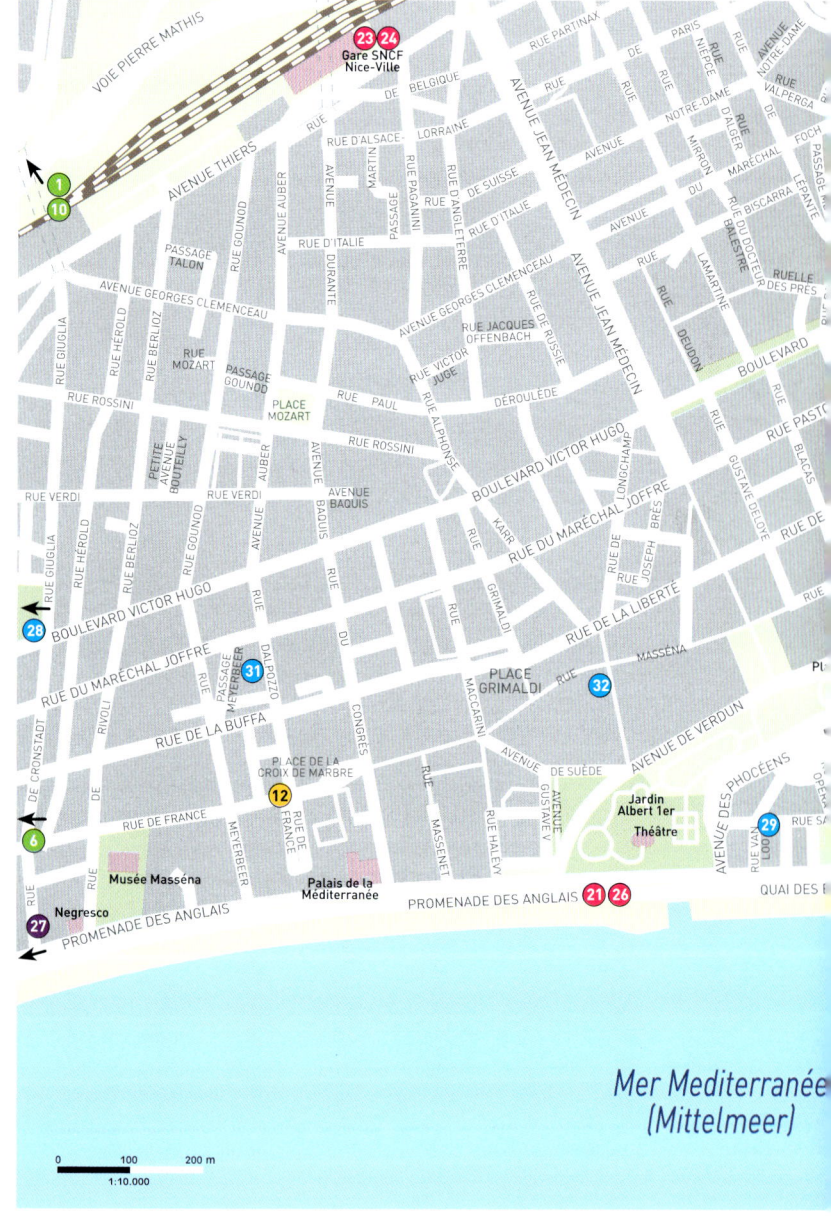

⬤ SEHENSWÜRDIGKEITEN > S. 56–62

1. CATHÉDRALE ORTHODOXE RUSSE SAINT-NICOLAS
2. CATHÉDRALE SAINTE-RÉPARATE
3. COURS SALEYA
4. L'OPÉRA DE NICE
5. MUSÉE D'ART MODERNE ET D'ART CONTEMPORAIN (MAMAC)
6. MUSÉE DES BEAUX ARTS
7. MUSÉE MATISSE
8. MUSÉE NATIONAL MARC CHAGALL
9. PALAIS LASCARIS
10. VILLA ARSON: CENTRE NATIONAL D'ART CONTEMPORAIN ET ÉCOLE NATIONALE SUPÉRIEURE D'ART

⬤ ESSEN & TRINKEN > S. 63–65

11. FENNOCHIO
12. KEISUKE MATSUSHIMA
13. L' EFFERVESCENCE
14. LA SOCCA D'OR
15. LE BISTROT D'ANTOINE
16. LE FLAVEUR
17. SAISON

⬤ SHOPPEN > S. 65–66

18. ALZIARI
19. BAOBAB
20. L'ATELIER DES JOUETS

⬤ 100% THERE > S. 66–69

21. KARNEVAL VON NIZZA
22. LA CÔTE D'AZUR DES PEINTRES – ITINÉRAIRE SUR LES PAS DES GRANDS MAÎTRES
23. LE TRAIN DES MERVEILLES
24. LE TRAIN DES PIGNES
25. PARC DE LA COLLINE DU CHÂTEAU
26. INLINESKATEN AUF DER PROMENADE DES ANGLAIS

● AUSGEHEN
> S. 69–70
27. HIGH CLUB/STUDIO 47

● ÜBERNACHTEN
> S. 70–71
28. HI HOTEL
29. HÔTEL BEAU RIVAGE

30. HÔTEL VILLA LA TOUR
31. HÔTEL WINDSOR
32. LE DORTOIR

CATHÉDRALE SAINTE-RÉPARATE Die Barockkirche aus dem 17. Jahrhundert liegt an der Place Rosetti, dem nettesten Platz der Altstadt. Alljährlich im Oktober wird die Statue der heiligen Réparate mit einer festlichen Prozession geehrt. Der Legende nach wurde die Märtyrerin als 15-Jährige in Palästina zum Tod verurteilt. Nachdem sie auf mysteriöse Weise zwei Tötungsversuche (sie wurde verbrannt und mit siedendem Pech übergossen) überlebt hatte, wurde sie enthauptet. Versteckt in einem Fischerboot kam ihr Leichnam schließlich in Begleitung von zwei Schutzengeln (anges) nach Nizza. Sainte-Réparate wurde zur Schutzpatronin der Stadt, und die Bucht, an der Nizza liegt, erhielt den Namen Baie des Anges (Bucht der Engel).
3 PLACE ROSETTI, T 0493 920135, GEÖFFNET: MO-SA 9.00-12.00 & 14.00-18.00, SO 15.00-18.00

PALAIS LASCARIS Der Palast wurde 1643 für die Adelsfamilie Lascaris-Vintimille, eine der ältesten Nizzas, erbaut und blieb bis zur Französischen Revolution in Familienbesitz. Danach wurde er zweckentfremdet und verfiel zusehends. Erst 1943 erwarb die Stadt Nizza den Palast, um ihn vor weiterem Verfall zu bewahren. Die üppig verzierte Fassade lässt sich nur schwer betrachten, da das Haus an einer schmalen Gasse liegt. Im Inneren überrascht der historische Bau mit herrlichen Deckengemälden im Trompe-l'Œil-Stil und einer Apotheke, die besichtigt werden kann. Achten Sie auch auf die Rocaille-Türen: Dank der asymmetrischen Scharniere können sie nicht zuschlagen. So durchströmt stets eine angenehme Brise die Räumlichkeiten.
55 RUE DROITE, T 0493 627240, GEÖFFNET: MI-MO 10.00-18.00, NOV. GESCHLOSSEN, EINTRITT: FREI

MUSÉE D'ART MODERNE ET D'ART CONTEMPORAIN (MAMAC) Das Museum für moderne Künste macht seinem Namen alle Ehre. Wenig überraschend, wenn man bedenkt, dass Nizza die Wiege diverser Kunstströmungen, wie zum Beispiel des Neuen Realismus, war. Neben Sonderausstellungen zeigt das MAMAC auch die ganze Palette der Gegenwartskunst: vom europäischen und amerikanischen Avantgardismus der 1960er-Jahre bis hin zu den neuesten Kunstbewegungen. Hier hängen Werke von Yves Klein, Christo, Ben, Andy Warhol, Niki de Saint Phalle u. a.
PROMENADE DES ARTS, WWW.MAMAC-NICE.ORG, T 0497 134201, GEÖFFNET: DI-SO 10.00-18.00, EINTRITT: FREI

VILLA ARSON: CENTRE NATIONAL D'ART CONTEMPORAIN ET ÉCOLE NATIONALE SUPÉRIEURE D'ART Diese von modernen Gebäuden umgebene Villa aus dem 18. Jahrhundert beherbergt ein Kunstzentrum von internationalem Rang sowie eine Kunstakademie. An diesem Hort der Kreativität verweilen regelmäßig *artists in residence*.
20 AVENUE STEPHAN LIÉGARD, T 0492 077380, GEÖFFNET: JULI-SEPT. TÄGLICH 13.00-19.00, OKT.-JUNI DI-SO 13.00-18.00, EINTRITT: FREI

PROMENADE DES ANGLAIS

MUSÉE DES BEAUX ARTS Das Museum der Schönen Künste besitzt eine Gemäldesammlung sowie grafische Werke und Skulpturen aus dem 18. bis 20. Jahrhundert. Zu den bekanntesten Künstlern zählen Van Loo, Chéret, Dufy und der Bildhauer Carpeaux. Weiter werden einige Werke italienischer Meister und impressionistische Bilder von Monet, Degas, Boudin u. a. gezeigt. Vor allem die Sammlung südfranzösischer Landschaften und Strandszenen von Raoul Dufy (1877–1953) sticht hervor.
33 AVENUE DES BEAUMETTES, WWW.MUSEE-BEAUX-ARTS-NICE.ORG, T 0492 152828, GEÖFFNET: DI-SO 10.00-18.00, EINTRITT: FREI

CATHÉDRALE ORTHODOXE RUSSE SAINT-NICOLAS Ein Hauch von Moskau an der Côte d'Azur! 1903 ließ Kaiserin Maria Fjodorowna, die Witwe von Zar Alexander III., das mächtige Gotteshaus errichten, um sich und der russischen Glaubensgemeinschaft an der Côte d'Azur eine Freude zu bereiten. Mit ihren fünf Kuppeln – eine ist vollständig mit Blattgold verkleidet – gehört die orthodoxe Kathedrale zu den schönsten weltweit. Im Inneren beherbergt sie wertvolle russische Ikonen.
AVENUE NICOLAS-II, T 0493 968802, GEÖFFNET: MAI-SEPT. TÄGLICH 9.00-12.00 & 14.30-18.00, OKT.-APR. 9.30-12.00 & 14.30-17.00, EINTRITT: 3 € (BIS 12 J. FREI)

MUSÉE NATIONAL MARC CHAGALL Den Löwenanteil der Dauerausstellung, die die Entstehung der Menschheit und des irdischen Paradieses symbolisieren soll, hat Chagall (1887–1985) dem Museum höchstpersönlich vermacht. Der ideenreiche Kunstmaler hatte ein Faible für Kubismus, Surrealismus und abstrakten Modernismus, konnte sich aber mit den Strömungen des 20. Jahrhunderts nicht recht identifizieren. Für ihn war das Malen eine Berufung und die Bibel die "größte Inspirationsquelle aller Zeiten" – seine Gemälde sollten eine spirituelle Botschaft ausdrücken. Mit jährlich 170.000 Besuchern ist das Chagall-Museum das beliebteste Museum der Côte d'Azur.
AVENUE DOCTEUR-MÉNARD, WWW.MUSEE-CHAGALL.FR, T 0493 538720, GEÖFFNET: JULI-SEPT. MI-MO 10.00-18.00, OKT.-JUNI MI-MO 10.00-17.00, EINTRITT: 6,50 €, KINDER FREI

MUSÉE MATISSE Die knallrote Villa des Arènes aus dem 17. Jahrhundert mit einer Fassade im Trompe-l'Œil-Stil beherbergt die größte Matisse-Sammlung Frankreichs. 1917 kam Matisse (1869–1954) zum ersten Mal nach Nizza, um eine schleichende Bronchitis auszukurieren. Dort traf er Renoir und Picasso und wohnte mal hier, mal dort, bis er sich schließlich im vornehmen Viertel Cimiez (Régina Palace), unweit vom heutigen Museum, niederließ. Obwohl seine bekanntesten Werke fehlen, lässt sich sein künstlerischer Werdegang anhand von Gemälden wie *Fauteuil Rocaille*, *La Danseuse Créole*, *Nu Bleu IV* und *Nature Morte aux Grenades* gut nachvollziehen. Tipp: Besuchen Sie unbedingt das benachbarte Dorf Vence und die herrliche Chapelle du Rosaire (Rosenkranzkapelle) – eine Kapelle, die Matisse für seine Schwester Jacques-Marie aus Dankbarkeit für ihre Pflege entwarf und mitgestaltete (Glasfenster, Wandschmuck und Mobiliar).
164 AVENUE DES ARÈNES-DE-CIMIEZ, WWW.MUSEE-MATISSE-NICE.ORG, T 0493 810808, GEÖFFNET: MI-MO 10.00-18.00, EINTRITT: FREI

LE BISTROT D'ANTOINE

ESSEN & TRINKEN

Obwohl die *cuisine niçoise*, Nizzas Küche, durch provenzalische und italienische Einflüsse geprägt ist, weist sie auch zahlreiche eigene Spezialitäten auf wie zum Beispiel *pan-bagnat* (*salade niçoise* in einem Baguette-Brötchen), *socca* (pikante Pfannkuchen aus Kichererbsenmehl), *pissaladière* oder *pissala* (Zwiebelkuchen mit Oliven und Sardellen), *poutine* (Sardinen aus der Bucht von Nizza) oder, während des Karnevals von Nizza, *ganses* (eine Art Krapfen oder Beignet). Unter der Bezeichnung *cuisine niçoise* versuchen einige Restaurants, speziell die lokale Küche zu fördern.

Wer kennt ihn nicht, den weltberühmten salade niçoise? *Aber ausgerechnet in Nizza selbst herrscht nach wie vor Uneinigkeit über die richtigen Zutaten. Fest steht lediglich, dass grünes Gemüse, Oliven, ein hart gekochtes Ei und Sardellen hineingehören und der Salat zum Schluss mit Olivenöl beträufelt wird.*

LE FLAVEUR

LE BISTROT D'ANTOINE Ein echtes *bistro d'antan* (wie anno dazumal) mit einer nostalgischen Einrichtung. Aus der Küche kommen deftige Gerichte wie zum Beispiel Pansen, aber auch raffiniertere wie Risotto mit Trüffelbutter. Zweifellos eine der besten Adressen Alt-Nizzas. Unbedingt reservieren!
27 RUE DE LA PRÉFECTURE, T 0493 625395, GEÖFFNET: DI-SA 12.00-14.00 & 19.00-21.30, MENÜ 25 €

LE FLAVEUR Die Brüder Tourteaux jonglieren am Herd, während Xavier die Gäste herzlich und stilvoll empfängt. Hier wurde das Rindertatar neu erfunden, die Einflüsse Guadeloupes sind unverkennbar. Kurz: innovative Gastronomie in einer sehr gemütlichen Atmosphäre.
25 RUE GUBERNATIS, WWW.FLAVEUR.NET, T 0493 625395, GEÖFFNET: DI-SA 12.00-14.00 & 19.30-21.30, MENÜ 35 €

KEISUKE MATSUSHIMA Die Kochkünste des japanischen Küchenchefs, der seit zehn Jahren in Nizza lebt, sind etwas Besonderes. Mit seiner Mischung aus japanischen und französischen Traditionen hat Kei, wie er in Nizza genannt wird, die mediterrane Küche auf eine höhere Stufe gestellt.
22 TER, RUE DE FRANCE, WWW.KEISUKEMATSUSHIMA.COM, T 0493 822606, GEÖFFNET: DI-SA 12.00-14.00 & 19.30-21.30, MENÜ 35 €

Für seine Gerichte im Bistro-Restaurant **SAISON** kombiniert Keisuke Matsushima das Beste aus zwei Welten. Unbedingt probieren: das Dorade-Carpaccio auf japanische Art – einfach köstlich.

17 RUE GUBERNATIS, WWW.SAISON-NICE.COM, T 0493 625395, GEÖFFNET: DI-SA 12.00-14.00 & 19.00-22.00, PREIS: 15 €

L'EFFERVESCENCE Lust auf einen aufregenden Abend? Dann ab in Juliens Champagnerbar. Der leidenschaftliche Champagnerkenner hat neben großen Namen (Krug, Bollinger und Dom Perignon) auch unbekanntere Marken (Selosse) im Sortiment. Das ideale Lokal für einen romantischen Abend zu zweit. Zur Auswahl stehen diverse leichte Menüs mit Kanapees (*verrines*), Räucherlachs, italienischer Charcuterie oder Gänseleber und zum Abschluss eine Reihe köstlicher Desserts. Oder doch lieber Sushi? Wer keine Lust auf das Champagnerdinner hat, der kann natürlich auch die Happy Hour ausnützen.

10 RUE DE LA LOGE, WWW.LEFFERVESCENCE-NICE.COM, T 0493 808737, GEÖFFNET: DI-SA 18.00-0.00, MENÜ 30 €

FENNOCHIO Ein wunderbarer Eissalon an einem der gemütlichsten Plätze der Altstadt. Hier gibt es mindestens 100 Geschmacksrichtungen und -kombinationen. Da haben Eisliebhaber die Qual der Wahl. Was halten Sie zum Beispiel von Tiramisu mit Panetone, Schokolade mit Irish Coffee oder Orangenlikör mit Zimt? Stellen Sie sich auf eine lange Warteschlange ein, doch es lohnt sich!

2 PLACE ROSSETTI, WWW.FENNOCHIO.FR, T 0493 807252, GEÖFFNET: TÄGLICH MÄRZ-NOV. 9.00-0.00, PREIS: 4 €

LA SOCCA D'OR Die beste Adresse der Stadt für *socca*, einen knusprigen Pfannkuchen aus Kichererbsenmehl. Auch die Pizzen und *pissaladières* sind himmlisch. Reservieren nicht vergessen!

45 RUE BONAPARTE, T 0493 565293, GEÖFFNET: DO-SA & DI 10.30-14.00 & 17.00-22.00, SO & MO 10.30-14.00, PREIS: AB 3 €

SHOPPEN

Berühmte Marken und Luxusboutiquen findet man am Carré d'Or und an der Place Massena im Stadtteil La Buffa, der auch zahlreiche Kuriositätenläden und kleinere Boutiquen beherbergt. Liebhaber von Antiquitäten und stilvollen Raritäten sollten ihr Glück eher am Hafen versuchen, wo sich eine Reihe von Antiquariaten befindet (*www.nice-antic.fr*).

BAOBAB Ein Einrichtungsladen mit exotischen Produkten wie zum Beispiel Keramik aus Marokko, afrikanischen Bilderrahmen, Spiegeln und Korbsesseln. Außerdem findet man hier nette Accessoires wie Blechdosen von 100drine (Sandrine) und japanische Figuren von Yoco.

10 RUE DU MARCHÉ, T 0493 802880, GEÖFFNET: OKT.-MAI 10.00-13.00 & 14.30-19.00, JUNI-SEPT. 10.00-21.00

L'ATELIER DES JOUETS hat eine große Auswahl an Spielzeugklassikern. Vieles ist aus Holz und daher auch sehr robust.
7 RUE JULES GILLY, T 0493 130960, GEÖFFNET: MO-SA 10.30-19.00, SO 10.30-18.00

ALZIARI Der Name "Alziari" ist bereits seit 1868 der Inbegriff für Olivenöl und für Nizzas letzte Olivenmühle. Der Laden in der Altstadt wurde 1932 eröffnet und hat seitdem nichts von seinem ursprünglichen Charme verloren. Gepresst wird das Öl aus einer lokalen Olivensorte, Cailletier (AOC Olive de Nice). Außer Olivenöl werden Tapenaden, Kräuter und andere lokale Produkte verkauft. Außerdem werden Ölverkostungen abgehalten.
14 RUE SAINT-FRANÇOIS DE PAULE, WWW.ALZIARI.COM.FR, T 0493 857692, GEÖFFNET: MO-SA 8.30-12.30 & 14.15-19.00

100% THERE

Ob Kultur, schöne Geschäfte, die Altstadt oder den Strand – Nizza hat viel zu bieten. Außerhalb der Stadt gibt es große Naturparks, Hügel mit Feldern und malerische Ortschaften. Das Angebot ist enorm. Mehr Informationen über alle Möglichkeiten finden Sie unter *www.nicetourisme.biz* und *www.cotedazur-tourisme.com*.

Eine reizvolle Reisealternative ist der Zug. Mit dem Regionalexpress (TER) kann man von Nizza aus den Küstenstreifen bis nach Ventimiglia in Italien oder über Tende nach Turin entdecken. Zwei touristische Eisenbahnstrecken führen ins stillere Hinterland der Côte d'Azur:

LE TRAIN DES MERVEILLES Die Tendabahn fährt durch die Täler des Paillon und des Roya-Bèvèra zum herrlichen Parc National du Mercantour (La Vallée des Merveilles). Sie ist mit einer Aussichtsplattform ausgestattet, sodass man während der Fahrt die Landschaft mit ihren malerischen Dörfern noch besser genießen kann. Die Fahrt von Nizza nach Tende dauert 1 Stunde und 50 Minuten – ein empfehlenswerter Tagesausflug.
WWW.ROYABEVERA.COM & WWW.TER-SNCF.COM/PACA, T 0493 049205

LE TRAIN DES PIGNES verbindet Nizza mit Digne-les-Bains in der Alpes-de-Haute-Provence. Die 151 Kilometer lange Strecke wird mit elektrischen und Diesellloks bedient, die mit 70 km/h durch die unberührte Natur bummeln. Dabei werden über 1000 Höhenmeter und mehr als 50 Tunnel, Brücken und Überführungen überwunden. Wem die Fahrt nach Digne zu weit ist, der kann unterwegs aussteigen, die Natur genießen und abends wieder nach Nizza zurückfahren.
CHEMINS DE FER DE PROVENCE, 4 BIS RUE ALFRED BINET, WWW.TRAINPROVENCE.COM, T 0497 038080

L'ATELIER DES JOUETS Ⓛ   VÉLO BLEU Ⓡ

DER KARNEVAL VON NIZZA ist das größte Winterfest der Côte d'Azur. Bereits im 13. Jahrhundert kamen die Herzöge der Provence hier zusammen, um zu feiern. International bekannt ist der Karneval von Nizza seit dem Ende des 19. Jahrhunderts, als immer mehr ausländische Gäste den Winter an der Côte d'Azur verbrachten. Zwei Wochen im Februar ist Nizza im Ausnahmezustand. Vielleicht nicht so aufregend wie Rio, aber das Spektakel, das sich hier in den Straßen abspielt, hat es auch in sich.
FÜR PROGRAMM UND PREISE SIEHE WWW.NICECARNAVAL.COM (MANCHE VERANSTALTUNGEN SIND KOSTENLOS)

Sie wollen die Côte d'Azur auf den Spuren großer Künstler erleben? Dann beachten Sie folgenden Tipp: **CÔTE D'AZUR DES PEINTRES – ITINÉRAIRE SUR LES PAS DES GRANDS MAÎTRES.** Entlang dieses befestigten Weges stehen überall Werke berühmter Maler wie zum Beispiel Monet, Renoir, Picasso und Matisse. Mehr als 70 Informationspulte mit riesigen Reproduktionen wurden dort aufgestellt, wo die Maler selbst hinter ihren Staffeleien standen. So begegnet man in der Bucht von Nizza plötzlich *La Baie des Anges à Nice* von Raoul Dufy oder in Villefranche Jacques Guiauds *Vue de Villefranche*. Dieser Weg der großen Meister hat jedoch noch mehr zu bieten: Auch Museen, Galerien, Hotels und Restaurants liefern einen Beitrag zu der Dauerausstellung.
WWW.GUIDERIVIERA.COM

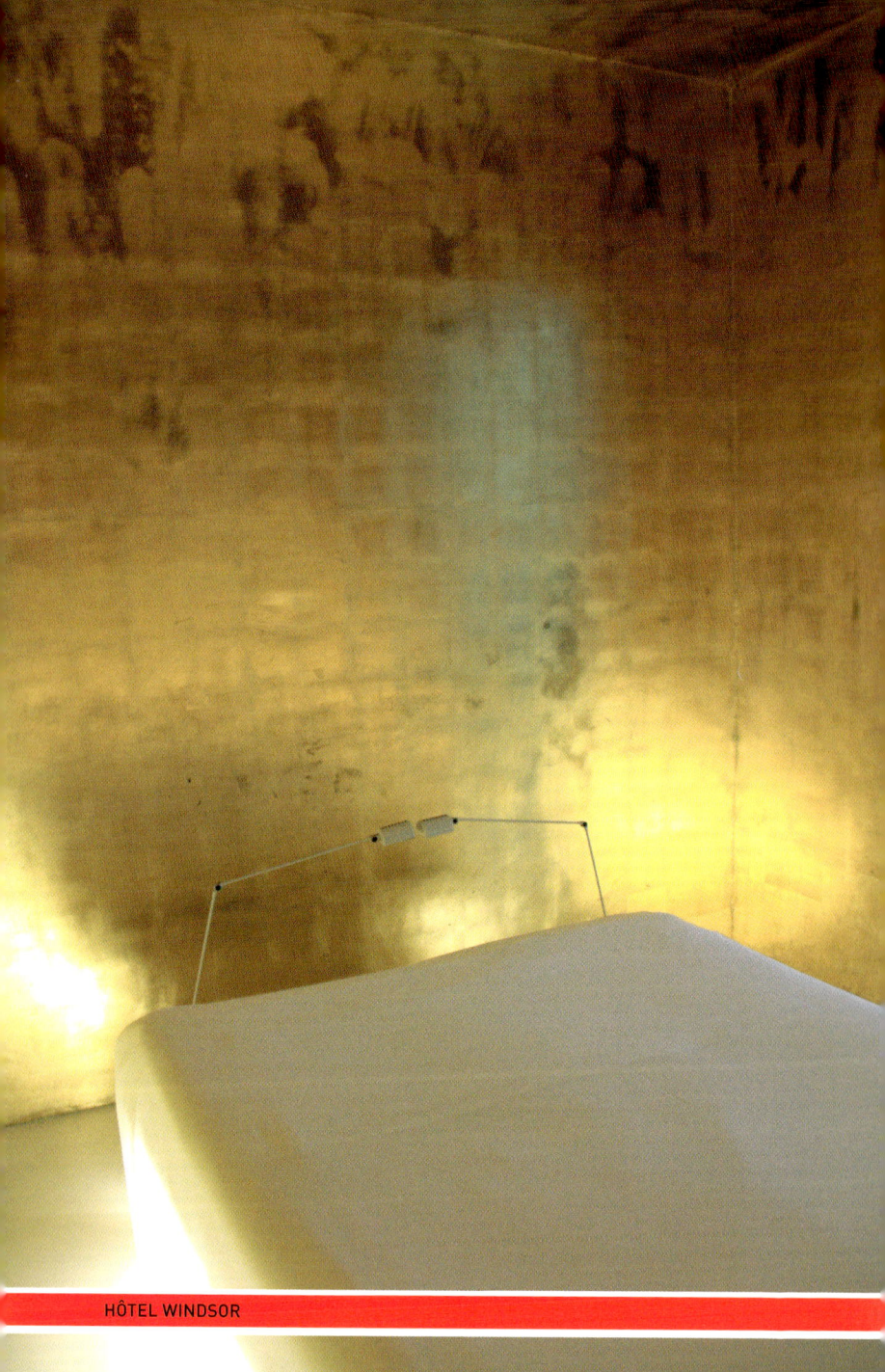

HÔTEL WINDSOR

Tipp: mit der Straßenbahn durch die Stadt, vorbei an 12 sehenswerten Kunstwerken renommierter internationaler Künstler (Art dans la Ville).

Es gibt viele Möglichkeiten, Nizza zu entdecken, ohne dabei Blasen an den Füßen zu bekommen. Eine davon ist eine Fahrt mit dem Rad: An diversen Stellen in der Stadt kann man blaue Zweiräder (*vélo bleu*) mieten. Der Radweg parallel zur Promenade des Anglais führt bis nach Cagnes-sur-Mer, 20 Kilometer westwärts. Sie können natürlich auch mit Inlineskates oder Heelys (Schuhe mit eingebauten Rollen) starten. Oder mieten Sie sich einen Segway, einen elektrischen Stehroller. Nicht billig, aber absolut lohnenswert. Auch vom Wasser aus gibt es in Nizza einiges zu entdecken. Schippern Sie an versteckten Palästen vorbei oder machen Sie einen Bootsausflug zur Baie des Anges, dem Cap de Nice, dem Cap Ferrat oder in die Bucht von Villefranche-sur-Mer (Fahrzeit jeweils etwa 1 Stunde).

BLAUE FAHRRÄDER: WWW.VELOBLEU.ORG, LEIHGEBÜHR 1 €/TAG, ERSTE HALBE STUNDE FREI, DANACH 2 €/STD., INLINESKATES: ROLLER STATION, 49 QUAI DES ÉTATS-UNIS, WWW.ROLLER-STATION.FR, GEÖFFNET: TÄGLICH OKT.-MÄRZ 10.00-18.30, APR.-SEPT. 9.30-20.00, SEGWAY: 3 RUE MEYERBEER, WWW.MOBILBOARD.COM, T 0493 802127, BOOTSFAHRT: TRANS CÔTE D'AZUR, QUAI LUNEL – PORT DE NICE, WWW.TRANS-COTE-AZUR.COM, T 0492 004230, ABFAHRT 11.00 & 15.00, MÄRZ-APR. MO, MI, FR & SO, MAI-OKT. DI-SO, PREIS: 16,50 €, KINDER (4-10 J.) 11,00 €, UNTER 4. J. FREI

PARC DE LA COLLINE DU CHÂTEAU Wo die Griechen einst Nikaïa gründeten,
befindet sich heute ein hübscher Park mit Blick auf die Altstadt, die Bucht von Nizza und den Hafen. Hier kann man wunderbar picknicken oder sich entspannt ins Gras legen, während die Kids sich auf dem Spielplatz austoben. So kommen Sie hin:
> mit dem Auto. Nachteil: wenig Parkplätze und hohe Parkgebühren
> mit dem Rad (*www.veloblue.org*) oder Segway (*nice.mobilboard.com*)
> mit dem nostalgischen Zug (*www.petittrainnice.com*): Abfahrt an der Promenade des Anglais, Fahrpreis: 7 Euro (bis 9 Jahren 3 Euro)
> zu Fuß von der Altstadt oder dem Hafen aus: ein reizvoller, sportlicher Spaziergang (teils über Treppen) von höchstens 15 Minuten
> mit dem Art-déco-Aufzug unterhalb des Hügels am Quai des États-Unis neben dem Hotel Suisse, Preis: 2 Euro

MONTÉE DU CHÂTEAU, T 0493 928282, GEÖFFNET: IM SOMMER BIS 20.00, IM WINTER BIS 18.00

AUSGEHEN

Nice by night – das bedeutet Oper, Tanz und Theater sowie Jazz in den Kneipen in der gemütlichen Altstadt und Feiern in den angesagten Clubs an der Promenade des Anglais sowie am Hafen.

HIGH CLUB/STUDIO 47 Zwei Tanzclubs unter einem Dach an der Promenade des Anglais: High Club für U30, Studio 47 für Ü30. Auf großen Videoleinwänden werden die DJs und Highlights eingeblendet. Fotografen halten Ihre Tanzschritte für immer fest. Hier kann man sich für kurze Zeit wie ein VIP fühlen, nicht zuletzt wegen der Preise …
45 PROMENADE DES ANGLAIS, WWW.HIGHCLUB.FR, T 06 16957587

ÜBERNACHTEN

Die meisten Hotels befinden sich im neuen Teil der Stadt sowie im Stadtteil La Buffa. In der Altstadt gibt es dagegen nur ganz wenige Unterkünfte, an der Promenade des Anglais ausschließlich First-Class-Häuser wie das Negresco. Viele ältere Hotels wurden zwar etwas aufpoliert, haben aber oftmals ihre beste Zeit hinter sich. Doch es gibt Ausnahmen …

LE DORTOIR Drei Luxussuiten in der Rue Paradis im Herzen der Stadt. Schon der Straßenname weckt Erwartungen, und tatsächlich, Le Dortoir erfüllt sie gänzlich. Die Suiten, von denen zwei eine Terrasse haben, sind komfortabel und modern eingerichtet und haben bequeme Betten. Empfangshalle, Parkgarage oder Zimmerservice? Fehlanzeige. Dafür aber ein erstklassiger Empfang, Frühstück ans Bett und Verwöhnprogramm pur. Einziges Manko: Die Suiten liegen in der vierten Etage, und es gibt keinen Aufzug. Dafür ist die Aussicht toll. Frühzeitig buchen, lautet die Devise.
11 RUE PARADIS, WWW.LEDORTOIR.NET/DE, T 0493 889363, PREIS: AB 100 €

HÔTEL WINDSOR Für manche zu ausgefallen, für andere das originellste Haus der Stadt. Die Hälfte der 54 Zimmer wurde von zeitgenössischen Künstlern gestaltet: Claudio Parmiggiani beschenkte das Hotel mit einem goldenen Zimmer (Nr. 357), François Morellet lässt einen in Weiß träumen und sonnig erwachen (Nr. 359). Die Künstler entwickeln ihre "Werke" ständig weiter, so gibt es immer etwas Neues zu entdecken. Auch die Empfangshalle wird alljährlich von unterschiedlichen Künstlern eingerichtet. Die Idee hierzu entstand in den 1980er-Jahren in Gent (Chambres d'Amis, Jan Hoet). Weitere Vorzüge: ein gutes Restaurant, ein exotischer Garten mit Planschbecken und ein kleiner Wellnessbereich.
11 RUE DALPOZZO, WWW.HOTELWINDSORNICE.COM/INDEX_DE.PHP, T 0493 885935, PREIS: AB 120 €

Das **HI HOTEL** lässt Sie den Alltag vergessen. Für die 38 Zimmer mussten neun unterschiedliche Designkonzepte herhalten. Liebhaber von audiovisuellen Neuheiten werden sich im Techno-Corner-Zimmer zu Hause fühlen, und wer gerne mal in einem Bad aus Lavastein entspannen will, sollte sich im Rendezvous-Zimmer einquartieren. Köstliche Sushis oder ein Bio-Frühstück gibt es in der Happy Bar. An der Promenade des Anglais befindet sich der hoteleigene Strand HI Beach mit Restaurant, für das jedes Jahr ein neuer Chefkoch engagiert wird.
3 AVENUE DES FLEURS, WWW.HI-HOTEL.NET/DE, T 0497 072626, PREIS: AB 200 €

HÔTEL BEAU RIVAGE

HÔTEL VILLA LA TOUR Inhaberin Barbara Kimmig hat zwei charmante Hotels in Nizza: eins im Zentrum, etwa 300 Meter von der Promenade des Anglais entfernt (www.villa-rivoli.com), und das Hôtel Villa La Tour, das einzige Altstadthotel. Die Lobby erinnert an ein Wohnzimmer, die 14 Zimmer sind sehr sauber. Barbara und ihr Team sind absolute Profis und immer hilfsbereit. Die Lage des Hotels ist ideal für Altstadtbesichtigungen. Und wer mal über die Dächer des alten Nizza blicken möchte, der sollte sich auf die Dachterrasse begeben.

4 RUE DE LA TOUR, WWW.VILLA-LA-TOUR.COM, T 0493 800815, PREIS: AB 60 €

HÔTEL BEAU RIVAGE Das 1860 gegründete Hotel ist ein Klassiker. Seit der umfassenden Rundumerneuerung durch den bekannten Pariser Architekten Jean-Michel Wilmotte sind echte und künstliche Kieselsteine – das Symbol des Hotels – allgegenwärtig. Die Bar ist mit riesigen Livingstone-Sesseln ausgestattet, während in den 118 Zimmern und Suiten frisches Design und behaglicher Komfort aufeinandertreffen. Wer gern am Strand ist, braucht nur die Straße zu überqueren.

24 RUE SAINT-FRANÇOIS-DE-PAULE, WWW.NICEBEAURIVAGE.COM, T 0492 478282, PREIS: AB 180 €

RUND UM NIZZA

ANTIBES UND JUAN-LES-PINS

Antibes und Juan-les-Pins sind zwar eine politische Einheit, aber zwei völlig verschiedene Welten. Juan-les-Pins hat schöne Strände, Nobelvillen und Jazz, Antibes den größten Jachthafen der Côte d'Azur, eine Altstadt mit intakter Stadtmauer und ein Picasso-Museum. Antibes pulsiert zwölf Monate im Jahr, Juan-les-Pins nur im Sommer und hält anschließend Winterschlaf.

Es war die atemberaubende Lage von Cap d'Antibes, die ab dem Ende des 19. Jahrhunderts viele Reiche und Künstler wie Jules Verne und Guy de Maupassant anlockte. Aus dieser Zeit stammen auch die berühmten Paläste wie die Villa Eilenroc und das prächtige Hôtel du Cap Eden Roc (*www.hotel-du-capeden-roc.com*). Seitdem hat die Beliebtheit beider Orte stetig zugenommen.

Wer sich zu einer Spontanheirat in Antibes entschließt, erhält vom Standesamt ein "Diplom der Liebe", das auch eine Zeichnung des bekannten französischen Künstlers Peynet umfasst.

SEHENSWÜRDIGKEITEN

Picasso verweilte nur sechs Monate in Antibes. Zeit genug, um mit den Werken, die er hier schuf, ein ganzes Museum zu füllen.

MUSÉE PICASSO CHÂTEAU GRIMALDI Den Sommer des Jahres 1946 verbrachte Picasso mit seiner Muse Françoise Gillot im Badeort Golfe-Juan. Mehr oder weniger zufällig begegnete er dort Romuald Dor de la Souchère, dem Kurator des archäologischen Museums von Antibes. Als Picasso erwähnte, dass sein Arbeitsraum zu klein sei, schlug der Kurator vor, er könne ein Atelier im Château Grimaldi nutzen. Trotz der schwierigen Umstände (es fehlte an Leinwänden) legte Picasso daraufhin richtig los und arbeitete fast rund um die Uhr. Sein Aufenthalt hier gilt gemeinhin als eine der produktivsten und "fröhlichsten" Phasen seiner Laufbahn. Ein Saal im Erdgeschoss ist dem Maler Nicolas de Staël gewidmet, der sich ein halbes Jahr lang (von September 1954 bis März 1955) im Château einschloss, 300 Werke produzierte und anschließend Selbstmord beging.

CHÂTEAU GRIMALDI, PLACE MARIEJOL, T 0492 905420, GEÖFFNET: JULI-AUG. DI-SO 10.00-18.00 (MI & FR 10.00-20.00), SEPT.-JUNI DI-SO 10.00-12.00 & 14.00-18.00, EINTRITT: 6 €

ZIVO

ESSEN & TRINKEN

Die Auswahl an guten Adressen ist groß und reicht von Sternerestaurants bis hin zu einfachen Cafés.

LE FIGUIER DE SAINT-ESPRIT Als er sein erstes Restaurant in Alt-Antibes eröffnete, hatte Christian Morriset bereits 18 Jahre Kocherfahrung, u. a. im La Terrasse (zwei Michelin-Sterne). Er serviert deftige, aber auch kreativ zusammengestellte Gerichte. Das Lammfleisch ist köstlich, die Weinauswahl des Sommeliers erstklassig. Vielleicht ist das Interieur bewusst so schlicht gestaltet, um die Kochkünste noch besser zur Geltung kommen zu lassen.

14 RUE SAINT ESPRIT, WWW.RESTAURANT-FIGUIER-SAINT-ESPRIT.COM, T 0493 345012, GEÖFFNET: DO-SO 12.00-14.00 & MO & MI-SO 19.00-21.30, MENÜ 50 €

Das **BIJOU PLAGE,** das bereits 1923 seine Türen öffnete, gehört zu den besseren Strandrestaurants in Juan-les-Pins. Gibt es etwas Schöneres, als den warmen Sand zwischen den Zehen zu spüren und in guter Gesellschaft eine exquisite Aussicht und

feine Küche zu genießen? Im Sommer ist der Andrang tagsüber jedoch manchmal so groß, dass die Qualität etwas leidet. Dann empfiehlt es sich, erst abends zu kommen.
BOULEVARD DU LITTORAL, WWW.BIJOUPLAGE.COM, T 0493 613907, GEÖFFNET: TÄGLICH 12.00-14.00 & 19.00-22.00, PREIS: AB 18 €

L'ABSINTHE BAR (BALADE EN PROVENCE) Die ausgefallene Absinthbar befindet sich im Souterrain unter einem Souvenir-Delikatessen-Laden, nur ein paar Schritte vom Jugendstilmarkt entfernt. Absinth, auch *la fée verte* (grüne Fee) genannt, ist ein aus Oleum-absinthii-Kräutern hergestellter Likör. Das hochprozentige Getränk war früher sehr beliebt und brachte Berühmtheiten wie Vincent van Gogh beinahe um ihren Verstand. Fast ein Jahrhundert lang war der Verkauf verboten, aber befreit von Giftstoffen und seit 1999 legalisiert, erfreut sich Absinth wieder zunehmender Beliebtheit. Wer sich zwischen den 40 Varianten nicht entscheiden kann, lässt sich am besten von den Inhabern persönlich beraten.
25 BIS COURS MASSÉNA (EINGANG: RUE SADE), T 0493 349300, GEÖFFNET: TÄGLICH 9.00-22.00, PREIS: 5 €

SHOPPEN

Nette Geschäfte gibt es überall, vor allem in der Altstadt.

LE COMPTOIR DES SAVONNIERS Die Seife wird an Ort und Stelle abgewogen und geschnitten. Es gibt eine große Auswahl an hübsch verpackten, herrlich duftenden Seifen und wunderschönen, parfümierten Geschenkboxen.
29 RUE THURET, WWW.COMPTOIR-DES-SAVONNIERS-06.COM, T 0493 614077, GEÖFFNET: MO 14.00-19.00, DI-SO 10.30-19.00

100% THERE

Wer Jazz mag, ist in Juan-les-Pins genau richtig.

JAZZ À JUAN Die erste Auflage von Jazz à Juan (1960) war eine Ode an Sidney Bechet, den namhaften Klarinettisten/Saxofonisten/Komponisten aus New Orleans, der in Antibes gelebt hatte und 1959 gestorben war. Seitdem ist das jährliche Festival ein Stelldichein erstklassiger Jazzmusiker. Zahllose Jazzgrößen gaben sich bereits die Ehre: von Dizzy Gillespie, Stan Getz und Ray Charles bis hin zu jungen Talenten wie Norah Jones und Jamie Cullum. Neben Jazz hört man hier New Orleans, Gospel, Blues, Swing, Bebop, Latin, Cool, Free und Elektrojazz. Ein Muss, wenn man im Juli an der Côte d'Azur ist.
WWW.JAZZAJUAN.COM

MARINELAND Hier kann man einen Tag lang Shows mit Delfinen, Seehunden, Orcas, Seelöwen und Haien verfolgen und die Meeresbewohner ganz aus der Nähe betrachten.
306 AVENUE MOZART, WWW.MARINELAND.FR, T 0892 300606, PREIS: 34,50 €, KINDER (3-12 J.) 25,50 €

ÜBERNACHTEN

Bezahlbare und besondere Übernachtungsmöglichkeiten? In Antibes und Juan-les-Pins gibt es sie.

HÔTEL BRASSERIE LA PLACE Ein zeitgemäßes Stadthotel mit 14 Zimmern, die mit anisgrünen, grauen oder purpurfarbenen Farbakzenten gestaltet sind. Alle sind mit Kingsize-Betten, hellen Badezimmern und schalldichten Fenstern ausgestattet (nicht unwichtig in einer lauten Stadt). Im Erdgeschoss befindet sich eine gemütliche Brasserie. Das Hotel ist in einem neueren Teil der Stadt gelegen, ein paar Gehminuten vom Hafen Port Vauban, der Altstadt und den Stränden in Salis entfernt.
1 AVENUE DU 24 AOÛT, WWW.LA-PLACE-HOTEL.COM, T 0497 210311, PREIS: 105 €

HÔTEL LA JABOTTE Das nette Hotel befindet sich am Cap d'Antibes, etwa 50 Meter vom Hafen und den Stränden von Salis entfernt. Yves und Claude begrüßen Sie in dieser schön eingerichteten Villa mit Gartenblick. Die Zimmer sind zwar nicht sehr geräumig, und die Aussicht ist nicht umwerfend, aber dafür sind die Lage und das Frühstück perfekt.
13 AVENUE MAX MAUREY, WWW.JABOTTE.COM, T 0493 614589, PREIS: AB 86 €

SAINT-PAUL DE VENCE

Saint-Paul de Vence war einmal ein kleiner malerischer Ort, der sich dank einer Handvoll (damals) unbekannter Künstler und eines Wirts zum Touristenmagneten verwandelte. Heute ist Vence das Künstlerdorf par excellence an der Côte d'Azur und vor allem berühmt für seine zahlreichen Galerien in der schön hergerichteten Altstadt und um sie herum.

Tipp: Besuchen Sie Saint-Paul de Vence möglichst außerhalb der Hochsaison, es sei denn, Sie möchten den Ort zusammen mit Abertausenden Touristen erkunden. Und ziehen Sie gutes Schuhwerk an, denn vom Parkplatz zur (autofreien) Altstadt geht es ganz schön steil hinauf.

Die **FONDATION MAEGHT** ist das Lebenswerk des Pariser Kunsthändlerpaars Aimé und Marguerite Maeght, die das Museum 1964 bauen ließen. Es beherbergt eine der weltweit größten Privatsammlungen aus Gemälden, Skulpturen, Zeichnungen und anderen grafischen Werken ab dem 20. Jahrhundert. Weitere Besonderheiten: Das moderne Museum ist eingebettet in eine grüne, ländliche Umgebung, und im baumreichen Garten befinden sich zahlreiche große Skulpturen. Ein Ergebnis, das nicht nur dem Architekten Joseph Lluis Sert zu verdanken ist, sondern auch dem aktiven Beitrag

PÉTANQUE-KUGELN

IN DER BUCHT VON VILLEFRANCHE-SUR-MER

einiger Künstler wie zum Beispiel Chagall (Mosaik), Pol Bury (Springbrunnen), Miró (Skulpturen) und Braque (Glaskunst). Das Museum ist übrigens mehr als nur ein Ausstellungsort – es ist auch ein Treffpunkt für Künstler diverser Disziplinen.
623 CHEMIN DES GARDETTES, WWW.FONDATION-MAEGHT.COM, T 0493 328163, GEÖFFNET: TÄGLICH OKT.-JUNI 10.00-18.00 & JULI-SEPT. 10.00-19.00, EINTRITT: 11 €, KINDER BIS 10 J. FREI

ZIVO In und um Saint-Paul de Vence haben einige namhafte Galerien wie die von Guy Pieters ihre Türen geöffnet und sich viele Künstler niedergelassen. Einer davon ist Zivo, ein Multitalent, das durch riesige Stiere aus Leder, Elefanten aus Kunststoff und eigenwillige Gemälde aus diversen Materialien berühmt geworden ist.
309 ROUTE DE VENCE, WWW.ZIVO.FR, T 06 13523721

Das **CAFÉ DE LA PLACE** ist das bekannteste Café von Saint-Paul de Vence. Es liegt an der Place du Général de Gaulle, daher der Name. Seine Terrasse stößt an die Petanquebahn, die sich im Schatten riesiger Platanen befindet, die den Platz säumen. Ideal, um die Spieler zu beobachten. Das Lokal wird von einer bunten Mischung aus Einheimischen und Auswärtigen besucht – japanische Touristen sitzen hier Seite an Seite mit Stammgästen. Wer etwas essen will, sollte das Tagesgericht wählen: gut und bezahlbar.
PLACE DU GÉNÉRAL DE GAULLE, T 0493 328003, GEÖFFNET: TÄGLICH JULI-AUG. 7.00-0.00, SEPT.-JUNI 7.00-20.00, PREIS: 12 €

LE TILLEUL Das Restaurant (mit Teesalon) befindet sich am Rand der Altstadt und hat eine Terrasse, die im Schatten einer 100-jährigen Linde liegt. Ein sehr angenehmer Ort, um zu speisen. Serviert werden lokale Spezialitäten, die mit einer neuen, "fremden" Note versehen wurden. Außergewöhnlich für einen Touristenort wie diesen.
PLACE DU TILLEUL, WWW.RESTAURANT-LETILLEUL.COM, T 0493 328036, GEÖFFNET: TÄGLICH 12.00-22.00, MENÜ 23 €

LA TERRASSE SUR SAINT-PAUL bietet nicht nur eine grandiose Aussicht auf Dorf und Meer, sondern auch herrliche traditionelle Gerichte, große Salate und Steaks. Köstlich und nicht teuer. Sehr praktisch: der Gästeparkplatz nebenan. Denn im überlaufenen Saint-Paul de Vence ist Parken ein Problem.
20 CHEMIN DES TRIOUS, WWW.LATERRASSESURSAINTPAUL.COM, T 0493 328560, GEÖFFNET: DO-DI 12.00-14.00 & 19.00-21.30, PREIS: 15 €

LA COLOMBE D'OR In der Hoffnung, Ruhe und Inspiration zu finden, quartierten sich am Anfang des 20. Jahrhunderts einige verkannte Künstler in der einfachen Dorfherberge ein. Paul Roux, der Sohn des Wirts, begriff schnell, dass es sich um Talente handelte, und nutzte diese einmalige Gelegenheit: Im Tausch für ein Kunstwerk überließ er Signac, Soutine, Picasso, Miro und Max Ernst kostenlos eine Bleibe. Eine clevere Idee, wie sich herausstellen sollte, denn bald beherbergte das kleine Wirtshaus zahlreiche erstklassige Kunstwerke. Aus der Herberge wurde ein Hotel mit dem Namen Colombe d'Or, und Paul Roux lud Journalisten ein, um seine einmalige Kunstsammlung zu bewundern. Auch andere Kunstmaler (Matisse, Braque, de Vlaminck) und Schriftsteller (D. H. Lawrence, Giono, Kipling, Queneau) sowie in den 1940er-Jahren auch Filmstars fanden den Weg nach Saint-Paul de Vence und ins Colombe d'Or: Hier begegnete auch Simone Signoret ihrem späteren Mann Yves Montand. Seine heutige Bekanntheit verdankt der Ort vor allem dem legendären Hotel. Wer auf den Spuren großer Künstler wandeln will, ist hier richtig.

PLACE DU GENERAL DE GAULLE, WWW.LA-COLOMBE-DOR.COM, T 0493 328002, ZIMMER AB 280 €, MENÜ 50 €

VILLEFRANCHE-SUR-MER

In den 1920er-Jahren war Villefranche-sur-Mer vor allem bei Homosexuellen (wie dem Schriftsteller und Filmemacher Jean Cocteau) sehr beliebt, die vom Charme des Dorfes und von den Matrosen in weißen Uniformen angetan waren. Auch heute hat das kleine Fischerdorf nichts von seinem Flair eingebüßt. Die steilen mittelalterlichen Gassen, die überdachte Rue Obscure und die gemütlichen Plätze verströmen nach wie vor eine ganz besondere Atmosphäre. Außerdem hat man von hier eine herrliche Aussicht auf die smaragdgrüne Halbinsel Cap Ferrat und den alles überragenden Mont Alban, dessen 222 Meter hoher Gipfel über die Veyre-Treppe erklommen werden kann. Kein Wunder, dass Berühmtheiten wie Tina Turner sich hier eingekauft haben …

CHAPELLE SAINT-PIERRE Multitalent Jean Cocteau (1889–1963) lebte immer wieder und manchmal auch längere Zeit in Villefranche-sur-Mer. Hier verfasste er u. a. sein Bühnenstück *Orpheus*. Eine kleine verwahrloste romanische Kapelle, die nur noch als Lager für Fischernetze diente, hatte es ihm so angetan, dass er 1959 die Restaurierung initiierte und beaufsichtigte. Seitdem finden hier stets am 29. Juni Gottesdienste zu Ehren Saint-Pierres, des Schutzpatrons der Fischer, statt. Die Verbrennung eines kleinen, mit Blumen geschmückten Fischerbootes hat an diesem Tag übrigens auch Tradition. Die Arbeiten, die Jean Cocteau in der Kapelle hinterließ, gehören zu seinen schönsten Werken: Die poetischen Fresken und mystischen Szenen verleihen der kleinen Kapelle eine ganz besondere Ausstrahlung. Sakrale und profane Elemente wurden bunt gemischt: Wer genau hinschaut, erkennt im Fresko *Hommage aux gitans en pélerinage aux Saintes-Maries-de-la-Mer* den belgischen Jazzmusiker Dingo "Django" Reinhardt, einen Freund Cocteaus.

QUAI COURBET, T 0493 769070, GEÖFFNET: DI-SO 10.00-12.00 & 15.00-19.00, EINTRITT: 2 €

LE COSMO Die Begrüßung, die Speisekarte, die reichlich gefüllten Teller, das Ambiente und die moderaten Preise sorgen dafür, dass man sich an einen Abend im Cosmo immer gern erinnert. Was halten Sie zum Beispiel von Blätterteig-Gemüseschnitten, Toastbrot mit Artischockencreme und einem Tandoori-Salat?

11 PLACE AMÉLIF POLLONAIS, WWW.RESTAURANT-LECOSMO.FR, T 0493 018405, GEÖFFNET: TÄGLICH 12.00-23.00, MENÜ 35 €

AUF DEM MARKT IN VILLEFRANCHE-SUR-MER

LES GARÇONS Fred bereitet seinen Gästen ein kulinarisches Vergnügen und auch die anderen Jungs strengen sich wirklich an. Es ist unübersehbar, dass die Herren Bambus mögen. Bei Les Garçons herrscht eine entspannte Atmosphäre, und man kann gemütlich speisen. Der Thunfisch mit Sesam und die Thai-Brochettes sind himmlisch.
18 RUE DU POILU, T 0493 766240, GEÖFFNET: MI-SO 12.00-14.00 & 19.00-21.30, MENÜ 30 €

LA POULE ROUSSE ist eine kleine Boutique mit Strandaccessoires wie zum Beispiel großen weichen Badetüchern, schönen und funktionellen Strandtaschen und noch vielem mehr, das man unbedingt für einen Tag am Strand braucht.
7 RUE DU POILU, WWW.LAPOULEROUSSE.COM, T 0493 539137, GEÖFFNET: 10.30-13.00 & 15.00-19.00

HÔTEL WELCOME Jean Cocteau wohnte hier einige Zeit, und das extravagante Model Kiki de Montparnasse verweilte hier mit ihrem *toy boy*, dem Fotografen Man Ray. Damals hatte das Hotel noch einen zweifelhaften Ruf, und in seinen Fluren hing Opiumgeruch. Diese "goldenen" Zeiten sind jedoch vorbei. Die Zimmer mit Blick auf die Fischerboote in der Bucht von Villefranche sind eher klassisch eingerichtet. Die Aperitifbar Wine Pier im Erdgeschoss liegt direkt am Kai. Eine gute Adresse für eine Nacht.
3 QUAI COURBET, WWW.WELCOMEHOTEL.COM, T 0493 762762, PREIS: 160 €

CANNES STADT

FILMFEST, LE SUQUET UND ÎLES DE LÉRINS

Cannes war noch ein verschlafenes Fischerdorf, als es 1834 von Lord Brougham, einem ehemaligen britischen Finanzminister, "entdeckt" wurde. In jener Zeit versuchte man in Nizza gerade, die grassierende Choleraepidemie mit drakonischen Maßnahmen einzudämmen. So wurden Italienreisen verboten, und auch Lord Brougham wurde an einer Weiterfahrt gehindert. Er wich daher nach Cannes aus, um die Nacht dort zu verbringen – und blieb für immer. Im Jahr seines Ablebens, 1868, war Cannes bereits ein beliebtes Winterquartier für englische Aristokraten.

Die jüngere Geschichte und das heutige Image dieser mondänen Stadt hängen eng mit dem Glitzer und Glamour des alljährlichen Filmfestivals zusammen. In diesen Tagen rollt die internationale Filmindustrie auf La Croisette den roten Teppich für die Großen des Films aus. Cannes hat jedoch noch mehr Trümpfe im Ärmel. Zum Beispiel das Viertel Le Suquet, die Wiege der Stadt, im reizvollen, höher gelegenen Teil von Cannes. Hier gibt es neben autofreien Gassen mit zahllosen netten Restaurants auch den überdachten Marché Forville und einen Hügel, der einen grandiosen Blick über die Bucht ermöglicht. Außerdem findet man hier eine mittelalterliche Burg, die Chapelle Notre-Dame-du-Puy aus dem 13. Jahrhundert und die gotische Kirche Notre-Dame-de-l'Espérance aus dem 17. Jahrhundert. Auch sehr empfehlenswert sind die Îles de Lérins, zwei ruhige Inseln, nur 15 Minuten mit dem Boot von der Stadt entfernt. Als Kongressstadt gehört Cannes für Geschäftsleute zu den bedeutendsten Zielen Europas.

SEHENSWÜRDIGKEITEN

Der kulturelle Schatz der Stadt ist überschaubar: Außer den Aristokratenvillen wie etwa der Villa Rothschild sind vor allem die noblen Hotelpaläste beeindruckend. Es gibt Pläne, das Kulturangebot mit einem Filmfestivalmuseum etwas aufzuwerten.

Einen Stadtspaziergang finden Sie auf der herausnehmbaren Karte in der Umschlagklappe.

HÔTEL CARLTON INTERCONTINENTAL Drei Hotels in Cannes setzen Maßstäbe: das Martinez, das Majestic und das Hôtel Carlton Intercontinental. Letzteres ist ein Luxussymbol im Rokokostil und wurde 1912 vom Architekten Charles Dalmas entworfen, der eine Hochzeitstorte als Inspirationsquelle für die Fassade wählte. Angeblich stellen die zwei markanten Dachtürme des Hotels die Brüste von Belle Otéro, einer verführerischen Kurtisane, dar. Auch das Innere ist im Rokokostil gehalten, zum Beispiel der Speisesaal. In der siebten Etage wurden Luxussuiten eingerichtet, die nach Filmlegenden benannt wurden.
58 BOULEVARD DE LA CROISETTE, WWW.INTERCONTINENTAL-CARLTON-CANNES.COM, T 0493 064006

CANNES STADT

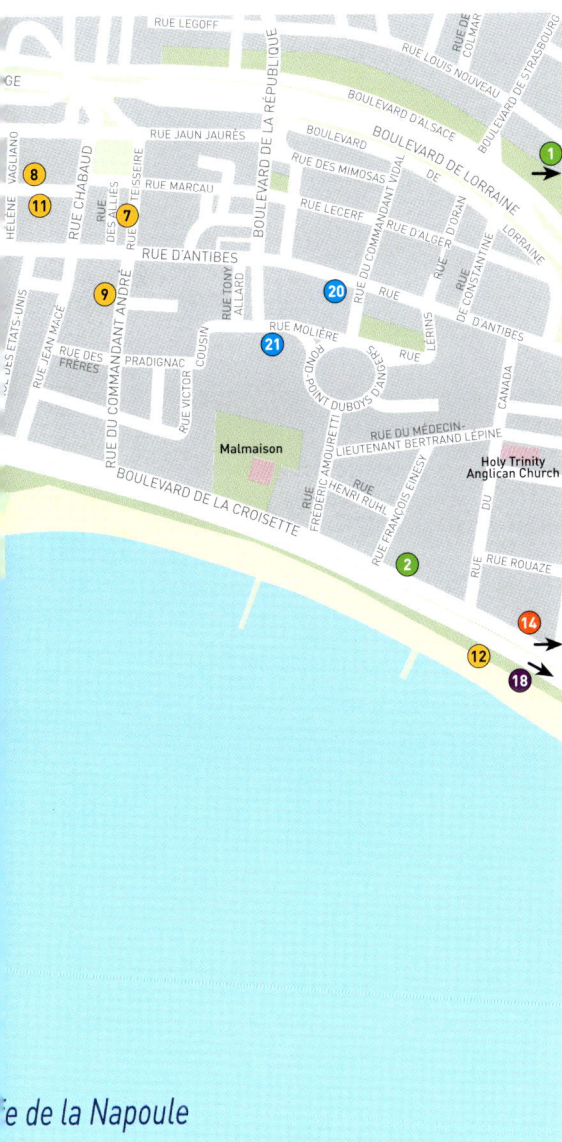

🟢 SEHENSWÜRDIGKEITEN
> S. 83–86

1. CHAPELLE BELLINI
2. HÔTEL CARLTON INTERCONTINENTAL
3. PALAIS DES FESTIVALS ET DES CONGRÈS

🟡 ESSEN & TRINKEN
> S. 86–89

4. BELLOTA HOUSE
5. COQUILLAGES BRUN
6. LA TONNELLE
7. LES APPRENTIS GOURMETS
8. MANG'OZ JUICE BAR
9. MIÒ CAFÉ
10. SUG'ART
11. VOLUPTÉ
12. Z PLAGE

🟠 SHOPPEN
> S. 90

13. CÉNERI
14. FENDI
15. JEAN-LUC PELÉ
16. LE COMPTOIR DES COTONNIERS

🔴 100% THERE
> S. 90

17. SAINTE-MARGUERITE UND SAINT-HONORAT

🟣 AUSGEHEN
> S. 92

18. LE PALM BEACH CASINO

🔵 ÜBERNACHTEN
> S. 92–93

19. HÔTEL ALNEA
20. HÔTEL CANBERRA
21. HÔTEL MOLIÈRE

CHAPELLE BELLINI Die Barockkapelle, die der Familie Bellini gehört, wurde vom vielseitigen Maler Emmanuel Bellini zu einem bunten Atelier umgewandelt – daher der Beiname Notre-Dame-de-la-Couleur. Hier kann man seine Gemälde, Poster und Karikaturen besichtigen. Auch Tochter Lucette stellt aus und zeigt ihre *art naïf*.
PARC FIORENTINA, 67 BIS AVENUE DE VALLAURIS, GEÖFFNET: MO-FR 14.00-17.00, EINTRITT: FREI

Das **PALAIS DES FESTIVALS ET DES CONGRÈS** und die roten Teppiche bilden die Kulisse für das internationale Festival de Cannes und die alljährliche Verleihung der Goldenen Palme. Errichtet wurde das Gebäude 1982 als Ersatz für das alte Palais des Festivals, das 1988 der Abrissbirne zum Opfer fiel. Das moderne, 70.000 Quadratmeter große Kongresszentrum verfügt über ein unterirdisches Labyrinth an Gängen und Sälen, das ihm den Namen "Bunker" einbrachte. Beachten Sie auch die Allée des Stars gleich nebenan, wo Handabdrücke bekannter Persönlichkeiten verewigt wurden.
1 BOULEVARD DE LA CROISETTE, DE.PALAISDESFESTIVALS.COM, T 0493 390101

ESSEN & TRINKEN

Gute Restaurants und gemütliche Bars gibt es in Cannes zuhauf. Die nettesten Straßencafés findet man im Carré d'Or, an der Rue Hoche und in Le Suquet. Hier in der Altstadt dürfte es angesichts der großen Auswahl eher schwierig werden, sich zu entscheiden!

BELLOTA HOUSE Ein Stück Spanien in Südfrankreich, aber doch ganz anders als die lauten spanischen Tapasbars. Denn hier prägen französische Eleganz und Lässigkeit das Bild. Ideal gelegen, wenn man in der Rue Meynadier auf Shoppingtour ist und zwischendurch einen kleinen Snack braucht, wie etwa ein Stück *pata negra* mit einem Glas spanischen Wein.
44 RUE MEYNADIER, WWW.BELLOTAHOUSE.COM, T 0493 686183, GEÖFFNET: TÄGLICH 9.00-19.30, PREIS: 10 €

COQUILLAGES BRUN Wer in Cannes ein Fischrestaurant mit einer großen Auswahl an Meeresfrüchten (*fruits de mer*) sucht, darf Coquillages Brun nicht verpassen. In diesem beliebten Lokal werden seit 1953 tagtäglich Hunderte Fischgerichte serviert – natürlich mit einem Glas Weißwein. Und wer in Eile ist, kann einfach ein paar Austern für zu Hause mitnehmen.
27 RUE FELIX FAURE, WWW.ASTOUXBRUN.COM, T 0493 392187, GEÖFFNET: TÄGLICH 8.00-23.00, PREIS: MENÜ 30 €

SUG'ART In einer etwas unscheinbaren Seitenstraße befindet sich in der Altstadt diese einzigartige Location: im vorderen Bereich eine Kunstgalerie, im hinteren ein Kunstcafé. Gelegentlich wird ein Teil des Gartens in eine Jazzbühne verwandelt. Tipp: zeitig reservieren!
2 RUE DES FRÈRES, T 0493 307263, GEÖFFNET: DI-SO 12.00-0.00, PREIS: 15 €

LA TONNELLE ist das einzige Restaurant auf Saint-Honorat, einer der Lérins-Inseln vor der Küste von Cannes. Inhaber sind die Zisterziensermönche der Abtei von Lérins, die neben ihren sakralen Aktivitäten auch die umliegenden Weinberge bewirtschaften und einen kleinen Abteiladen betreiben. Suchen Sie sich ein Plätzchen auf der von Eukalyptusbäumen gesäumten Terrasse und genießen Sie den herrlichen Meeresblick bei Ente in Weinsoße oder Zitronenkuchen mit Lerincello (Zitronenlikör).
ÎLE SAINT-HONORAT (ÎLES DE LÉRINS), WWW.TONNELLE-ABBAYEDELERINS.COM, T 0492 995424, GEÖFFNET: TÄGLICH 12.00-15.00, PREIS: MENÜ AB 30 €, FÄHRE: WWW.CANNES-ILESDELERINS.COM

MANG'OZ JUICE BAR Obstsäfte und Smoothies werden hier frisch gepresst und zubereitet. Und für den kleinen Hunger gibt es Salate, Wraps, Sandwiches und Muffins. Ideal für den schnellen Mittagsimbiss.
33 RUE HOCHE, T 06 59394424, GEÖFFNET: MO-SA 9.00-18.00, PREIS: AB 8 €

VOLUPTÉ Die (autofreie) Rue Hoche ist zu jeder Tageszeit stimmungsvoll. Gleiches gilt für das Volupté, einen Teesalon und -laden mit sympathischer Bedienung, großer Terrasse, schöner Einrichtung und vielfältiger Teeauswahl. Überall stehen weiße Teekannen herum. Im Sommer wird zusätzlich Eistee serviert. Besonders empfehlens-

MANG'OZ JUICE BAR ⓛ   MIÒ CAFÉ ⓡ

wert sind auch die italienische *assiette affettati misti* (Speck, Parmaschinken, Salat, Mozzarella) oder der *crumble* mit Früchten der Saison.
41 RUE HOCHE, WWW.VOLUPTE-CANNES.COM, T 0493 382041, GEÖFFNET: MO-SA 9.00-19.30, PREIS: 10 €

MIÒ CAFÉ Ein Bistro für den kleinen Hunger: *tramezzinis* (kleine Sandwiches), Omelett oder andere leckere Snacks. Im Lokal stehen hohe Bartische, außen schwarze Tische mit Sitzkissen statt Stühlen. Eine moderne Location.
18 RUE DU COMMANDANT ANDRÉ, T 0493 398257, GEÖFFNET: MO-SA 8.30-20.30, PREIS: 10 €

LES APPRENTIS GOURMETS Das Loft im Zentrum von Cannes beherbergt ein ultramodernes Kochatelier, einen Speisesaal und einen Laden. Erst kann man hier bei einem Workshop des Sternekochs Jacques Di Guisto mitmachen und anschließend wird probiert. Es gibt auch eine *formule déjeuner* (Mittagessen, um 11.30 Uhr wird gekocht und eine halbe Stunde später gegessen, die Nachspeise geht auf Kosten des Hauses). Es stehen sogar vegetarische und Kinderkochkurse auf dem Programm. Voranmeldung erforderlich. Das Kochprogramm ist auch online abrufbar. Im Laden werden Küchenutensilien und Delikatessen verkauft.
6 RUE TEISSEIRE, WWW.LESAPPRENTISGOURMETS.FR, T 0493 387876, GEÖFFNET: DI-SA, PREIS: WORKSHOP UND MITTAGESSEN AB 15 €

Z PLAGE Sie suchen ein Strandrestaurant? Dann sollten Sie sich für das Z Plage des legendären Hôtel Martinez entscheiden. Hochpreisig, aber toll. Die wunderbare Begrüßung durch Florence und die sensationelle Küche sind inklusive.
73 BOULEVARD DE LA CROISETTE, WWW.HOTEL-MARTINEZ.COM, T 0492 901234, GEÖFFNET: TÄGLICH 12.30-17.30, PREIS: MENÜ 50 €

SHOPPEN

Der Boulevard de la Croisette ist die Einkaufsmeile von Cannes. Hier findet man Luxusboutiquen sowie Modetempel von Gucci, Dolce & Gabbana und Armani, fahren Lamborghinis und Ferraris auf und ab und kleiden Neureiche und modebewusste Yuppies sich ein – ein Spektakel, das man sich gönnen sollte. Eine Straße weiter, in der Rue d'Antibes, geht es nicht ganz so mondän zu, man findet aber auch eine Reihe schicker Boutiquen. Vervollständigt wird das Shoppingerlebnis in der Rue Meynadier, der Straße mit den bekannten Ketten. Cannes hat für jeden Geldbeutel etwas zu bieten, und seitdem jedes Modejahr mit einem großen Shoppingfestival (*www.cannesshoppingfestival.com*) eingeläutet wird, festigt die Stadt ihren Ruf als Einkaufsmekka immer mehr.

LE COMPTOIR DES COTONNIERS in der Rue d'Antibes ist vor allem bei stilvollen Französinnen sehr beliebt, und das altersunabhängig. Der Grund: durchdachte, feminine Kleidung. Die Kollektion ist eine harmonische Mischung aus Modetrends und zeitloser Eleganz mit natürlichen, feinen Farben, exklusiven Mustern und hochwertigen Stoffen. Unbedingt vorbeischauen!

10 RUE D'ANTIBES, WWW.COMPTOIRDESCOTONNIERS.COM, T 0492 991429, GEÖFFNET: DI-SA 10.00-19.00

FENDI Sind Sie auf der Suche nach modischen Schuhen oder einer originellen Handtasche? Das italienische Label Fendi überrascht immer wieder mit neuen Motiven: Fendi is *fancy*. Eine Männerkollektion und eine "Fendi Casa"-Linie gibt es hier auch. Berühmter Fan und Freund des Hauses: Karl Lagerfeld.

44 BOULEVARD DE LA CROISETTE, T 0493 380500, GEÖFFNET: MO-SA 10.30-13.00 & 14.30-19.00

Betrieben wird **CÉNERI**, ein Paradies für Käseliebhaber, von italienischen Käsehändlern in dritter Generation. Wehe dem, der es nicht schafft, vorbeizugehen! Denn wenn Sie einmal im Laden sind, werden Sie von der geschmackvollen Präsentation und den verlockenden Gerüchen der 250 verschiedenen Käsesorten überwältigt sein. Wer sich nicht entscheiden kann, lässt sich einfach beraten oder nimmt die Spezialität des Hauses, den *brie aux truffes*, einen Trüffel-Brie.

22 RUE MEYNADIER, WWW.FROMAGERIE-CENERI.COM, T 0493 396368, GEÖFFNET: DI-SA 8.00-12.30 & 16.00-19.00, SO 8.00-12.30, PREIS: AB 5 €

Obwohl weder verwandt noch verschwägert mit dem brasilianischen Fußballgott, wird **JEAN-LUC PELÉ** in Paris und Cannes mindestens genauso bewundert. Der Grund: seine überragenden Mandelspezialitäten und Schokokreationen. Schon nach dem ersten Bissen weiß man, warum Pelé sich *créateur de goût* (Geschmacksdesigner) nennt. Der Laden und die Backstube ("das Atelier") sind sehenswert.

36 RUE MEYNADIER, WWW.JEANLUCPELE.COM, T 0493 380610, GEÖFFNET: MO-SA 9.00-19.30, SO 9.00-13.00

100% THERE

Cannes ist ein Ort für Hedonisten und Genussmenschen. Von überall kommen sie hierher, um im Luxus zu baden. Doch die Stadt hat noch mehr als Goldene Palmen und Reichtum zu bieten.

ÎLES DE LÉRINS: SAINTE-MARGUERITE UND SAINT-HONORAT Regelmäßig nehmen Einheimische die Fähre zu den zwei vorgelagerten Inseln, um der Stadt zu entfliehen: Sainte-Marguerite ist die größte der beiden Inseln und liegt näher an Cannes, nur etwa 15 Minuten entfernt. Neben 170 Hektar Wald hat die Insel, die sich zu Fuß in zwei Stunden umrunden lässt, einen botanischen Garten, kleine Naturstrände und das mächtige Fort Royal, das auch eine Zeit lang als Staatsgefängnis diente, zu bieten. Hier saß unter anderem der geheimnisvolle Mann mit der eisernen Maske elf

LE COMPTOIR DES COTONNIERS ⓛ   JEAN-LUC PELÉ ⓡ

Jahre in einer nasskalten Todeszelle (die besichtigt werden kann) ein. Wer sich hinter der Maske verbarg, wurde nie geklärt. War es der uneheliche Bruder Ludwigs XIV.? Oder der italienische Diplomat Mattioli, der den König betrogen hatte? Laut einer Verfügung von 1566 ist Saint-Honorat im Privatbesitz der Mönche, die hier bereits seit dem 5. Jahrhundert leben. Die Abtei von Lérins gehört zu den bedeutendsten Abteien des Christentums, viele bekannte Heilige wie etwa Saint Patrick aus Irland waren Anhänger der gleichnamigen Schule. Heute befinden sich noch etwa 30 Mönche auf Saint-Honorat. Besuchen Sie die Abtei oder machen Sie einen Spaziergang durch die Weinberge und Lavendelfelder. Mittags lädt La Tonnelle (siehe Essen & Trinken), das einzige Restaurant der Insel, zum Schlemmen ein. Probieren Sie unbedingt den klostereigenen Wein oder Branntwein.

FÄHRE: WWW.CANNES-ILESDELERINS.COM, PREIS: HIN UND ZURÜCK 14 €, BIS 5 J. FREI, 5-10 J. 6,50 €

AUSGEHEN

Bars, Discos und Clubs gibt es in Cannes wie Sand am Meer, und nicht zu vergessen die Spielbanken. Die Stadt ist ein wahres Eldorado für Nachtschwärmer. Für das Sommerfestival "les plages électroniques" (www.plages-electroniques.com) wird der Strand des Palais des Festivals für fünf Tage in eine riesige Tanzfläche umgewandelt. Jeder Abend ist dabei einem eigenen Genre gewidmet: Elektro, Techno, Drum & Bass, Breakbeat oder Hip-Hop. Erfreulich moderat ist der Eintritt (5 Euro). Konzerte im kleinen Rahmen finden in Cannes eher selten statt, aber es gibt sie: die vier Jazzabende im idyllischen Garten der Villa Domergue und die Nuits Musicales du Suquet (www.nuitsdusuquet-cannes.com).

LE PALM BEACH CASINO Sie wollen Poker oder Blackjack spielen oder Ihr Glück an einem der Roulettetische versuchen? Dann schnell rein in die Abendgarderobe und ab in das legendäre Palm Beach Casino. Hier saßen auch schon einige Weltstars an den Spieltischen. Hat das Glück Sie verlassen? Dann können Sie am Strand etwas frische Luft schnappen.
POINTE CROISETTE, PLACE FD ROOSEVELT, WWW.CASINOLEPALMBEACH.COM, T 0497 063690, GEÖFFNET: TÄGLICH 11.00-4.00

ÜBERNACHTEN

Als touristischer Hotspot und Kongressstadt hat Cannes natürlich ein breit gefächertes Hotelangebot. Außer den großen Luxushotels gibt es kleinere, bezahlbare Alternativen, allerdings keine B&Bs. Die meisten Hotels liegen unweit der Sehenswürdigkeiten und des Ausgehviertels. Wer einen Ausflug nach Nizza oder Grasse machen will, kommt gut mit Bus oder Bahn dorthin. Tipp: Während des Filmfestivals oder wichtiger Kongresse können die Zimmerpreise leicht doppelt oder dreifach so hoch sein wie sonst.

HÔTEL ALNEA Noémie und Cédric, die sympathischen Inhaber dieses ganz besonderen Budgethotels im Zentrum, begrüßen ihre Gäste persönlich und erzählen begeistert von "ihrer" Stadt. Strandmatten und Räder sind zum Ausleihen vorhanden, und das Hotel hat sogar eine eigene honesty bar (Bar mit Selbstbedienung). Die Zimmer des kleinen Hotels sind modern, komfortabel und liebevoll eingerichtet. Das Konzept war so erfolgreich, dass vis-à-vis ein Ableger eröffnet wurde, in dem die Filmwelt die Hauptrolle spielt (www.7arthotel.com).
20 RUE JEAN DE RIOUFFE, WWW.HOTEL-ALNEA.COM, T 0493 687777, PREIS: AB 60 €

HÔTEL ALNEA

HÔTEL MOLIÈRE Ein kleines, erstklassiges Hotel mit moderaten Preisen, wunderbaren Zimmern und tollem Service. Die Betten sind mit hübschem Bettzeug bezogen, und die modern – ohne provenzalischen Schnickschnack – eingerichteten Zimmer haben fast alle Balkon mit Parkblick. Das Hotel liegt nur wenige Schritte von der Rue d'Antibes und dem Boulevard de la Croisette (Shoppen, Strand) entfernt.
5 RUE MOLIÈRE, WWW.HOTEL-MOLIERE.COM, T 0493 381616, PREIS: AB 125 €

HÔTEL CANBERRA Glamouröse Zimmer im zeitgemäßen Stil, aber mit unverkennbaren Einflüssen aus den 1950er-Jahren: Weiß und Schwarz überwiegen und hier und da etwas Marilyn-Monroe-Rosa. In diesen Zimmern muss man sich einfach wohlfühlen. Das Mobiliar des Hauses wurde vom Designer Pierre Paulin entworfen: rosa Ledersessel in der Loungebar Roze (rund um die Uhr geöffnet), weiße Stühle auf einem schwarzen Holzparkett im Patio und dünne Vorhänge, die sich sanft im Wind bewegen. Gleichermaßen raffiniert gestaltet ist das hauseigene Restaurant. Außerdem verfügt das Hotel über einen Fitness- und Saunabereich und einen kleinen Pool im Innenhof.
120 RUE D'ANTIBES, WWW.HOTEL-CANNES-CANBERRA.COM, T 0497 069500, PREIS: AB 180 €

MONACO STADT

SPIELBANK, PRINZEN & PARKS

Mit knapp 37.000 Einwohnern ist Monaco nach Vatikanstadt und San Marino der drittkleinste unabhängige Staat der Welt. Und mit Kameras und Polizei an jeder Straßenecke gewiss auch einer der sichersten. Seine Existenz verdankt Monaco der Familie Grimaldi, dem ältesten noch herrschenden Fürstenhaus der Welt.

Als Mönch getarnt blies ein gewisser François Grimaldi bereits 1297 zum erfolgreichen Sturm auf die Festung von Monaco. Seitdem hat das Fürstenhaus einige turbulente Zeiten überstehen müssen. Bis 1861 gehörten auch Menton und Roquebrune zum Hoheitsgebiet der Grimaldis, aber seitdem beschränkt sich die Fläche des Landes auf nur 195 Hektar, von denen fast ein Viertel dem Meer abgetrotzt wurde. Im Kampf gegen die Platznot reichen Wolkenkratzer allein nicht mehr aus. Deshalb gibt es inzwischen ernsthafte Pläne, noch mehr Land trockenzulegen. Der heutige Fürst, Prinz Albert II. (*1958), beerbte seinen Vater Prinz Rainier 2005, dessen beliebte Frau, der amerikanische Filmstar Grace Kelly, 1982 bei einem Autounfall verunglückte und kurz darauf im Krankenhaus verstarb.

Monaco ist zwar nur eine Gemeinde, besteht aber de facto aus drei Teilen: Monaco-Ville und Monte Carlo, die über den schicken Hafenbezirk La Condamine miteinander verbunden sind. Der kleine Stadtstaat übt eine magische Anziehungskraft aus und lockt jährlich Millionen Touristen ans Mittelmeer. Viele kommen, um dem spektakulären Formel-1-Rennen, dem Großen Preis von Monaco, beizuwohnen.

Wer mit dem Auto nach Monaco kommt, nimmt am besten die Moyenne Corniche. Etwas bequemer und stressfreier ist ein Ausflug mit dem Zug hierher. Es besteht eine regelmäßige Verbindung zum Beispiel mit Nizza. In der Stadt fahren Busse (www.cam.mc), und dank der Aufzüge kann man schnell zwischen den verschiedenen Ebenen der Stadt wechseln.

SEHENSWÜRDIGKEITEN

Von seiner Skyline her erinnert Monaco stark an Hongkong oder Macau. Doch dank des Prinzenpalastes, der franko-italienischen Paläste aus dem 19. Jahrhundert und der tropischen Vegetation wirkt der Ministaat natürlich sehr mediterran. Monaco-Ville ist fürstlich und ursprünglich, während Monte Carlo mit seinem Hafen und dem weltberühmten, vom Architekten Garnier 1878 erbauten Spielcasino eher mondän erscheint.

PALAIS PRINCIER Einmal am Tag, um 11.55 Uhr, füllt sich der Platz vor dem Palast, dem Sitz von Prinz Albert und der monegassischen Regierung, mit Touristen, die alle die Wachablösung sehen wollen. Im Sommer sind die *carabiniers* weiß gekleidet, im Winter tragen sie Schwarz. Links und rechts stehen Kanonen – ein Geschenk Ludwigs XIV. an Monaco. Von hier hat man einen grandiosen Blick auf die Bucht von Monaco. Im Cour d'Honneur, dem Innenhof des Palastes, finden im Sommer regelmäßig Konzerte statt. Wenn der Prinz zu Hause ist, ist auf dem Dach die Fahne gehisst.
PLACE DU PALAIS, WWW.PALAIS.MC, T 93251831, GEÖFFNET: TÄGLICH APR.-OKT., APR. 10.30-13.00, MAI-SEPT. 9.30-18.00, OKT. 10.00-17.30, EINTRITT: 8,00 €, KINDER BIS 8. J. FREI

Das **MUSÉE OCÉANOGRAPHIQUE** gehört zu den anerkanntesten seiner Art. Schon das imposante, aus dem beginnenden 20. Jahrhundert stammende Gebäude sowie die besondere Lage, teils im Felsen, machen es sehenswert. Innen wartet dann ein riesiges Aquarium mit seltenen Meeresbewohnern auf die Besucher. Das Haibecken, eine Nachbildung des Ökosystems der Riffe vor der Küste Djiboutis, ist einzigartig. Seine heutige Bedeutung hat das Museum Prinz Albert I., aber auch dem weltberühmten Meeresforscher Jacques Cousteau zu verdanken, der das Museum von 1957 bis 1988 leitete.
AVENUE SAINT-MARTIN, WWW.OCEANO.MC, T 93153600, GEÖFFNET: TÄGLICH APR.-JUNI & SEPT. 10.00-19.00, JULI & AUG. 10.00-20.30, OKT.-MÄRZ 10.00-18.00, EINTRITT: 14,00 €, KINDER BIS 3 J. FREI

Erbaut wurde das **CASINO DE MONTE CARLO** 1878 nach dem Entwurf von Charles Garnier, der auch für die Pariser Oper verantwortlich zeichnet. Das Belle-Époque-Interieur ist so beeindruckend, dass der Verdacht entstehen könnte, es wurde bewusst so gehalten, um die Spieler abzulenken ... In einem der Flügel befindet sich der Opernsaal, der in nur sechs Monaten fertiggestellt wurde. Hier fanden viele Uraufführungen, zum Beispiel von Ravels *l'Enfant et les Sortilèges* (1925), statt und feierten Balletttänzer wie Serge de Diaghilev große Erfolge. Es empfiehlt sich, frühzeitig zu reservieren. Achtung: Angemessene Kleidung ist angeraten.
PLACE DU CASINO, CASINO: WWW.CASINOMONTECARLO.COM, T 98062121, OPER: WWW.OPERA.MC, T 98062828

HÔTEL DE PARIS Die Gäste des 1864 eröffneten Hotels steuerten einige interessante Anekdoten zur Geschichte Monacos bei. Churchill verlor hier seinen Hund Toby und war nur mit Champagner des Jahrgangs 1810 zu trösten. Und Sarah Bernhardt, eine der ersten Schauspielerinnen von Weltformat, unternahm hier einen missglückten Selbstmordversuch. Auch heute noch verströmen die Fassade und die Einrichtung des Hotels pure Noblesse. Gleiches gilt für das Dreisternerestaurant Louis XV, in dem Alain Ducasse, Sternekoch und Geschäftsmann, das Zepter schwingt.
PLACE DU CASINO, WWW.HOTELDEPARISMONTECARLO.COM, T 98063000

ESSEN & TRINKEN

Gut speisen kann man in Monaco fast überall. Es gibt alteingesessene Restaurants wie das Louis XV, aber auch immer wieder neue Lokale. Die Küche Monacos ist von Nizza, der Provence und natürlich Italien beeinflusst.

LA NOTE BLEUE In diesem Restaurant mit Privatstrand und Jazz-Loungebar stößt man auf ein marokkanisches Ambiente. Die Gerichte, die Chefkoch Laurent Paya auftischt, sind jedoch international. Famos ist sein Nachtisch *pastilla au toblerone*. Im Sommer ist die Loungebar viermal pro Woche die Bühne für lokale oder internationale Jazzmusiker. Auch für Kinder ist La Note Bleue geeignet, denn es gibt den hauseigenen Spielpark Granouillou. Kurzum: eine Top-Strandadresse in Monaco. Vergessen Sie nicht, zu reservieren.
PLAGE DU LARVATTO, AVENUE PRINCESSE GRACE, WWW.LANOTEBLEUE.MC, T 00377 93500502. GEÖFFNET: 15. MAI-15. SEPT. 8.30-0.00 & OKT.-APR. 8.30-18.00, PREIS: MENÜ 30 €

LA CHAUMIÈRE

L'ATELIER DU GLACIER Ein Eissalon der Extraklasse mit Kreationen, die Vater und Sohn aus besten Zutaten selbst herstellen. Unbedingt probieren: das Tiramisu-Eis – zum Dahinschmelzen ...
9 RUE PRINCESSE CAROLINE, WWW.ATELIER-GLACIER.COM, T 00377 97700599, GEÖFFNET: TÄGLICH 11.00-22.00, PREIS: 4 €

LA CHAUMIÈRE Hier, im Jardin Exotique, werden nicht nur köstliche Sommersalate und mediterrane Klassiker aufgetischt, man kann auch eine atemberaubende Aussicht genießen. Gemütlich, vor allem am Nachmittag.
ROUND POINT DU JARDIN EXOTIQUE, WWW.LA-CHAUMIERE.MC, T 00377 97700492, GEÖFFNET: MO-SA 10.00-22.00, PREIS: 15 €

HUIT & DEMI Eines der besten Restaurants Monacos befindet sich in der Rue Langlé, einer autofreien Einkaufsstraße in La Condamine. Im Huit & Demi fühlt man sich wie in einem Kino: Auf der Terrasse stehen Regiestühle, an den Wänden hängen Porträts von Filmstars. Der Regisseur, der hier das Sagen hat, macht seine Sache sehr gut. Die Bedienung ist flott und das Essen, von Appetithäppchen bis hin zu Nachspeisen, köstlich. Je nach Saison werden auch verschiedene Mezze serviert. Und aus einem einfachen Tomatensalat mit Basilikum zaubern sie hier einen himmlischen *tartare de tomates au basilic*.
4 RUE LANGLÉ, T 00377 93509702, GEÖFFNET: MO-FR 12.00-14.00 & MO-SA 19.30-21.30, PREIS: MENÜ 35 €

SHOPPEN

Wie Nizza hat auch Monaco einen *cercle d'or* (goldenen Kreis), eine Einkaufsmeile mit der Avenue Monte-Carlo, Avenue des Beaux Arts und La Galerie des Allées Lumières als Mittelpunkt. Hier findet man Luxusboutiquen einiger bekannter Marken. Im etwas weniger schicken Viertel La Condamine ist Vielfalt angesagt: von Prêt-à-porter und Kunstgalerien bis hin zu Läden mit allerlei hübschen Dingen. Was eine Shoppingtour in Monaco so angenehm macht, sind die hervorragenden Busverbindungen, die praktischen und kostenlosen Aufzüge sowie die kinderfreundlichen Parks.

MCNAB MONACO Der Ladeninhaber ist ein Autodidakt aus Schottland, der als Keramikkünstler in seinem Atelier tiefbraunes, originell geformtes Steingut herstellt. Er experimentiert mit Vorliebe mit Glas und Keramik, verwendet gelegentlich auch andere Materialien wie Kupfer, Holz oder Stahl.
12 RUE DES ACORES, WWW.EWANMCNAB.COM, T 00377 99998888, GEÖFFNET: MO-SA 10.00-12.30 & 15.00-19.00

Zwischen all den Möbeln, Schmuck, Lampen und Küchenutensilien fühlt man sich bei **DE MILLO FINE ART** fast wie zu Hause. Liebhaber knalliger Farben finden hier sicher etwas nach ihrem Geschmack. Ein Laden, um ein besonderes Geschenk zu besorgen.
23 RUE DE MILLO, DEMILLO-FINEART.COM, T 00377 97771503, GEÖFFNET: DI-SA 10.00-13.00 & 14.30-19.00

100% THERE

Wer nach Monaco kommt, möchte sicher sein Glück im Spielcasino versuchen, einer Opernaufführung in der Salle Garnier beiwohnen oder den Prinzen besuchen. Aber es gibt noch mehr zu entdecken.

PARC PRINCESSE ANTOINETTE Auch wenn man es vielleicht nicht vermuten würde, Monaco ist ein sehr kinderfreundliches Land. Bis zum Alter von sieben Jahren fahren Kinder kostenlos im öffentlichen Nahverkehr, und Spielplätze gibt es an fast jeder Straßenecke. Der Höhepunkt: der Parc Princesse Antoinette, ein Spielparadies für Kinder bis 16 Jahre mit Spielgeräten aller Art, Sandkisten für die Kleinen, Minifußball- und Basketballplätzen und sogar einer Minigolfbahn. Die herrliche Aussicht über die Bucht von Monaco gibt es gratis dazu.
54 BOULEVARD DU JARDIN EXOTIQUE, GEÖFFNET: OKT. & APR. TÄGLICH 8.30-18.00, NOV.-MÄRZ 8.30-17.30, MAI-SEPT. 8.30-19.00

ÜBERNACHTEN

Lassen Sie sich nicht vom mondänen Ruf Monacos abschrecken, denn bezahlbare Alternativen zu den Hotelpalästen wie dem Monte Carlo Beach und dem Hôtel de Paris gibt es durchaus. Während großer Events wie etwa dem Großen Preis schnellen die Zimmerpreise allerdings in die Höhe.

NI HÔTEL ist ein noch relativ junges Boutique-Hotel in La Condamine und optimal gelegen, wenn man die Altstadt oder den Hafen besuchen will. Die Lobby und die Bar sind à la Warhol im Pop-Art-Stil eingerichtet. Etwas zurückhaltender sind die Luxuszimmer gestaltet, mit sanften Farben und stimmungsvoller Beleuchtung. Neben Einzel- und Doppelzimmern gibt es auch Zimmer mit kleiner Küche – für einen etwas längeren Aufenthalt. Aktive wissen den hauseigenen Fitnessraum zu schätzen, Genießer die stilvolle Dachterrasse. Eine Topadresse in Monaco-Ville.
1 BIS RUE GRIMALDI, T 00377 97975151, PREIS: AB 150 €

NOVOTEL MONTE-CARLO Das Hotel der bekannten französischen Accor-Gruppe ist sehr empfehlenswert. Es hat zwar nicht den Charme kleinerer Hotels, aber die 218 neuen Zimmer und Suiten sind sehr komfortabel eingerichtet. Das üppige Frühstücksbuffet ist toll und für Kinder unter 16 Jahren sogar kostenlos. Kinderspielzimmer gibt es hier einige, und außerdem ein beheiztes Schwimmbad und einen Hamam. Das ideale Familienhotel.
16 BOULEVARD PRINCESSE CHARLOTTE, WWW.NOVOTEL.COM, T 00377 99998300, PREIS: AB 120 €

NI HÔTEL

LES ALPES D'AZUR

SCHNEE, SPORT UND NATUR

Ein großer Teil des Departements Alpes-Maritimes besteht aus gebirgigem Hinterland, Les Alpes d'Azur. Wer dem Treiben an der Côte d'Azur entfliehen will, findet in dieser abwechslungsreichen Gebirgslandschaft Sportmöglichkeiten, Ruhe und gesunde Luft.

Im Sommer warten atemberaubende Wanderrouten, stille Badeseen, grüne Täler und schroffe Gipfel, die zu Fuß, mit dem Rad oder auf dem Rücken eines Pferdes erkundet werden wollen. In Ortschaften wie Auron, Isola 2000 und Valberg – nur 1,5 Stunden von der Küste entfernt – kann man im Winter unter anderem eisklettern, Ski fahren und snowboarden. Mehr als 250 Pisten aller Niveaus bieten Spaß für Jung und Alt.

Informationen über die Skigebiete finden Sie unter www.auron.com (das größte Skigebiet), www.isola2000.com (das kommerziellste) und www.valberg.com (das familienfreundlichste).

ZUGFAHRT Wer die grandiose Landschaft auf eine ganz besondere Weise entdecken will, sollte mit dem Zug fahren. Auf der 3,5 Stunden dauernden Fahrt von Nizza nach Digne-les-Bains, der Hauptstadt des Departements Alpes-de-Haute-Provence, führt der Train des Pignes durch wunderschöne Täler, die der Fluss Var gegraben hat. Aus- und einsteigen ist unterwegs möglich.
WWW.TRAINPROVENCE.COM, T 0497 038080

WANDERN & MOUNTAINBIKEN Les Alpes d'Azur sind ein Eldorado für Wanderer und Mountainbiker aller Altersgruppen und Niveaus. Wichtig ist nur, dass man dabei ein paar Grundregeln beachtet: nur mit geeigneter Kleidung und Schuhwerk ins Gelände gehen, die Wettervorhersagen beachten und ausreichend Proviant mitnehmen. Wer will, lässt sich von einem Bergführer begleiten. Informationen hierzu gibt es bei Touristeninformationen.
WWW.RANDOXYGENE.ORG (FÜR GEFÜHRTE WANDER- UND MOUNTAINBIKETOUREN)

Eine unvergessliche Wanderroute führt von Saint-Dalmas-le-Selvage im Herzen des Mercantour-Nationalparks an den Bergseen von Vens vorbei: Circuit des Lacs et Refuge de Vens. Planen Sie insgesamt etwa fünf Stunden für diese Wanderung ein. Der Weg zum Gipfel des Restefond-la-Bonette (2802 m) gewährt atemberaubende Ausblicke auf die Berge ringsum.

SAINT-TROPEZ, HYÈRES, TOULON, LA PROVENCE VERTE, DRAGUIGNAN, LE HAUT-VAR, FRÉJUS UND SAINT-RAPHAËL

VAR

AUTOTOUR VAR

So können Sie das Departement Var in fünf Tagen erkunden. Die Route bringt Sie zu allen Orten, die Sie gesehen haben sollten, und birgt einige Überraschungen. Sie essen zwischen Einheimischen und wohnen ganz besonders.

TAG 1 **FRÉJUS >** die Arènes und die Cathédrale Saint-Léonce et Cloître besuchen (S. 169) **>** im gemütlichen Zentrum shoppen **>** bei Le Chocolathé zu Mittag essen (S. 173) **>** im Naturschutzgebiet Les Étangs de Villepey ins Meer springen (S. 174) **>** bei La Table speisen (S. 170) **>** bei La Bastide du Clos zwischen Weinreben nächtigen (S. 175) **>**

TAG 2 **SEILLANS UND TOURTOUR >** mit dem Auto das Estérel-Gebirge erkunden (S. 169) **>** nach Seillans fahren **>** die Galerie von La Magnanerie de Seillans besuchen (S. 176) **>** über Bargemon, Châteaudouble und Ampus nach Tourtour fahren (S. 157) **>** bei Les Pins Tranquilles tafeln (S. 157) **>** shoppen gehen **>** in Villecroze die Höhlen besichtigen (S. 162) **>** bei Château Thuerry Wein verkosten (S. 162) **>** bei Alegria in Aups wohnen (S. 164) **>**

TAG 3 **LAC DE SAINTE-CROIX UND LE THORONET >** einen Ausflug zum Lac de Sainte-Croix machen (S. 165) **>** bei Le Chardon in Baudinard-sur-Verdon etwas trinken (S. 165) **>** dem Wasserfall von Sillans-la-Cascade einen kühlenden Besuch abstatten (S. 166) **>** die Weinberge von Entrecasteaux besuchen **>** in La Crêperie à l'Atelier eine Crêpe essen (S. 141) **>** nach Le Thoronet fahren, um die Abtei zu besichtigen (S. 144) **>** sich für das Abendessen und die Nacht im Le Savoir Vivre in Besse-sur-Issole einquartieren (S. 147) **>**

TAG 4 **SAINT-TROPEZ UND HYÈRES >** das Musée de l'Annonciade besuchen (S. 111) **>** durch den Hafen schlendern **>** bei Sénéquier Nugat probieren (S. 112) **>** auf der Terrasse des Hôtel Sube etwas trinken (S. 111) **>** in der Brasserie des Arts etwas essen (S. 112) **>** am Strand von Pampelonne relaxen (S. 116) **>** über die Mimosaroute und Bormes-les-Mimosas (S. 128) nach Hyères fahren **>** abends bei Vice Versa essen (S. 122) **>** im Hôtel Bor übernachten (S. 126) **>**

TAG 5 **ÎLE DE PORQUEROLLES UND SANARY-SUR-MER >** im Hôtel Bor frühstücken (S. 126) **>** an der Tour Fondue zur Île de Porquerolles übersetzen (S. 124) **>** spazieren gehen und einen stillen Sandstrand suchen **>** zurückkehren **>** über Toulon nach Sanary-sur-Mer fahren (S. 131) **>** shoppen gehen und durch den Hafen bummeln **>** im Bard'Ô an der Plage de Portissol zu Abend essen (S. 132) **>** im Le Cabanon nächtigen (S. 132) **>**

SAINT-TROPEZ STADT

BRIGITTE BARDOT, GLAMOUR UND CHARME

Aus dem einstigen Fischerdorf Saint-Tropez ist ein mondäner Badeort geworden. "Entdeckt" wurde das verschlafene Nest 1892 vom französischen Maler und Begründer des Pointillismus Paul Signac auf der Suche nach dem typisch südlichen Licht. Malerkollegen wie Manguin und Van Rysselberghe, und später auch Matisse und Bonnard, folgten und ließen sich ebenfalls in Saint-Tropez nieder. Im Musée de l'Annonciade sind zahlreiche Werke aus jener Zeit zu sehen.

1956 war Saint-Tropez der Drehort des Kassenschlagers *Und immer lockt das Weib* des französischen Regisseurs Roger Vadim mit Brigitte Bardot in der Hauptrolle. Es war der Film, der "BB" auf einen Schlag weltberühmt und zum Sexsymbol machte. Zwei Jahre später erwarb sie hier ihr Haus La Madrague. Ihre nächtlichen Eskapaden waren legendär und zogen Scharen von neugierigen Fans und Anhängern an. Seitdem hat Saint-Trop' seinen Ruf weg (im Französischen bedeutet trop "zu viel").

Alljährlich im Sommer wird Saint-Tropez von Touristen überschwemmt. Dann geht es nur noch um eines: sehen und gesehen werden. Ein Foto mit Brad Pitt oder doch lieber mit P. Diddy? Mit etwas Glück begegnet man ihnen an den Stränden in und außerhalb der Stadt. Keine Lust, am Strand den Paparazzo zu geben? Dann setzen Sie sich einfach in ein Straßencafé am Hafen, um von dort die Schönen und Reichen mit ihren Luxusjachten zu beobachten.

Auch in der Hochsaison, wenn die Bevölkerung sprunghaft von 6000 auf 20.000 ansteigt, behält Saint-Tropez seinen Charme. Im Zentrum gibt es gemütliche Plätze wie die Place des Lices, auf der begeisterte Pétanquespieler unter Platanen ihrem Hobby frönen. Wenn Sie eher das ursprüngliche Saint-Tropez erleben wollen, dann kommen Sie am besten in der Nebensaison und fühlen Sie sich wie ein Schauspieler neben Louis de Funès im Streifen *Der Gendarm von Saint-Tropez*.

Wer im Sommer Saint-Tropez mit dem Auto ansteuert, wird schnell feststellen, dass er nicht der Einzige ist. Tipp: Nehmen Sie in Saint Maxime die grüne Fähre, wenn Sie Staus umgehen wollen (www.bateauxverts.com). So erreichen Sie Saint-Tropez schnell und stressfrei.

SAINT-TROPEZ STADT

🟢 SEHENSWÜRDIGKEITEN
> S. 111

1. ZITADELLE & MUSÉE NAVAL
2. MUSÉE DE L'ANNONCIADE

🟡 ESSEN & TRINKEN
> S. 111–112

3. DIE BAR DES HÔTEL SUBE
4. BRASSERIE DES ARTS
5. LA TABLE DU MARCHÉ
6. RESTAURANT SALAMA
7. SÉNÉQUIER

🟠 SHOPPEN > S. 113–114

8. GALERIES TROPÉZIENNES
9. KIWI
10. RONDINI SANDALES TROPÉZIENNES

🔴 100% THERE > S. 114

11. LES VOILES DE SAINT-TROPEZ

🟣 AUSGEHEN
> S. 114–115

12. ICE KUBE BAR
13. LES CAVES DU ROY
14. VIP ROOM

🔵 ÜBERNACHTEN
> S. 115

15. B.LODGE HOTEL
16. LA PONCHE

SEHENSWÜRDIGKEITEN

Mangels größerer historischer Städte am Golf von Saint-Tropez ist die Ausbeute an kulturellen Sehenswürdigkeiten recht spärlich. Dafür ist die Stadt Saint-Tropez selbst ein einmaliges, zeitgemäßes und interaktives Freiluftmuseum.

Das **MUSÉE DE L'ANNONCIADE** gilt als kultureller Höhepunkt von Saint-Tropez. Die ehemalige Kapelle wurde nach dem Ersten Weltkrieg vom Geschäftsmann Georges Grammond zu einem Museum umgewandelt. Im Mittelpunkt stehen Maler, die sich von Saint-Tropez inspirieren ließen. Der umfangreichen Sammlung gehören Werke unter anderem von Matisse, Paul Signac, Maurice de Vlaminck, Kees van Dongen, Georges Braque und Pierre Bonnard an aus der Zeit von 1890 bis 1950. Im Sommer findet hier alljährlich eine Ausstellung von internationalem Format statt. Ein idealer Zufluchtsort, wenn man ein wenig Ruhe sucht.
PORT DE SAINT-TROPEZ, T 0494 178410, GEÖFFNET: TÄGLICH 10.00-13.00 & 14.00-18.00, EINTRITT: 6 €

Allein schon wegen der phänomenalen Aussicht und der prachtvollen Gärten sind die **ZITADELLE** und das **MUSÉE NAVAL** einen Besuch wert. Von Juni bis Oktober sind in den Gärten zeitgenössische Skulpturen im XXL-Format zu sehen. Zu den Künstlern, die hier bereits Werke ausstellten, gehören Emilio Greco, Manolo Valdès, Marino Marini und Botero. Die Zitadelle hat turbulente Zeiten hinter sich, nicht zuletzt wegen der ständigen Kämpfe zwischen den fremden Herrschern und der Bevölkerung von Saint-Tropez. Erst 1672 unter Sonnenkönig Ludwig XIV. wurde Saint-Tropez vollständig entwaffnet und die Einwohner erhielten ihre Rechte und Privilegien wieder. Später fiel der Zitadelle eine strategische Rolle zu: Im Ersten Weltkrieg waren hier deutsche Kriegsgefangene untergebracht, während sie sich im Zweiten Weltkrieg bis zur Befreiung am 15. August 1944 abwechselnd in deutschen und italienischen Händen befand. Seit 1958 ist im Hauptturm ein maritimes Museum untergebracht, das wertvolle archäologische Funde zeigt.
QUARTIER DE LA CITADELLE, T 0494 548414, GEÖFFNET: TÄGLICH OKT.-APR. 10.00-12.00 & 13.30-17.00, MAI-SEPT. 10.00-18.00, EINTRITT: 5 €

ESSEN & TRINKEN

Das kulinarische Angebot ist in Saint-Tropez riesig, das Preis-Leistungs-Verhältnis lässt jedoch hin und wieder zu wünschen übrig, vor allem am Port de Saint-Tropez. Natürlich ist es fast ein Muss, hier einmal in einem Hafenrestaurant gegessen zu haben, aber sagen Sie später nicht, wir hätten Sie nicht gewarnt ...

Mit ihren Lederstühlen, den schönen Bildern von Segelbooten und dem langen Tresen inklusive sympathischem Barkeeper wirkt die **BAR DES HÔTEL SUBE** wie aus einer anderen Zeit. Von der ersten Etage hat man einen herrlichen Blick auf den Hafen.
15 QUAI DE SUFFREN, T 0494 973004, GEÖFFNET: TÄGLICH, PREIS: 10 €

RESTAURANT SALAMA Die vorzüglichen Couscous und Tajines, die das zeitgemäße marokkanische Restaurant kredenzt, sind eine gelungene Mischung aus jahrhundertealter Kochtradition und kreativer Innovation. Probieren Sie auch die Eiskreation mit Tee und Zitrone! Der Garten ist ein Traum, vor allem bei Sonnenuntergang, wenn Sie bei Kerzenschein in einem Ambiente wie aus Tausendundeiner Nacht ein romantisches Abendessen genießen können. Im Juli und August gilt es, frühzeitig zu reservieren.
1 RUE DES TISSERANDS, T 0494 975962, GEÖFFNET: TÄGLICH 19.30-21.30, PREIS: MENÜ 40 €

BRASSERIE DES ARTS Hier gaben sich Mick Jagger und Bianca das Jawort und Brigitte Bardot geht nach wie vor ein und aus. Die namhafte Brasserie, die 2007 komplett umgestaltet wurde, hat eine große Terrasse mit Blick auf die gemütliche Place des Lices, eine Loungebar sowie ein modernes Restaurant. Niedrige Tische, bequeme Designerstühle und stimmungsvolle Beleuchtung tragen zur angenehmen Atmosphäre bei. Die Küche ist durchgehend geöffnet, die Speisekarte ist italienisch und trumpft mit einer großen Fischauswahl und originellen Nudelgerichten, Risottos und Carpaccios auf. Für Fleischfreunde gibt es Rindfleischgerichte und Kalbsfleisch mit Zitrone und Kapern. Einfach ein Muss, zu jeder Jahreszeit!
5 PLACE DES LICES, WWW.BRASSERIEDESARTS.COM/SAINT-TROPEZ, T 0494 402737, GEÖFFNET: TÄGLICH 9.00-2.00, PREIS: MENÜ 40 €

SÉNÉQUIER Im Jahr 1887 eröffneten Marie und Martin Sénéquier, zwei waschechte Tropéziens, ihre Bäckerei an der Place aux Herbes direkt neben dem Hafen. Der köstliche weiße Nugat, die Spezialität des Hauses, hat sie fast über Nacht berühmt gemacht. Und heute – mehr als 120 Jahre später – stehen die Leute Schlange wegen des "weißen Goldes" von Saint-Tropez. Tochter Lisette war nicht weniger erfolgreich, als sie in den 1930er-Jahren direkt am Hafen das erste große Straßencafé mit Mobiliar in den Farben von Saint-Tropez, Rot und Weiß, eröffnete. Zu der Zeit hatte sich das Fischerdorf gerade zu einer attraktiven Kleinstadt entwickelt und lockte viele Künstler an. Auch heute noch ist diese Terrasse der absolute Hotspot des Jetsets. Man kann hier vorzügliches Gebäck oder Nachspeisen aus eigener Herstellung verzehren und die Schönen und Reichen beobachten.
PATISSERIE: 4 PLACE AUX HERBES, WWW.SENEQUIER.COM, T 0494 970090
BRASSERIE: QUAI JEAN JAURÈS, T 0494 972020, GEÖFFNET: TÄGLICH 10.00-22.00, PREIS: 10 €

LA TABLE DU MARCHÉ In diesem Lokal serviert der bekannte Geschäftsmann und Gastronom Christophe Leroy die beste *tarte tropézienne*. Seine Erfindung ist sie nicht, denn damit kann sich Alexandre Micka brüsten, der 1955 mit seiner herrlichen Sahnetorte einfach in die Dreharbeiten zum Film *Und immer lockt das Weib* platzte. Brigitte Bardot war hellauf begeistert, und seitdem genießt *la tarte tropézienne* internationalen Ruhm. Heute ist das Originalrezept im Besitz von Albert Dufrêne, dem Inhaber der Bäckereikette La Tarte Tropézienne.
11 RUE DES COMMERÇANTS, WWW.CHRISTOPHE-LEROY.COM/RESTAURANTS/TABLE-DU-MARCHE-ST-TROPEZ,
T 0494 970125, GEÖFFNET: TÄGLICH 7.30-23.00, PREIS: MENÜ 30 €

SHOPPEN

Für Shopaholics ist Saint-Tropez das reinste Paradies. Magisch angezogen von den vielen Luxusboutiquen, Modegeschäften und Trendtempeln, kommen sie hierher, um glücklicher, aber mit leerem Geldbeutel wieder heimzukehren. Wer weder Zeit noch Lust zu shoppen hat, der kann das für sich erledigen lassen (*www.ishopforyou.fr*).

KIWI Die Idee, eine Kollektion Badeanzüge zu erstellen, entstand 1985 an einem Strand in Pampelonne. Ob originelle und elegante Badekleidung für Frauen, Männer und Kinder oder Strandaccessoires, heute bietet KIWI seine Produkte weltweit an. In Saint-Tropez isst man keine Kiwis, man trägt sie.
66 RUE DU GENERAL ALLARD, WWW.KIWI.FR, T 0494 974226, GEÖFFNET: TÄGLICH MÄRZ-OKT. 9.30-12.30 & 14.30-18.30

GALERIES TROPÉZIENNES Bereits die Fassade des Hauses ist so schön, dass man einfach in das Geschäft hineingehen muss. Wer sich für Stoffe mit Streifenmuster, Hemden aus ägyptischer Baumwolle, exotische Espadrilles oder Badetücher interessiert, ist hier richtig.
56 RUE GAMBETTA, T 0494 970221, GEÖFFNET: MO-SA 9.30-12.30 & 15.00-19.00, SO 10.30-19.00

RONDINI SANDALES TROPÉZIENNES Ledersandalen aus Saint-Tropez sind bekannt – dank der Familie Rondini, die sie seit mehr als 80 Jahren herstellt. Angefertigt werden die Sandalen aus feinstem französischen Leder in der Werkstatt hinter dem Laden. Heute wird der Betrieb von Alain, dem Enkel des Gründers, geführt, der nach wie vor auf die bewährte Handarbeit setzt. Zu Recht, wie die Verkaufszahlen eindrucksvoll belegen. Die exklusiven, eleganten Ledersandalen sind und bleiben ein Verkaufsschlager, die Bestellungen kommen aus dem In- und Ausland. Die durchschnittliche Lieferzeit beträgt vier Tage.
18 RUE G. CLEMENCEAU, WWW.RONDINI.FR, T 0494 971955, GEÖFFNET: MO-SA 9.30-12.30 & 14.30-18.00

100% THERE

Der Golf von Saint-Tropez hat mehr zu bieten als nur die Strände von Pampelonne und den Hafen von Saint-Tropez. Das Angebot ist vielfältig – und es ist für jeden Geschmack etwas dabei.

LES VOILES DE SAINT-TROPEZ Schon seit mehr als zehn Jahren findet in der Bucht von Canebiers ein Segelwettbewerb statt. In der letzten Septemberwoche treffen sich über 300 Segelboote aller Art, von legendären Schiffen bis zu hochmodernen Booten, und können von Interessierten bewundert werden. In dieser Zeit steht der ganze Golf von Saint-Tropez im Zeichen von *les voiles* (die Segel). Auch an Land ist dann ein entsprechendes Unterhaltungsprogramm geboten. Einfach herrlich, in der Herbstsonne zu sitzen und das Meer und die Boote zu beobachten.
WWW.SOCIETE-NAUTIQUE-SAINT-TROPEZ.FR

AUSGEHEN

Saint-Tropez ist ein Eldorado für Partygänger und Hedonisten. Hier wird die Nacht zum Tag gemacht. In der Hochsaison braucht man nicht lange nach coolen Tanzlokalen zu suchen.

VIP ROOM Jean Roch ist der ungekrönte König des Nachtlebens von Saint-Tropez. Sein Lokal, in dem die besten DJs der Welt wie der Franzose Bob Sinclar auflegen, ist schon seit 20 Jahren Treffpunkt des Jetsets. Normalsterbliche müssen sich brav anstellen und hoffen, dass sie nach einer strengen Kontrolle hineindürfen.
RESIDENCE DU NOUVEAU PORT, WWW.VIPROOM.FR, T 06 38838383, RESTAURANT GEÖFFNET: 20.00-0.00, CLUB 0.00-5.00, EINTRITT: FREI

LES CAVES DU ROY Der Eintritt zu diesem Club, der zum schicken Hôtel Byblos gehört, ist kostenlos – allerdings muss man die Prüfung an der Tür überstehen. Danach ist allerdings nur noch das Tanzen umsonst: Die Cocktails fangen bei 27 Euro an, und für eine Flasche Champagner muss man mindestens 290 Euro berappen. In diesem Tanztempel, laut Kennern dem besten der Welt, tanzt man die ganze Nacht zur Musik des hauseigenen DJs Jack E.

HÔTEL BYBLOS, WWW.LESCAVESDUROY.COM, T 0494 566800, GEÖFFNET: APR.-OKT. NUR AN WOCHENENDEN, JULI-AUG. TÄGLICH ABENDS, EINTRITT: FREI

ICE KUBE BAR Abkühlung gefällig? In der Ice Kube Bar werden bei gefühlten minus fünf Grad Celsius eiskalte Wodkacocktails serviert. Warm wird einem von den Beats, die der DJ in den Raum jagt. Zum Glück gibt es beim Eintritt Handschuhe, eine Skiweste und sogar eine russische Fellmütze (*chapka*), um der Kälte zu trotzen.

KUBE HOTEL, ROUTE DE SAINT-TROPEZ, T 0494 972000, GEÖFFNET: 22.00-3.00, EINTRITT: FREI (COCKTAILKONSUM IST PFLICHT)

ÜBERNACHTEN

Eine Nacht im mondänen Saint-Tropez kann den finanziellen Ruin bedeuten. Vor allem im Juli und August nehmen (einige) Unterkünfte die hohe Nachfrage zum Anlass, die Preise kräftig anzuheben. Zum Glück gibt es aber Ausnahmen, etwa in den Dörfern außerhalb Saint-Tropez'. Dort findet man immer noch Hotels mit passablen Preisen – sogar in der Hochsaison (*www.golfe-saint-tropez-reservation.com*).

LA PONCHE Einst eine Fischerbar, heute ein bekanntes Hotel, das am gemütlichen Platz von La Ponche mit Blick über die Bucht von Saint-Tropez liegt. Simone Duckstein, die Enkelin des Gründers und jetzige Inhaberin des Hotels, hat darüber sogar ein Buch geschrieben: *Hôtel de la Ponche, un autre regard sur Saint-Tropez*. Die Aquarelle ihres ersten (verstorbenen) Mannes und Malers Jacques Cordier verleihen dem Hotel eine besondere Note. Heute ist das Viersternehotel mit seinen 18 Zimmern und Suiten sehr beliebt. Wem eine Übernachtung zu teuer ist, der sollte wenigstens das zum Haus gehörende Restaurant ausprobieren und sich einen Platz auf der Terrasse erobern.

3 RUE DES REMPARTS, WWW.LAPONCHE.COM, T 0494 970253, PREIS: AB 220 €

B.LODGE HOTEL Ein modernes Stadthotel mit bezahlbaren Zimmern unweit der Hotspots der Stadt. Die gemütlichen Zimmer sind mit großzügigen Betten ausgestattet, das Frühstück (10 Euro) ist sehr gut. Abends kann man hier zwar nicht essen, aber ein Bierchen im Hotel-Pub geht immer. Und wer der Stadt kurz entfliehen will, kann sich auf den hauseigenen Stränden Key West of The Pearl in La Bouillabaisse, nur ein paar Kilometer vom Hotel entfernt, erholen und sonnen. Hier herrscht eine entspannte Atmosphäre, nicht zuletzt dank der Loungebar und der Musik. Hunger? Dann ab in eines der ausgezeichneten Restaurants oder in die Sushibar.

23 RUE DE L'AÏOLI, WWW.HOTEL-B-LODGE.COM, T 0494 970657, PREIS: AB 140 €

RUND UM SAINT-TROPEZ

PAMPELONNE

Nur wenige Kilometer südöstlich von Saint-Tropez liegen die berühmten Strände von Pampelonne, paradiesische, teils private Strände mit wunderbaren Restaurants wie dem bekannten Club 55. Es gibt allerdings auch schöne öffentliche Strände, für die kein Eintritt gezahlt werden muss: La Bouillabaisse, Les Graniers, Les Canebiers (mit La Madrague, der Villa von BB), La Moutte (ohne Restaurants), Les Salins sowie die beiden Naturtipps L'Escalet und Cap Lardier.

LA PLAGE DES JUMEAUX Mal kein Schickimicki und keine Lounge-Atmosphäre? Dann lassen Sie sich in gemütlichem Belle-Époque-Ambiente mit mediterraner Küche verwöhnen: Salate und gegrillte Fische oder Klassiker wie *moules marinières* (Muscheln) und *petits farcis provençaux* (gefülltes Gemüse). Kinder können sich auf den Spielplätzen austoben, während die Eltern sich am Strand eine wohlverdiente Massage gönnen. Schöne Skulpturen und andere Kunstobjekte machen diese Stranderfahrung zu etwas ganz Besonderem.
CHEMIN DE L'EPI, WWW.PLAGEDESJUMEAUX.COM, T 0494 552180, GEÖFFNET: TÄGLICH 9.00-20.00

KON TIKI Zu diesem Urlaubsparadies am Strand von Pampelonne gehören ein kleiner Luxuscampingplatz und einige andere exklusive Unterkünfte. Nicht zu toppen sind die karibischen Hütten – ideal für Familien oder Gruppen. Am schönsten gelegen sind die Hütten Nummer 29 und 30. Sonne, Meer, Strand und Palmen – kurzum: ein echtes Blue-Lagoon-Flair. Stress und Anspannung fallen hier sofort von einem ab. Wenn nicht, dann bringt das Wellnesszentrum vielleicht Rettung.
PLAGE DE PAMPELONNE, WWW.TIKI-HUTTE.COM, T 0494 559696, GEÖFFNET: MÄRZ-OKT., PREIS: AB 125 € (HÜTTE FÜR 4 PERSONEN)

RAMATUELLE

Im Massif des Maures unweit von Saint-Tropez liegen zahlreiche idyllische Dörfer, die alle einen Besuch wert sind. Zum Beispiel Ramatuelle, ein am Hang gelegenes Festungsstädtchen. In diesem Ort mit tollem Ausblick findet alljährlich im August ein Jazzfestival statt (*www.jazzaramatuelle.com*).

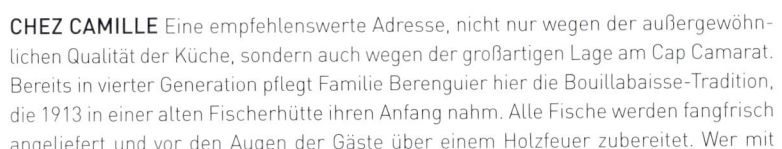

KON TIKI

CHEZ CAMILLE Eine empfehlenswerte Adresse, nicht nur wegen der außergewöhnlichen Qualität der Küche, sondern auch wegen der großartigen Lage am Cap Camarat. Bereits in vierter Generation pflegt Familie Berenguier hier die Bouillabaisse-Tradition, die 1913 in einer alten Fischerhütte ihren Anfang nahm. Alle Fische werden fangfrisch angeliefert und vor den Augen der Gäste über einem Holzfeuer zubereitet. Wer mit eigenem Boot unterwegs ist, kann in der Bucht vor Anker gehen und wird mit dem hauseigenen Boot zum Restaurant gebracht. Reservieren ist nötig!

ROUTE DE BONNE TERRASSE, WWW.CHEZCAMILLE.FR, T 0498 126898, GEÖFFNET: MO & MI-SO 12.30-14.00 & 20.00-21.30, PREIS: MENÜ AB 44 €

ATEMBERAUBENDE WANDERUNGEN Cap Camarat, Cap Lardier, Cap Taillat, La Croix Valmer, Le Fort Freinet und Le Fenouillet – das alles sind Naturschutzgebiete mit herrlichen Wanderwegen. Die Höhenunterschiede der teils geführten Wanderungen können bis zu 220 Meter betragen. Die Natur ist hier so eindrucksvoll, dass es einem fast die Sprache verschlägt. Der Küstenabschnitt ist der ursprünglichste des ganzen Mittelmeergebiets und bietet Natur- und Wanderfreunden absoluten Genuss. Also, Wanderschuhe nicht vergessen!

RESERVIERUNGEN: WWW.GOLFE-SAINT-TROPEZ-RESERVATION.COM, PREIS: 8 €, KINDER 4 €

COGOLIN

Das malerische Dorf mit seinen engen Gassen und Straßen ist ein idealer Startpunkt für Wanderungen und Autotouren in das Massif des Maures.

MUSÉE ESPACE RAIMU Ein kleines Museum zu Ehren des großen französischen Schauspielers Raimu und ein besonderes Ziel für Filmfans. Lassen Sie sich von Raimus Enkelin, Isabelle Nohain, durch das Leben ihres Großvaters führen.
18 AVENUE GEORGES CLÉMENCEAU, WWW.MUSEE-RAIMU.COM/MUSEE.HTM, T 0494 541800, GEÖFFNET: SEPT.-JUNI 10.00-12.00 & 15.00-18.00, JULI-AUG. 10.00-12.00 & 16.00-19.00, EINTRITT: 3,50 €, KINDER BIS 11. J. 2 €

LA GRANGE DES AGAPES Thierry Barot und Jean-Rémy Casnedi haben ihre Kräfte und Erfahrungen gebündelt und ein Sternerestaurant im Herzen Cogolins eröffnet. Keine versnobte Küche, sondern typisch provenzalische Gerichte mit Raffinesse wie etwa *verrine de homard à l'estragon* (Hummersalat mit Estragon). Jeden Monat wird auch ein Themenmenü serviert, beispielsweise mit Trüffeln, Wild und Champignons als Schwerpunkt. Hobbyköche können hier in die Lehre gehen, und Fans von Cocktails können donnerstags (17–19 Uhr) lernen, wie man sie mischt.
7 RUE DU 11 NOVEMBRE, T 0494 546097, WWW.GRANGEAGAPES.COM, GEÖFFNET: DI-SA 12.00-14.00 & 19.30- 22.30, PREIS: MENÜ 30 €, WORKSHOP COCKTAILS MISCHEN 22 €

BLISS ist ein modernes, stilvolles Boutiquehotel mit Zen-Ambiente. Jedes der 24 Zimmer ist mit Bad, Plasmafernseher, Klimaanlage und Wi-Fi ausgestattet. Es gibt weder Pool noch Garten, dafür verrät Ihnen das sympathische Personal die besten Strände ...
PLACE DE LA RÉPUBLIQUE, WWW.BLISS-HOTEL.COM, T 094 541517, PREIS: AB 119 €

SAINTE-MAXIME

Hier findet man an einem langen, von Platanen gesäumten Boulevard schöne und kinderfreundliche Strände. In den zahlreichen Parks des beliebten Badeorts wachsen Palmen, Oleander und Mimosen.

LA BADIANE Chefkoch Geoffrey Poësson demonstriert sein ganzes Können mit Gerichten, in denen die provenzalische Küche innovativ mit einem internationalen Touch versehen wird. Das Ergebnis ist einfach umwerfend. Nur wenige Schritte vom überdachten Markt entfernt kann man ein Menü genießen, das alle sechs Wochen wechselt.
6 RUE FERNAND BESSY, T 0494 965393, GEÖFFNET: MO-SA 19.30-22.00, PREIS: MENÜ AB 50 €

MIT EINEM 2CV DIE ORTE AM GOLF VON SAINT-TROPEZ ERKUNDEN Mieten Sie einfach einen 2CV ("Ente") und klappern Sie damit wie die Bardot die Küstenorte ab. In so einem Gefährt ist Ihnen die Sympathie der Einheimischen sicher.
ESCAPA'DEUCHE – LOCATION 2CV, AVENUE BERTHIE ALBRECHT, WWW.ESCAPADEUCHE.COM, T 06 15776757

HYÈRES STADT

PALMEN, STRÄNDE UND ÎLES D'OR

Hyères könnte man als Wiege der Côte d'Azur bezeichnen. Als Stephan Liegeard, ein burgundischer Winzer mit einem Schreibfaible, im Winter des Jahres 1887 verzweifelt auf der Suche nach etwas Sonne war, fand er sie an den Stränden von Hyères. Der klarblaue Himmel und das türkisfarbene Wasser begeisterten ihn so sehr, dass er darüber ein Buch schrieb: *La Côte d'Azur*. Seitdem ist dieser Name ein Begriff.

Zwar bilden Cannes, Nizza und Saint-Tropez heute den touristischen Schwerpunkt der Côte d'Azur, dennoch konnte Hyères sich mit seinen "goldenen Inseln" als südlichster Touristenmagnet der Provence behaupten. Die Stadt und ihre Umgebung haben viel zu bieten: einen mittelalterlichen Kern mit schmalen Gassen und schöne Parks mit unzähligen Palmen. (Hyères ist Europas größter Palmenproduzent!)

Die "karibischen" Sandstrände von Hyères-Plage sind bezaubernd. Gleiches gilt für die Strände von Giens, einer aus zwei Landzungen bestehenden Halbinsel mit Lagunen, in denen noch bis 1995 Salz gewonnen wurde (les salins d'Hyères). Die Îles d'Or, die "goldenen Inseln" vor der Küste – Île de Porquerolles, Île de Port Cros und Île du Levant – erreicht man bequem mit der Fähre. Wer der Hektik an der Küste entfliehen will, für den ist das mit Korkeichen und Kastanien bewachsene Massif des Maures eine Alternative.

SEHENSWÜRDIGKEITEN

Hyères blickt auf eine lange Geschichte zurück. Bereits im 4. Jahrhundert v. Chr. ließen sich in Almanarre griechische Seefahrer nieder und errichteten hier Handelsposten. Fundorte wie das griechische Olbia (griechisch für "die Glückliche") und das etwas jüngere römische Pomponiana belegen dies eindrucksvoll. Auch das Mittelalter hat Spuren hinterlassen, wie der Burghügel Saint-Bernard in der Altstadt von Hyères zeigt. Andere Relikte sind die Kirchen Saint-Louis aus dem 13. Jahrhundert und Saint Paul aus dem 11. Jahrhundert. Geprägt ist die Stadt jedoch von den Belle-Époque-Häusern aus dem 19. Jahrhundert.

VILLA DE NOAILLES 1924 wurde der avantgardistische Architekt Robert Mallet-Stevens vom Burggrafen Charles de Noailles beauftragt, eine originelle Villa zu bauen. Das Ergebnis: ein kubistisches Bauwerk mit 40 Zimmern und einem kubistischen Garten, der allerdings vom Armenier Guévrékian entworfen wurde. Über die Jahre hinweg beherbergte die Villa zahlreiche Avantgardisten: Man Ray drehte hier seinen Film *Les Mystères du Château du Dé*, Giacometti holte sich Inspiration für seine Skulpturen, und auch anderen illustren Persönlichkeiten wie Dalí, Buñuel und Cocteau diente die Villa zeitweilig als Unterkunft. Nach einer umfassenden Renovierung ist in der Villa heute ein Kunstzentrum angesiedelt.

MONTÉE DE NOAILLES, WWW.VILLANOAILLES-HYERES.COM, T 0498 080198, GEÖFFNET: MI-SO 13.00-18.00, EINTRITT: FREI

SITE ARCHÉOLOGIQUE D'OLBIA Vom 4. bis ins 1. Jahrhundert v. Chr. war Olbia ein griechischer Handelsposten, der auch als Zufluchtshafen auf dem Seeweg zwischen Nizza und Marseille diente. Dann wurden alle griechischen Handelsposten von den Römern "übernommen", auch Olbia. Der Hafen, von den Römern Pomponiana genannt, wurde ausgebaut und entwickelte sich zu einem bedeutenden Standort im Weströmischen Reich. Nach dem Untergang des Römischen Reiches verlor der Ort zunächst an Bedeutung, bis 1223 Zisterziensermönche hier die Abtei Saint-Pierre de l'Almanarre gründeten. Epidemien und politische Turbulenzen zwangen die Mönche jedoch im 14. Jahrhundert dazu, die Abtei wieder aufzugeben. Die Ausgrabungsstätte Olbia ist seit 1999 öffentlich zugänglich und wirklich einzigartig, ist sie doch der einzige Ort Frankreichs, an dem Überreste einer griechischen Stadt freigelegt werden konnten. Tipp: Lassen Sie sich von einem Führer begleiten.

QUARTIER DE L'ALMANARRE, WWW.VILLE-HYERES.FR/SITE_OLBIA, T 0494 655149, GEÖFFNET: APR.-JUNI, SEPT. & OKT. 9.30-12.00 & 14.00-17.30, JULI & AUG. 9.30-12.00, 15.30-19.00, EINTRITT: 2,50 €

ESSEN & TRINKEN

Feinschmecker kommen in der Altstadt, vor allem in der Rue de Limans, auf ihre Kosten. Hier gibt es gute Restaurants und einige ganz besondere Feinkostläden. Gut essen kann man übrigens auch am Hafen und an den Stränden von Hyères.

VICE VERSA Ein Lokal mit einem originellen Konzept im Hafen von Hyères. Auf der einen Seite ist es eine Wein- und Tapasbar, andererseits ein gutes Restaurant. Wer großen Appetit hat, lässt sich von Erwan und seiner feinen Küche verwöhnen, wer nur einen kleinen Hunger stillen will, ist in der Bar gut aufgehoben. Unbedingt probieren: Crostini mit Auberginen, Tomaten und Mozzarella. Außerdem kann man Topweine wie die vom Château Simone und Château Saint Marguerite *au verre*, also glasweise, verkosten.

QUAI SAINT PIERRE, LE PORT, WWW.RESTO-VICEVERSA.COM, T 0494 652390, GEÖFFNET: MI-SO 12.00-14.00 & 19.30-22.30, PREIS: TAPAS 15 €, GERICHT 40 €

CHEZ JO Während sich *le patron* Jo um die Außendarstellung kümmert – sprich, er unterhält sich gern –, schwingt Anne in der Küche den Kochlöffel. Sie könnte glatt für eine spanische *abuela* (Großmutter) aus einem Almodóvar-Film durchgehen, ihre Küche aber ist zu 100 % provenzalisch: saftige Sardinen und dampfende Schmortöpfe, alles mit Liebe und Ruhe zubereitet und zu moderaten Preisen.

22 RUE DE LIMANS, T 0494 653113, GEÖFFNET: MI-SA 12.00-14.00 & 19.30-21.30, PREIS: 20 €

LA BOUILLABAISSE Dieses Restaurant ist allein schon Grund genug, einen Ausflug zur Halbinsel Giens zu unternehmen. Es befindet sich an einem hübschen Hafen am Rand des Naturschutzgebiets Les Chevaliers am anderen Ende der Insel. Wer die Spezialität des Hauses, Bouillabaisse, essen möchte, sollte sich 24 Stunden vorher

BELLE-ÉPOQUE-FASSADE

anmelden. Weitere Vorzüge: aufmerksame Bedienung, moderate Preise und eine tolle Aussicht von der Terrasse über das Meer, aus dem der Fisch für die Suppe stammt.

ROUTE DE LA MADRAGUE – PRESQU'ILE DE GIENS, WWW.LABOUILLABAISSE.FR, T 0494 582215, GEÖFFNET: IM SOMMER DI-SO 12.00-14.00 & 19.30-21.30, IM WINTER DO-DI 12.00-14.00 & 19.30-21.30, PREIS: AB 15 €

100% THERE

Ob an Land, in der Luft oder im oder am Wasser – in Hyères und auch in der direkten Umgebung gibt es viel zu entdecken. Besuchen Sie unbedingt die drei "goldenen Inseln" (oder wenigstens eine) vor der Küste von Hyères.

Die **ÎLE DE PORQUEROLLES** liegt nur 20 Minuten von der Halbinsel Giens entfernt (Abfahrt an der Tour Fondue) und wird oft die "Perle der Îles d'Hyères" genannt. Es ist eine 18 Quadratkilometer große autofreie Insel mit 200 Hektar Rebfläche, die erlesene Weine hervorbringen, und einem botanischen Garten (Conservatoire Botanique National Méditerranéen). Hier kann man viele einheimische Pflanzen bewundern, und es wird auch im Bereich der Obstbaumzucht experimentiert. Das Eiland ist ein Paradies für Wanderer (und Radfahrer), auf die Wege mit einer Gesamtlänge von 51 Kilometern

UNTERWEGS ZU DEN "GOLDENEN INSELN" Ⓛ   TURM SAINT-BLAISE IN HYÈRES Ⓡ

warten. Die schönsten Strecken sind gut ausgeschildert, zum Beispiel der Weg zum Leuchtturm an der Südseite (*phare*) oder zur Westseite der Insel, der Côté du Langoustier. Es geht an Festungen und Burgruinen vorbei, die eindrucksvoll die turbulente Geschichte der Insel dokumentieren. Schöne weiße Strände gibt es hier buchstäblich wie Sand am Meer, etwa: La Plage de l'Argent, 1,4 Kilometer westlich des Dorfes, La Plage de la Courtade, nur 800 Meter östlich (und daher sehr beliebt bei Familien), oder La Plage de Notre Dame, der am schönsten gelegene Strand, etwas mehr als drei Kilometer östlich vom Dorf.

Von Hyères aus ist die **ÎLE DE PORT CROS**, die kleine, nur 650 Hektar große Schwester von Porquerolles, in einer Stunde mit der Fähre zu erreichen. Sie ist waldreich und ein tolles Revier für Taucher und Wanderer. Die Vegetation ist überwiegend naturbelassen, die bewaldeten Hänge sind steil und felsig. 1963 wurde die Insel zum Nationalpark erklärt, seitdem ist die einmalige Tier- und Pflanzenwelt an Land und im Wasser streng geschützt. Folgen Sie der Schnorchelroute Sentier de la Palud und entdecken Sie in 30 Minuten die wunderbare Unterwasserwelt. Oder machen Sie alternativ eine Fahrt mit einem "Unterwasserboot", dem *aquascope*.

Die acht Kilometer lange und nur einen Kilometer breite **ÎLE DU LEVANT** ist die schmalste und auch östlichste Insel des Archipels. Sie liegt nur 800 Meter von der Île de Port Cros und mit der Fähre etwa 1,5 Stunden von Hyères entfernt. Lediglich zehn Prozent der Insel sind öffentlich zugänglich, der Rest ist militärisches Sperrgebiet. Der öffentliche Teil wurde nach 1931 zur Freude von FKK-Anhängern zur beliebten Domaine Naturiste d'Heliopolis ausgebaut.

Zelten ist nur auf der Île du Levant erlaubt, Rauchen auf keiner der drei Inseln. Achtung: Geldautomaten sucht man hier vergeblich. Mehr Informationen über die Fähre finden Sie unter www.tlv-tvm.com.

RADWEGE Hyères liegt am befestigten Radweg La Piste Cyclable du Littoral, der an der atemberaubenden Küste entlangführt. Eine der schönsten Strecken der Gegend startet in La Londe-les-Maures und schlängelt sich von dort durch eine sanfte Hügellandschaft. Dabei geht es vorbei an Weinbergen und den besten Winzern der Gegend, an silbergrünen Olivenbäumen, Zypressen, riesigen Palmen und Pinien zum paradiesischen Strand von Cabasson (mit Restaurant Oasis Plage), dem Endpunkt. Hier kann man sich unter dem wachsamen Auge des französischen Präsidenten höchstpersönlich entspannen: Denn ganz in der Nähe liegt dessen Urlaubsort, Bregançon. Mehr Informationen über Radwege im Departement Var finden Sie unter *www.var.fr*.

FAHRRADVERLEIH: ASPTT SECTION CYCLOTOURISME, LOCATION VTT/VÉLO/SCOOTER/MOTO, 18 AVENUE GEOFFROY SAINT-HILAIRE, T 0494 384113

ÜBERNACHTEN

Interessante Hotels gibt es in Hyères nur wenige. Besser schaut es auf der Halbinsel Giens und Umgebung aus, aber auch hier ist das Angebot nicht besonders groß. Doch es ist für jeden Geldbeutel etwas dabei. Das Tolle an Giens: Die Strände sind nah, Hochhäuser – Fehlanzeige.

Das **HÔTEL & RESTAURANT LA BASTIDE** liegt nur einen Steinwurf vom Sandstrand La Capte entfernt. Es ist ein außergewöhnliches Haus – *pas comme les autres* eben. Denn nicht nur in den (einfachen) Zimmern und Familiensuiten, sondern auch im Restaurant hängt ein Hauch von Afrika und anderen exotischen Ferienzielen. Begrüßt wird man von Loïc, der routiniert die leckersten Cocktails mischt, während Michaël regionale und internationale Gerichte auftischt (die Cannelloni sind mindestens genauso gut wie die von "la mamma"). Die Brüder setzen auf ein lockeres "guesthouse feeling", also erwarten Sie keine Kellner in Smoking oder streng getrennte Zimmerterrassen. Es ist eher wie unter Freunden. Dass die beiden für Fremdes aufgeschlossen sind, beweist auch ihre Weinauswahl.

15 AVENUE DE LA BADINE, WWW.HOTEL-LABASTIDE.COM, T 0494 580002, GEÖFFNET: RESTAURANT TÄGLICH AUSSER MI, PREIS: RESTAURANT 25 €, ZIMMER AB 70 €

Im **HÔTEL BOR** ist der Name Programm, denn BOR steht für *beau, original, rare* (schön, originell und ausgefallen). Ein Aufenthalt in diesem kleinen Designhotel ist eigentlich ein Muss. Es liegt nur ein paar Meter vom malerischen Hafen St. Pierre der Halbinsel Giens entfernt und bietet einen herrlichen Blick auf die Inseln. Frühstück wird auf der Zimmerterrasse serviert – oder auf der Strandterrasse, mit den Füßen im lauwarmen Mittelmeer. Mehr Urlaubsgefühl geht nicht! Tipp: Nehmen Sie unbedingt ein Zimmer mit *vue mer* (Meeresblick).

3 ALLÉE EMILE GÉRARD, WWW.HOTEL-BOR.COM, T 0494 580273, PREIS: AB 170 €

RUND UM HYÈRES

BORMES-LES-MIMOSAS

Die Küste bei Hyères ist atemberaubend schön, vor allem im zeitigen Frühjahr, wenn blühende Mimosen die Landschaft gelb färben.

Die **ROUTE DU MIMOSA** (Mimosenstraße) ist eine 130 Kilometer lange Strecke mit acht Orten, die von Unmengen dieser duftenden Pflanzen mit ihren knallgelben Blüten gesäumt wird. Startpunkt ist das malerische Dorf Bormes-les-Mimosas, Endpunkt ist Grasse, die Stadt des Parfüms. Beste Zeit: Februar und März.
WWW.BORMESLESMIMOSAS.COM/VILLAGE/ROUTEDUMIMOSA

Der **CORSO FLEURI** gehört zu den ältesten Winterfesten der französischen Riviera. Seit Generationen wird diese Tradition in Bormes-les-Mimosas hochgehalten. Monatelang wird an etwa 15 Wagen gearbeitet, bis sie schließlich Ende Februar in Begleitung von Blaskapellen und mit frischen Mimosen und anderen Blumen geschmückt durch die Straßen ziehen. Eine Blumenschlacht bildet den traditionellen Abschluss des Dorffestes.
WWW.BORMESLESMIMOSAS.COM/FR/AGENDA, PREIS: 5 €, KINDER BIS 10 J. FREI

LE LAVANDOU

Im 19. und in der ersten Hälfte des 20. Jahrhunderts war das kleine Fischerdorf sehr beliebt bei Künstlern, wie etwa dem deutschen Dichter, Bühnenautor und Regisseur Bertolt Brecht und dem französischen Komponisten Ernest Reyer. Heute würden sie den Badeort mit seinen vielen Touristen, zwölf Sandstränden und Jachthafen vermutlich nicht wiedererkennen. Von hier fahren auch Fähren zu den Inseln von Hyères (siehe *www.vedettesilesdor.fr*).

LES TAMARIS Raymond Viale ist der Inhaber eines außergewöhnlichen Fischrestaurants am Strand von Saint-Clair. Sein Küchenchef Patrick Marinoni verwandelt den frischen Fang in köstliche Fischgerichte. Vergessen Sie nicht zu reservieren, vor allem wenn Sie die Bouillabaisse probieren möchten. Versuchen Sie unbedingt, einen Tisch im Garten zu ergattern.
PLAGE DE SAINT-CLAIR, T 0494 710722, GEÖFFNET: APR.-MITTE NOV. TÄGLICH AUSSER DI MITTAGSZEIT, PREIS: AB 50 €

MIMOSEN

CHEZ JO Die Suche nach diesem Lokal ist eine Herausforderung. Von Le Lavandou Richtung Cavalière fahrend, steht nach etwa sechs Kilometern auf der rechten (Meeres-)Seite ein Schild mit "Pointe du Layet". In diesem Naturschutzgebiet kommen Sie zu einer wunderschönen Bucht mit FKK-Strand mit weißem Sand, Nadelbäumen und Felsen. Hier befindet sich ein Pfahlbau aus Holz, auf dessen Terrasse Jo köstliche Fischgerichte serviert – eine extravagante Location, daher sollte man unbedingt reservieren.

PLAGE DU LAYET - D 559, T 0494 058506, GEÖFFNET: MAI-SEPT, 19.00-22.00, PREIS: AB 40 €

TOULON UND UMGEBUNG REGIO

HAFENSTÄDTCHEN UND WEINE

TOULON

Mit 170.000 Einwohnern ist Toulon die größte Stadt des Departements Var und der Heimathafen der Mittelmeerflotte Frankreichs. Auch die Geschichte der Stadt ist eng mit der Seefahrt verwoben. Die reizvollsten Flecken von Toulon liegen in und um La Cité herum.

Mehr als in der Stadt selbst lässt sich in der Umgebung entdecken. Die Küstenregion mit malerischen Ortschaften wie Sanary-sur-Mer, La Cadière d'Azur, Six-Fours-les-Plages darf man einfach nicht verpassen. Gleiches gilt für das Hinterland mit den weltberühmten Weinbergen von Bandol.

MONT FARON ist ein 542 Meter hoher Berg, den man mit einer Seilbahn erreichen kann. Vom Gipfel hat man eine grandiose Aussicht über Stadt und Hafen.
ABFAHRT AB BOULEVARD AMIRAL DE VENCE

LE POINTILLISTE Chef de Cuisine Christophe Janvier lernte sein Fach bei namhaften Köchen wie Alain Llorca und Antoine Westermann, und das perfekt! Von überallher strömen die Feinschmecker nach Toulon, um sich von seinen raffinierten Kochkünsten verwöhnen zu lassen. Le Pointilliste ist an sich schon Grund genug, die Hafenstadt zu besuchen. Die Flusskrebse mit Pimentsoße sind ein Traum, und für krisengebeutelte Gäste gibt es ein *menu de crise* für nur 20 Euro. Vom kostenlosen Parkplatz Les Lices sind es zu Fuß nur ein paar Meter.
43 RUE PICOT, WWW.LEPOINTILLISTE.COM, T 0494 710601, GEÖFFNET: DI-FR & SA-ABEND, 12.00-14.00 & 19.30-21.30, PREIS: AB 35 €

SANARY-SUR-MER

Sanary-sur-Mer ist ein ursprüngliches provenzalisches Städtchen mit kleinem Hafen und verwinkelten Gassen. Ob in der Altstadt, am Hafen oder am Strand von Portissol – überall findet man gute Ess-Adressen, denn Essen und Trinken sind den Einheimischen sehr wichtig. Wer gern shoppen geht, kommt in der Altstadt auf seine Kosten.

EPICÉCAFÉ Das kleine, gemütliche Bistro liegt in einer Gasse unweit vom Hafen. Hier wird man begrüßt, als wäre man schon seit Jahren Stammgast. Man kann den ganzen Tag über einfache Speisen zu sich nehmen und bei Bedarf hat man sogar Internetzugang. Genießen Sie ein französisches Frühstück, einen frischen Salat in der Mittagszeit, Törtchen oder einen anderen süßen Snack mit einer Tasse Kaffee (große

Auswahl) oder eine *casse-croûte* (Brotzeit) aus der Auvergne, um den nachmittäglichen Hunger zu stillen, und dazu ein Glas guten Hauswein. Je nach Wetterlage und Fangerfolg werden auch Austern angeboten. Mit nur sechs Plätzen ist die Terrasse recht klein.

7 RUE SIAT MARCELIN, T 0494 328816, GEÖFFNET: TÄGLICH AUSSER MO 9.30-15.00, 18.00-01.00, SO 9.30-13.00

LE BARD'Ô Für Einheimische gehört dieses unweit des Sandstrandes von Portissol gelegene Restaurant mit Musikbar und Meeresblick zu den absoluten Hotspots von Sanary; Touristen verirren sich nur selten hierher. Ein wunderbarer Fleck, um hier einen ganzen Tag zu verbringen – egal, ob mit oder ohne Kids. Planschen, schnorcheln, Sandburgen bauen und zwischendurch ein leckeres Frühstück, einen Snack, Salat, Smoothie oder Eisbecher und später am Tag ein Aperitif mit ein paar Knabbereien. Wer will, kann natürlich bei Sonnenuntergang noch ein romantisches Abendessen zu sich nehmen und auf Musik von DJ Dorian in die Nacht hineintanzen. Das Bard'Ô verfügt nicht nur über eine einmalige Lage, es überzeugt auch durch die dynamische Chefin, die ihre Gäste stilvoll begrüßt, ein professionelles Team, eine geschmackvolle moderne Einrichtung (die jährlich wechselt), eine exquisite internationale Küche (Tipp: Jakobsmuscheln auf Thai-Art), eine erlesene Weinkarte und ein gutes Preis-Leistungs-Verhältnis. Eltern können ihre Kinder guten Gewissens am benachbarten Spielplatz herumtoben lassen.

PLAGE DE PORTISSOL, WWW.LE-BARD-O.COM, T 0494 884256, GEÖFFNET: TÄGLICH MITTAGS & ABENDS

TAMA'A CAFÉ Das gemütliche Bistro liegt zwar nur ein paar Meter vom Hafen entfernt, aber man hat beinahe das Gefühl, auf einer polynesischen Insel gelandet zu sein. Kein Wunder, denn Virginie, *la patronne*, hat dort jahrelang gelebt. Und das sieht und schmeckt man, zum Beispiel am exotischen Salat oder an den erfrischenden Säften. Auch empfehlenswert, um nur ein Gläschen Wein zu trinken.

30 RUE DE LA PRUD'HOMIE, T 0494 745669, GEÖFFNET: TÄGLICH 9.00-20.00

HÔTEL SYNAYA Das nette kleine Hotel (elf Zimmer) ist zwischen dem Strand von Portissol und der Altstadt von Sanary einfach perfekt gelegen. Im gemütlichen Garten mit einem einladenden, von Palmen gesäumten Pool kann man nach einem Stadt- oder Strandtag herrlich entspannen. 2005 wurden die barocken Zimmer in geräumige, komfortable Zimmer umgewandelt, von denen einige eine große Terrasse haben (ideal für ein ausgiebiges Frühstück). Das Hotel hat zwar kein Restaurant, aber für einen kleinen Imbiss muss man das Haus nicht verlassen. Wer das trotzdem tun will, findet in der Nähe einige gute Restaurants.

92 CHEMIN OLIVE, PORTISSOL, WWW.HOTELSYNAYA.FR, T 0494 741050, GEÖFFNET: MITTE FEBR.-OKT., PREIS: 116-164 €

LE CABANON Der Name stammt vom provenzalischen *cabanoun*, das waren Hütten, in denen Fischer ihre Ausrüstung lagerten. Ein passender Name für ein kleines Hotel in Traumlage – direkt am Strand von Portissol. Die vier charmanten Zimmer und die Suite mit zeitgemäßem Komfort sind alle etwas klein geraten, dafür kann man auf der

DER HAFEN VON SANARY-SUR-MER

STRASSENCAFÉ IN BANDOL

Dachterrasse frühstücken oder eine Siesta in einem Liegestuhl halten. Ein Stockwerk tiefer wartet das stilvolle hauseigene Restaurant, und nach nur ein paar Schritten steht man mit den Füßen im feinen, heißen Sand. Längere Wege muss man also nicht zurücklegen, außer man bucht einen Ausflug zur Insel Les Embiez (*formule découverte*) oder besucht ein Weingut in der Nähe, um Wein zu verkosten (*formule oenologique*). Nach der Rückkehr kann man sich zur Entspannung auch massieren lassen (*formule bien-être*). Für was auch immer Sie sich entscheiden, Reservieren ist Pflicht.
ESPLANADE FREDERIC DUMAS – PLAGE DE PORTISSOL, T 0494 746417, PREIS: 85-150 €

LA BOUTIQUE Ein erstklassiger Laden in der Altstadt von Sanary mit wunderschönem Schmuck und Accessoires wie zum Beispiel bunten Schals und ausgefallenen Handtaschen. Außerdem führt La Boutique Produkte des namhaften Pariser Parfümhauses L'Artisan Parfumeur (www.artisanparfumeur.com).
28 RUE BARTHÉLÉMY DE DON, T 0494 325647, GEÖFFNET: DI-SA 9.30-12.30 & 15.00-19.00, SO 10.00-12.30

BANDOL

Wer nach Bandol kommt, darf die Stadt erst wieder verlassen, wenn er Wein verkostet hat. Von hier stammen nämlich die besten Weine der Region. Am Boulevard General de Gaulle findet man die Läden der Weinbauer, aufgereiht wie Perlen an einer Schnur.

KV&B (KOPECKY VIN & BANDOL) ist eine stilvolle Vinothek mit Restaurant und Tapasbar und liegt etwas versteckt neben der Kirche in der gemütlichen Altstadt von Bandol. Fern von der Hektik am Boulevard kann man hier in aller Ruhe aus mehr als 50 Bandol-Weinen seinen Favoriten auswählen und notfalls auf kalifornische, südafrikanische oder italienische Alternativen ausweichen. *Le patron* und sein Team haben ein angenehmes Ambiente kreiert, in dem man sich sofort wohlfühlt. Wer Lust hat, kann beim Genuss eines mediterranen Menüs mit dem Ober fachsimpeln oder den Klängen einer Jazzband lauschen.
5 RUE DE LA PAROISSE, LEKVB.FR, T 0494 748577, GEÖFFNET: TÄGLICH 12.00-14.00 & 19.30-23.00, IN DER HOCHSAISON SO & MO GESCHLOSSEN, PREIS: AB 25 €

LE CLOCHER Ein Restaurant mit ausgezeichnetem Ruf, das häufig in Gourmetführern auftaucht und zu den absoluten Spitzenlokalen Bandols gehört. Le Clocher befindet sich in einem der ältesten Gebäude der Altstadt und wurde von der Familie Kopecky (siehe oben KV&B) vor etwa 15 Jahren eröffnet. Oder besser gesagt von Philippe. Einheimische kommen gern in die Rue Paroisse, um seine feinen, aber unprätentiösen Gerichte zu genießen. Hier stimmt das Preis-Leistungs-Verhältnis noch und man muss keine *piège à touristes* (Touristenfalle) fürchten.
1 RUE DE LA PAROISSE, LECLOCHER.FR, T 0494 324765, GEÖFFNET: TÄGLICH AUSSER MI MITTAGSZEIT & ABENDS, PREIS: MENÜ AB 35 €

SENTIER DE LITTORAL ist ein herrlicher Küstenwanderweg, den man in drei bis vier Stunden bewältigen kann. Vom Ausgangspunkt, dem Hafen von Bandol, führt die gelb markierte Route in westliche Richtung bis nach Les Lecques (unweit von Saint-Cyr). Der Ausblick unterwegs ist immer wieder fantastisch und in der herrlichen Calanque Port d'Alon kann man baden. Tipp, wenn die Sohlen heiß gelaufen sind: Im Sommer fährt von Les Lecques stündlich zwischen 15.25 und 18.25 Uhr ein Bus nach Bandol.

SIX-FOURS-LES-PLAGES

Der historische Badeort kann auf eine reiche Geschichte zurückblicken. Hier wird die provenzalische *art de vivre* noch großgeschrieben, wie farbenfrohe Feste und spektakuläre Festivals belegen.

MOOM ist ein tolles Restaurant im *california style* und gilt an der südfranzösischen Küste als Vorreiter. Bei Sonnenuntergang hier zu speisen ist ein einmaliges Erlebnis. Mit Blick auf die Bucht von Sanary und die Insel Les Embiez kommt man in den Genuss einer gewagten Küche, die japanisch beeinflusst ist. Kein Wunder, denn der ausgezeichnete Koch ist Japaner. An Wochenenden wird hier regelmäßig akustische oder Weltmusik gespielt.
56 PROMENADE CHARLES DE GAULLE, WWW.MOOM.FR, T 0494 071654, GEÖFFNET: TÄGLICH MITTAGSZEIT & ABENDS, PREIS: 25 €

INSEL LES EMBIEZ Die Fahrt vom kleinen Hafen von Le Brusc (nahe Six-Fours-les-Plages) nach Les Embiez dauert nur zwölf Minuten. Les Embiez ist seit 1958 im Privatbesitz des Pastis-Königs Paul Ricard, der 1997 starb und seinen Besitz an seine Familie vererbte. Er befreite die Insel von Autos und gab der Natur freien Raum, damit Besucher sie genießen konnten. Es gibt keine Privatstrände, aber überall schöne kleine Buchten. Außerdem darf man mit dem eigenen Boot in den malerischen Hafen einlaufen. Die Insel ist ein Eldorado für Wanderer, Radfahrer und Wassersportler, und wer an einem Sensibilisierungsprojekt oder wissenschaftlichen Workshop des Ozeanografischen Instituts Paul Ricard teilnehmen will, kann das hier tun. 1950 hatte Paul Ricard übrigens schon eine Insel erworben, nur sieben Minuten Fahrtzeit von Bandol entfernt. Auf dieser Insel, l'Île de Bendor, regiert jedoch die schöne Kunst, nicht die Natur.
WWW.LES-EMBIEZ.COM, WWW.BENDOR.COM

LES VOIX DU GAOU ist ein tolles Musikfestival, das 1997 aus der Taufe gehoben wurde und auf der Halbinsel Gaou bei Six-Fours-les-Plages stattfindet. Seinen Erfolg hat das zehntägige Festival der zauberhaften Kulisse sowie den Topmusikern zu verdanken, die hier spielen (Ben Harper, Morcheeba, Lenny Kravitz, Alpha Blondy). Bei den 30 Konzerten, die auf zwei Bühnen gegeben werden, ist für jeden etwas dabei.
WWW.VOIXDUGAOU.COM

LA CADIÈRE D'AZUR

Es soll Menschen geben, die La Cadière d'Azur ausschließlich wegen der Hostellerie Bérard besuchen. Erstaunlich, denn das auf einem Hügel gelegene Dorf ist auch ohne die kulinarische Topadresse einen Besuch wert, nicht zuletzt wegen der grandiosen Lage.

HOSTELLERIE BÉRARD & SPA Schon seit Jahren ist der Familienbetrieb bei einer eingefleischten Fangemeinde aus dem In- und Ausland extrem beliebt. Während Mutter Danièle und Tochter Sandra sich um den Hotelbetrieb kümmern, widmen sich Vater René und Sohn Jean-François den kulinarischen Belangen. Mit Erfolg, wie der Michelin-Stern zeigt, den sie 2006 erhielten. Eigentlich ist das Hotel Bérard ein Dorf im Dorf, besteht es doch aus drei umgebauten Häusern und einem Kloster aus dem 11. Jahrhundert. Im Letzteren befinden sich vier klassisch eingerichtete Juniorsuiten und 36 provenzalische Zimmer. Darüber hinaus gibt es noch zwei Restaurants: das vornehmere René Bérard und das À-la-carte-Restaurant Le Petit Jardin. Wellnessfreunde schätzen auch die supermodernen Thermen mit Spa. Etwa drei Kilometer vom Dorf entfernt liegt eine weitere Unterkunft des Hauses, La Bastide des Saveurs, mit vier Luxuszimmern und einem riesigen Kräuter- und Gemüsegarten. Hier kann man an Kochworkshops teilnehmen, die Vater René höchstpersönlich leitet.

6 RUE GABRIEL PÉRI, HOTEL-BERARD.COM, T 0494 901143, ZIMMER AB 99 €, PREIS: MENÜ AB 45 €

LA PROVENCE VERTE REGION

NATUR, MÖNCHE UND WEINBERGE

Die Provence verte, die grüne Provence, erstreckt sich von Saint-Maximin-la-Sainte-Baume im Westen bis nach Entrecasteaux im Osten und umfasst insgesamt 39 Kommunen. Hier wechseln Tannen- und Eichenwälder sich mit Weinbergen und malerischen mittelalterlichen Dörfern ab. Wer Ruhe sucht, findet sie hier, sogar in den Sommermonaten.

Es ist auch eine Gegend mit wertvollen Kulturschätzen, und wer gutes Essen schätzt, kommt hier auch auf seine Kosten. Die Küche lässt sich am besten als einfach und schnörkellos nach Großmutters Art beschreiben, und so sind auch die meisten Restaurants. Davon sollte man sich nicht abschrecken lassen, denn manchmal verbirgt sich hinter einer wenig ansprechenden Fassade eine kulinarische Perle. Boulevards mit Ladenzeilen gibt es hier nicht, dafür immer wieder kleine Läden mit Steingut aus Varages, nette Boutiquen und hübsche Galerien.

Wer die Provence Verte besucht, kommt in erster Linie wegen der Natur. Ob wandern, reiten, Rad fahren oder Wassersport – die Outdoormöglichkeiten sind hier nahezu unbegrenzt.

ENTRECASTEAUX

Eines der malerischsten Dörfer der Gegend liegt etwa 25 Kilometer nordöstlich von Brignoles und blickt auf eine 1000-jährige Geschichte zurück.

CHÂTEAU D'ENTRECASTEAUX ist zweifellos die schönste Burg des Departements Var. Ihre Ursprünge gehen auf das 11. Jahrhundert zurück, der heutige Bau ist allerdings Herzog von Grignan zu verdanken, der die Burg im 17. Jahrhundert vollständig restaurieren ließ. Für den Garten versicherte er sich des Sachverstands von niemand Geringerem als dem Architekten Le Notre, der auch den Garten von Versailles entwarf. Weitere namhafte Bewohner nach dem Herzog waren der Admiral von Entrecasteaux, der Ludwig XVI. stets zu Diensten war, und der Marquis von Entrecasteaux, der hier 1704 – weniger ruhmreich – seine Frau ermordete. Heute ist die Burg zwar in Privatbesitz, aber im Rahmen einer Führung kann man die ganze Pracht bestaunen. Außerdem finden in der Burg alljährlich Kammerkonzerte statt.
WWW.CHATEAU-ENTRECASTEAUX.COM, T 0494 044395, FÜHRUNGEN: OSTERN-15. JUNI SO & FERIENZEIT 16.00, 15. JUNI-ENDE SEPT. TÄGLICH 16.00, EINTRITT: 10 €, KINDER 5 €

LA CRÊPERIE À L'ATELIER ist der Ort, an dem Ariane ihren Pinsel an den Nagel hängte und stattdessen zum Schneebesen griff. Die einstige Stylistin und Künstlerin war die erfolgreiche Inhaberin zahlreicher schicker und gut laufender Boutiquen der Marke L'Occitane, eine davon sogar in New York. Bis zu jenem bewussten Tag, an dem

L'ATELIER DE MAPY Ⓛ   LA CRÊPERIE À L'ATELIER Ⓡ

sie beschloss, ihr Leben zu verändern. Heute ist ihr Atelier die Küche, in der sie köstliche süße und herzhafte Crêpes zaubert.
1 RUE COLLET, T 0494 044123, GEÖFFNET: HOCHSAISON FR-SO MITTAGSZEIT & ABENDS, JULI & AUG. TÄGLICH AUSSER MI MITTAGSZEIT & ABENDS, PREIS: MENÜ 10-15 €

MOUNTAINBIKEN UND KANUFAHREN IN ENTRECASTEAUX Die Gegend um Brignoles ist geradezu ideal für Mountainbiker aller Niveaus und jeden Alters. Auf über 400 Kilometern beschilderten MTB-Pisten kann man sich wirklich auspowern. Die Routen sind dem Schwierigkeitsgrad nach markiert: Die beiden grünen Strecken sind sehr einfach, die zwölf blauen einfach und die sieben roten schwer. Wer einen diplomierten MTB-Fahrer als Begleitung buchen oder ein Mountainbike mieten will, kann dies bei New Evasion tun. Unter www.la-provence-verte.net sind weitere Strecken verzeichnet. Entrecasteaux eignet sich auch als Startpunkt für Kanu- und Kajaktouren auf dem l'Argens, dem größten Fluss des Departements Var. So kann man die herrliche Natur der Region einmal aus einer anderen Perspektive erleben.
562 LE PLAN DE PARDIGON, WWW.NEW-EVASION.FR, T 0494 295248/06 79609494

VARAGES

In diesem Bauerndorf gibt es zahlreiche Läden und Galerien, die das weltbekannte Steingut verkaufen.

VARAGES EN PROVENCE Die großen Vorkommen von Tuffstein, Lehm und Sand in der Gegend erklärt die bereits seit 1695 existierende Steinguttradition. Die Techniken zur Herstellung von *Fayence*, wie diese Tonware genannt wird, werden von Generation zu Generation weitergegeben. Vergleichsweise günstig erwerben kann man Geschirr und andere Accessoires im Laden der örtlichen Fabrik. Neben Klassikern findet man hier auch zeitgemäße Varianten, die traditionsgemäß jährlich neu entworfen werden.
28, RUE DU GÉNÉRAL DE GAULLE, WWW.VARAGES.COM, T 0494 807306, GEÖFFNET: TÄGLICH 9.00-18.00

L'ATELIER DE MAPY Außer dem Fabrikladen findet man in Varages einige Geschäfte, die glasiertes und verziertes Steingut anbieten. Alle sind mit eigenem Atelier und Ofen ausgestattet, die Produkte sind meist eher klassisch. Aber es gibt Ausnahmen. Zum Beispiel Marie Pierre. Ihre Produktpalette ist sehr breit und reicht von Geschirr bis zu Dekorationsgegenständen, von Keramik-Weihnachtsbäumen bis hin zu modernen Vasen und (verwendbaren) Schachspielen.
24 RUE DE LA PAIX, T 06 15426901, GEÖFFNET: FEBR.-DEZ. DI-SA 14.00-18.30

SAINT-MAXIMIN-LA-SAINTE-BAUME

Diese Kleinstadt an der A8 wird von der Basilika Sainte-Marie-Madeleine beherrscht. Angeblich soll die heilige Maria Magdalena bei Plan d'Aups, einem benachbarten Dorf, in einer Grotte gelebt haben (*baume* bedeutet im Französischen "Grotte").

BASILIQUE DE SAINTE-MARIE-MADELEINE Die mächtige gotische Basilika im Zentrum des Städtchens ist von Weitem zu sehen. Das Gotteshaus wurde an der Stelle errichtet, an der einer christlichen Überlieferung zufolge Maria Magdalena und der heilige Maximin begraben wurden. Die Grabstätte mit den sterblichen Überresten wurde 1279 entdeckt. 16 Jahre später folgte im Auftrag von Karl von Anjou der Beginn der Bauarbeiten an der Basilika und einem Kloster. Die Dominikanermönche wurden mit der Aufgabe betraut, die Grabstätte zu bewachen. Obwohl stilistisch nicht sehr einheitlich – als Folge der langen Bauzeit von über 230 Jahren –, gilt die Basilika als gotisch und gehört so zu den bedeutendsten gotischen Bauwerken der Provence. Aufgrund ihrer historischen und architektonischen Bedeutung sind die Basilika, das Kloster und auch die Hohle haufig besuchte Sehenswurdigkeiten. Da der Leichnam von Maria Magdalena hier aufgefunden wurde, kommt Saint-Maximin-la-Sainte-Baume heute noch große Bedeutung als Wallfahrtsort zu.
6 PLACE JEAN SALUSSE, T 0494 780019, GEÖFFNET: BASILIKA MO-SA 7.30-11.30 & 15.00-17.30, KLOSTER TÄGLICH 9.00-18.00, EINTRITT: FREI

COTIGNAC

Das gemütliche Dorf liegt am Fuß eines riesigen Felsens etwa 20 Kilometer nördlich von Brignoles. Am zentralen Dorfplatz findet man einige gute Restaurants und gemütliche Straßencafés.

Wie der Name schon vermuten lässt, hat **LA TERRASSE** eine sehr einladende Terrasse. Sie befindet sich im Garten hinter dem Restaurant. Die provenzalischen Gerichte mit einem griechischen Touch sind köstlich und die Portionen sehr großzügig bemessen. Eine empfehlenswerte Adresse mit gutem Essen und moderaten Preisen.
8 RUE ST JEAN, T 0494 04 67 93, PREIS: MENÜ 20 €

LES TOILES DU SUD Im Sommer verwandelt sich Cotignac fünf Wochen lang in ein großes Open-Air-Kino. Dann werden am Fuß des *rocher* (Felsen) von Cotignac zahlreiche Streifen gezeigt, Klassiker wie *Casablanca* sowie nationale und internationale Blockbuster. Hin und wieder gibt es auch Premieren, bei denen der Regisseur oder die Hauptdarsteller zugegen sind. Alle Streifen werden in Originalfassung gezeigt, allerdings mit (französischen) Untertiteln. An Dienstag- und Freitagabenden wird die jeweilige Vorstellung mit einem Musik- oder Tanzevent eingeläutet, das zum Thema des Films passt. Nach Einbruch der Dunkelheit erwacht das Leben auf der Leinwand – ein wunderbares Kinoerlebnis.
WWW.LESTOILESDUSUD.FR

LE THORONET

Die Zisterzienserabtei von Thoronet, die älteste der Provence, muss man einfach gesehen haben.

L'ABBAYE DU THORONET liegt etwa fünf Kilometer außerhalb des gleichnamigen Dorfes und wurde 1146 errichtet. Ihre Bauherren waren Mönche, die sich ungefähr zehn Jahre zuvor im benachbarten Tourtour niedergelassen hatten – und damals wohl schon wussten, wo es sich gut leben lässt. Der Weg zu dieser romanischen Perle führt durch reizvolle Weinberge und Lavendelfelder. Die besondere Magie und Geschichte dieses Ortes nimmt Besucher unweigerlich gefangen. Mit einer kleinen Gesangseinlage bringen die hervorragenden Führer den Mönchen zum Abschluss einer Führung ein Ständchen dar. Die Klosterkirche hat eine so bestechende Akustik, dass dort auch heute noch regelmäßig klassische Konzerte stattfinden. Lassen Sie sich nicht davon abschrecken, dass die Abtei an einem etwas abgelegenen Ort steht, denn ein Besuch wird Ihnen unvergessen bleiben.
QUAI ABBAYE, THORONET.MONUMENTS-NATIONAUX.FR, T 0494 604390, GEÖFFNET: APR.-SEPT. 10.00-18.30, OKT.-MÄRZ 10.00-13.00 & 14.00-17.00, EINTRITT: 7,50 €, KINDER FREI

COTIGNAC

LE SAVOIR VIVRE

BESSE-SUR-ISSOLE

Wer nach einem langen warmen Sommertag etwas Abkühlung sucht, findet sie in einem der vielen Brunnen oder am großen See am Rand des Dorfes.

LE SAVOIR VIVRE Die Inhaber Mieke und Geert schätzen die Freuden des Lebens sehr, und das merkt man. Schon die Begrüßung – mit Aperitif auf Kosten des Hauses – ist sehr stilvoll. Die geräumigen Zimmer wurden liebevoll eingerichtet. Zum Panoramaschwimmbad gehört eine große Terrasse, auf der Mieke morgens ein üppiges Frühstücksbuffet anrichtet und Geert abends seine raffinierten Kochkünste präsentiert. Fahrräder und Mountainbikes stehen bereit, und bei schlechtem Wetter spielt Geert auch gern mal den Barkeeper ...
QUARTIER MOLIN 4, T 0494 781013, PREIS: AB 85 €

ESPARRON

In diesem etwas verschlafenen Dörfchen mit einer schön restaurierten Burg aus dem 13. Jahrhundert herrscht Stille – sogar in der Hochsaison.

LUTFI ROMHEIN, ein syrischer Bildhauer mit internationalem Ruf, wohnt zusammen mit seiner französischen Frau in Esparron. Seine Ausbildung absolvierte er an den angesehenen Kunstakademien in Damaskus und Carrara. Arbeitete er anfänglich nur mit Marmor und Basalt, so kommen heute auch andere Materialien wie Holz und Metall zum Einsatz. Ob winzige Holzfiguren oder gigantische Skulpturen aus Edelstahl – bei diesem eigenwilligen Künstler ist alles möglich. Seine figurativen Werke sind wunderschön, sie sind in Museen in Rom, Damaskus und Amman ausgestellt – und in seinem Atelier und Garten in Esparron. Eine kurze Voranmeldung wird sehr geschätzt.
DOMAINE DU SAPIN BLEU, ESPARRON, LUTFI-ROMHEIN.COM, T 0980 643095

DRAGUIGNAN STADT

VIA AURELIA, ARTILLERIE UND SÜSSIGKEITEN

Draguignan (36.000 Einwohner) liegt an der historischen Via Aurelia und war einst eine römische Festung, die dem Schutz des Handelsverkehrs zwischen Fréjus und Riez diente. Im Mittelalter entwickelte sich der Ort zu einer der größten Städte der Provence, nicht zuletzt dank der geschäftstüchtigen jüdischen Gemeinschaft. Nach der Französischen Revolution stieg Draguignan zur Hauptstadt des Var auf, 1974 wurde diese Ehre Toulon zuteil. Heute ist Draguignan das Zentrum der französischen Artillerie und Stadt und Umland beherbergen einen der größten Militärstützpunkte Europas.

Auch die Umgebung von Draguignan erfreut sich wegen der Weinberge, aus denen der AOC Côtes de Provence stammt, einiger Bekanntheit. Lassen Sie es sich nicht entgehen, eine Domäne oder eine *cave cooperative* zu besuchen, um einen typischen provenzalischen Rosé zu kosten.

SEHENSWÜRDIGKEITEN

Dank eines verstärkten Engagements der Verantwortlichen erfährt das kulturelle Leben in Draguignan seit einigen Jahren eine gewisse Wiederbelebung (siehe *www.theatresendracenie.com*). Vor allem das Tanzfestival Les Vents du Levant ist sehr anerkannt. Sehenswerte Museen und Baudenkmäler gibt es in der Stadt jedoch nur wenige.

MUSÉE MUNICIPAL D'ART ET D'HISTOIRE ist eines der ältesten Museen Frankreichs und beherbergt Werke aus dem Louvre, Skulpturen von Houdon und Claudel und eine beachtliche Gemäldesammlung, so etwa Bilder von Rubens oder Renoir.
9 RUE DE LA RÉPUBLIQUE, T 0498 102685, GEÖFFNET: DI-SA 9.00-12.00 & 14.00-18.00, EINTRITT: FREI

Draguignan verfügt über drei große, zentral gelegene Parkplätze. Die erste Stunde ist das Parken kostenlos, in der Zeit zwischen 12 und 14 Uhr sowie 19 bis 9 Uhr ebenfalls. Ideal, wenn man hier mittags oder abends zum Essen herkommt.

ESSEN & TRINKEN

Nach Jahren des Stillstands tut sich in Draguignan wieder etwas. Wer ein wenig sucht, findet sogar einige sehr gute Restaurants.

BRÛLERIE VAROISE Eine feine *épicerie* (Lebensmittelladen) mit selbst gemahlenem Kaffee, über 80 Teesorten und verführerischen Süßigkeiten in Hülle und Fülle. Hier finden Sie auch Konfitüren und Butter aus Frankreich, Amarettini und Schinken aus Italien, belgische Schokolade oder englische Marmeladen sowie Delikatessen wie Gänseleber und Lachs. Auf der einladenden Terrasse, auf der im Sommer Eistee aus eigener Herstellung serviert wird, können Sie sofort alles probieren.
6 PLACE DU MARCHÉ, BRULERIE.VAROISE.FREE.FR, T 0494 681997, GEÖFFNET: DI-SA 7.30-19.00, PREIS: 10 €

CAPELLO Wenn sogar Italiener zum Essen hierherkommen, dann sagt das eigentlich alles. Außer frisch hergestellten Nudeln wie Cannelloni, Spaghetti oder Tagliatelle werden auch schmackhafte Pizzen und italienische Fisch- und Fleischgerichte serviert. In der Provence einen guten Italiener zu finden, ist nicht einfach. Aber dieser hier ist ein Volltreffer.
3 BOULEVARD GABRIEL PERI, WWW.RESTAURANT-CAPPELLO.FR, T 0494 472675, GEÖFFNET: DI, DO-SA 12.00-14.15 & 19.00-22.15 MI 12.00-14.15, PREIS: MENÜ 20 €

SHOPPEN

Draguignan ist eine Stadt für Gourmets und beherbergt zahlreiche originelle Feinkostläden, in denen Sie Köstlichkeiten aus der Region erhalten.

TOP 10

PÂTISSERIE MORIN Bäcker oder Künstler? Die Frage ist berechtigt, denn hier findet man lauter Kunstwerke in Form von superoriginellen Törtchen. Etwas weniger kunstvoll, aber mindestens genauso unwiderstehlich ist Morins *pierre de la fée*, Schaumgebäck mit feinster Schokolade und Nüssen. Die Einrichtung ist zwar nicht der letzte Schrei, Morins Produkte aber sind es durchaus.
14 BOULEVARD GEORGES CLÉMENCEAU, T 0494 681634, GEÖFFNET: MI-SA & SO NACHMITTAG-MO 8.00-12.30 & 15.00-19.15

L'ARTISAN BOULANGER ORNETTI Diese Bäckerei ist durchgehend von 5.30 bis 20 Uhr geöffnet – und das bereits seit 1920! Die Brötchen sind meist noch warm, wenn man sie kauft – frischer geht es nicht. *Dracénoise*, eine flache Baguette-Variante, und diverse Mehrkornbrötchen mit Feigen, Oliven und Speck gehören zu den Spezialitäten.
30 BOULEVARD GEORGES CLÉMENCEAU, T 0494 67 00 28, GEÖFFNET: TÄGLICH 5.30-20.00, PREIS: 4 €

LE COMPTOIR DES SENS In diesem Paradies für die Sinne wird mit teuren Verwöhnprodukten nicht gegeizt: Schönheits- und Pflegeprodukte von L'Occitane, Tadé, Annick Goutal und L'Artisan Parfumeur sowie toller Schmuck von Yuna, Nature und Exoal finden Sie hier.
28 RUE DE LA RÉPUBLIQUE, WWW.PARFUMERIE-DRAGUIGNAN.FR, T 0494 992236, GEÖFFNET: DI-SA 9.45-12.30 & 14.30-19.00, MO 14.30-18.30

BRÛLERIE VAROISE

ÜBERNACHTEN

Diese *chambres d'hôtes* (Pension) sind sehr empfehlenswert. Wer mehr Auswahl will, versucht sein Glück in den Nachbardörfern.

Die Pension **LE DOMINO** von Jean-Marc und Agnès liegt direkt im Zentrum. Die Einrichtung der gutbürgerlichen Villa, der Bar, des Restaurants und der charmanten Zimmer entspricht dem Stil der 1950er-Jahre: bequeme Sessel, in denen man schnell wegsackt, ein altes Grammofon mit einem großen Schalltrichter, wunderbare Terrakottaböden, hübsche Kerzenleuchter, hölzerne Flugzeuge an der Decke und, und, und ... An den Wänden hängen Exponate diverser Künstler. Im Sommer ist der exotische Stadtgarten mit Bambus und Palmen ein Ort, an dem man in Ruhe sein Frühstück oder Abendessen genießen kann. Die zwei komfortablen Zimmer (mit Fernseher) liegen im Hinterhaus, fernab der Hektik der Stadt. Eine ideale Stadtbleibe.
28 AVENUE LAZARE CARNOT, T 0494 671533, PREIS: 75 €

RUND UM DRAGUIGNAN

LES ARCS-SUR-ARGENS

Im historischen Dorf inmitten des Anbaugebiets AOC Côtes de Provence stößt man noch auf Spuren römischer und mittelalterlicher Baukunst. Im Zweijahresrhythmus findet hier ein großes Dorffest (*Fête Médiévale*) mit historischen Spielen statt. Die Einwohner gehen dann in mittelalterlicher Tracht auf die Straße.

TOP 10

LA MAISON DES VINS CÔTES DE PROVENCE Allwöchentlich kann man hier andere von Sommeliers ausgewählte Weine verkosten – nicht weniger als 800 verschiedene Provence-Weine hält die Vinothek bereit. Wer auf den Geschmack gekommen ist, kann im Centre d'Oenologie einen Einführungskurs belegen. Spezialisten stellen Ihre Geschmacksknospen auf eine harte Probe und vermitteln anhand von Verkostungen, wie man das Bouquet einiger AOC-Weine bestimmen kann.
ROUTE NATIONALE 7, WWW.CAVEAUCP.FR, T 0494 995020

....

La Maison des Vins berechnet die gleichen Preise wie die Domänen, von denen die Weine stammen. Praktisch, wenn man keine Lust hat, mehrere Weingüter abzuklappern.

....

FLAYOSC

Nur fünf Autominuten von Draguignan entfernt liegt das charmante Flayosc, ein Dorf, das trotz seiner bescheidenen Größe eine Vielzahl guter Restaurants aufweist. Kein Wunder, dass auch viele Einwohner von Draguignan zum Essen hierherkommen. Tipp: Besuchen Sie die alte Olivenmühle, in der Oliven noch mit einem Mühlstein gepresst werden.

LA FLEUR DE THYM ist ein kleines (20 Plätze), unauffälliges Restaurant mit einem großen Koch. Unprätentiös, aber ideenreich könnte man Cédric Cottrel beschreiben. Ob raffinierte Kanapees oder originelle Nachspeisen, sein Talent schmeckt man sofort. Wie kreativ er ist, zeigt sich an seiner Speisekarte, denn diese wechselt alle zwei Wochen. Einziges Manko: Das Lokal hat keine Plätze im Freien.
3 BOULEVARD JEAN MOULIN, T 0494 503153, GEÖFFNET: 12.00-13.30 & 19.30-21.00, DI & MI IN DER MITTAGSZEIT GESCHLOSSEN, PREIS: MENÜ 29 €

WEINBERG IN LES ARCS-SUR-ARGENS

LES RÊVES D'ISABELLE

L'OUSTAOU In diesem Restaurant werden provenzalische Gerichte mit exotischer Note zubereitet, die man drinnen wie draußen auf der (Dorf-)Terrasse in angenehmer Atmosphäre genießen kann.
5 PLACE JOSEPH BRÉMOND, T 0494 704269, GEÖFFNET: 12.00-15.00 & 19.30-22.30, SO-ABEND, MO & MI GESCHLOSSEN, IM SOMMER: MO, DI, MI & FR MITTAGSZEIT GESCHLOSSEN, PREIS: MENÜ AB 30 €

LORGUES

Immer mehr ausländische Touristen finden den Weg zum malerischen Dorf südwestlich von Draguignan. Markanteste Sehenswürdigkeiten sind die Stiftskirche Saint-Martin aus dem 17. Jahrhundert und das Rathaus, das eine Marienstatue des Bildhauers Pierre Puget aus demselben Jahrhundert beherbergt. An der Straße nach Entrecasteaux liegt, etwas versteckt, die Kapelle Notre-Dame-de-Benva aus dem 15. Jahrhundert.

RESTAURANT BRUNO Über Bruno und seine Trüffel sind bereits zahlreiche Bücher erschienen. Doch in erster Linie über ihn, diesen charismatischen Mann. Aber auch über seine Trüffel, die als exklusive Delikatesse gelten. Bruno ist *das* Trüffelrestaurant Südfrankreichs, mit einem Michelin-Stern versehen und bis weit über die Landesgrenzen hinaus bekannt. Jedes Gericht ist eine Hommage an *le diamant noir*, den "schwarzen Diamanten", wie die Köstlichkeit hier genannt wird. Eine stilvolle Adresse mit einem himmlischen Dekor. Toll: Kinder bis zwölf Jahre essen kostenlos mit!
2345 ROUTE DES ARCS, WWW.RESTAURANTBRUNO.COM, T 0494 859393, GEÖFFNET: 15 JUNI-15 SEPT. DI-SO MITTAGSZEIT, 16. SEPT.-14. JUNI TÄGLICH, PREIS: MENÜ AB 60 €

LES RÊVES D'ISABELLE Mit der Eröffnung des stimmungsvollen Lokals mit Laden im Schatten der imposanten Kirche Saint-Martin ging für die Stylistin und gebürtige Pariserin Isabelle ein Traum in Erfüllung. Hinter der Eingangstür verbirgt sich ein Paradies, in dem unwiderstehliche, selbst gemachte Mezze und Tapas serviert werden. Auch der Ziegenkäse mit Feigencoulis ist Genuss pur. Der Patio ist so gemütlich, dass man ewig bleiben möchte. Es empfiehlt sich, zu reservieren.
PLACE DE L'EGLISE, WWW.RESTO-DECO-LORGUES.COM, T 0494 739628, GEÖFFNET: MO-DI, DO-SA 10.30-18.30, PREIS: MENÜ 15 €

LE HAUT-VAR REGION

GORGES DU VERDON UND LAC DE SAINTE-CROIX

Dieses große Naturgebiet an der Grenze zum Departement Alpes-de-Haute-Provence (siehe S. 292) ist ein Teil des Haut-Var. Hier stößt man auf den grünblauen Lac de Sainte-Croix und die Verdon-Schlucht, den größten Canyon Europas.

Das Gebiet Haut-Var hat vor allem im Sommer Hochkonjunktur. Wanderungen durch die Verdon-Schlucht und Faulenzen am Kiesstrand des Lac de Sainte-Croix gehören zu den Topattraktionen. Wer ungestört durch Lavendelfelder schlendern will, kann dies in Valensole tun. Liebhaber von malerischen, ruhigen Dörfern sollten Aups, Villecroze oder Tourtour anvisieren.

Wer die Verdon-Schlucht erkunden will, muss gut vorbereitet und ausgerüstet sein. Festes Schuhwerk, am besten Wanderschuhe, und ausreichend Trinkwasser sind unerlässlich. Informieren Sie sich vorab über die Wetterprognosen und machen Sie die Tour nicht mit Kindern unter zehn Jahren. Weniger erfahrene Wanderer schließen sich einem Führer an.

Ob Konzerte oder ein Fest, im Sommer ist in den Dörfern immer etwas los. Das Haut-Var ist auch bekannt für sein altes Handwerk (*www.metiersdart-verdon.com*) und die zahlreichen Künstler, die hier ein *pied-à-terre*, ein Ferienhaus, haben. Und wer genau hinsieht, findet auch immer wieder einen originellen Laden oder ein interessantes Atelier.

Aufgrund der Größe des Gebiets sind auch die Entfernungen entsprechend. Außerdem sind die Straßen in der Regel sehr kurvenreich (daher beliebt bei Oldtimer- und Motorradfahrern). Tanken Sie rechtzeitig und achten Sie auf die Entfernungsangaben zur nächsten Tankstelle.

TOURTOUR

Die Geschichte des malerischen Ortes sechs Kilometer östlich von Villecroze reicht zurück bis in das 4. Jahrhundert. Die Burg stammt aus dem 16. Jahrhundert, die Olivenmühle aus dem 17. Wohl kaum weniger alt sind die Olivenbäume im Zentrum.

LES PINS TRANQUILLES ist ein Eldorado für Fleischfreunde. Der Patron und Fleischkenner Georges weiß genau, wie man Fleisch bester Qualität schneidet und über einem Holzfeuer zubereitet. Hungrigen serviert er ein 750 Gramm schweres

LE HAUT-VAR REGION

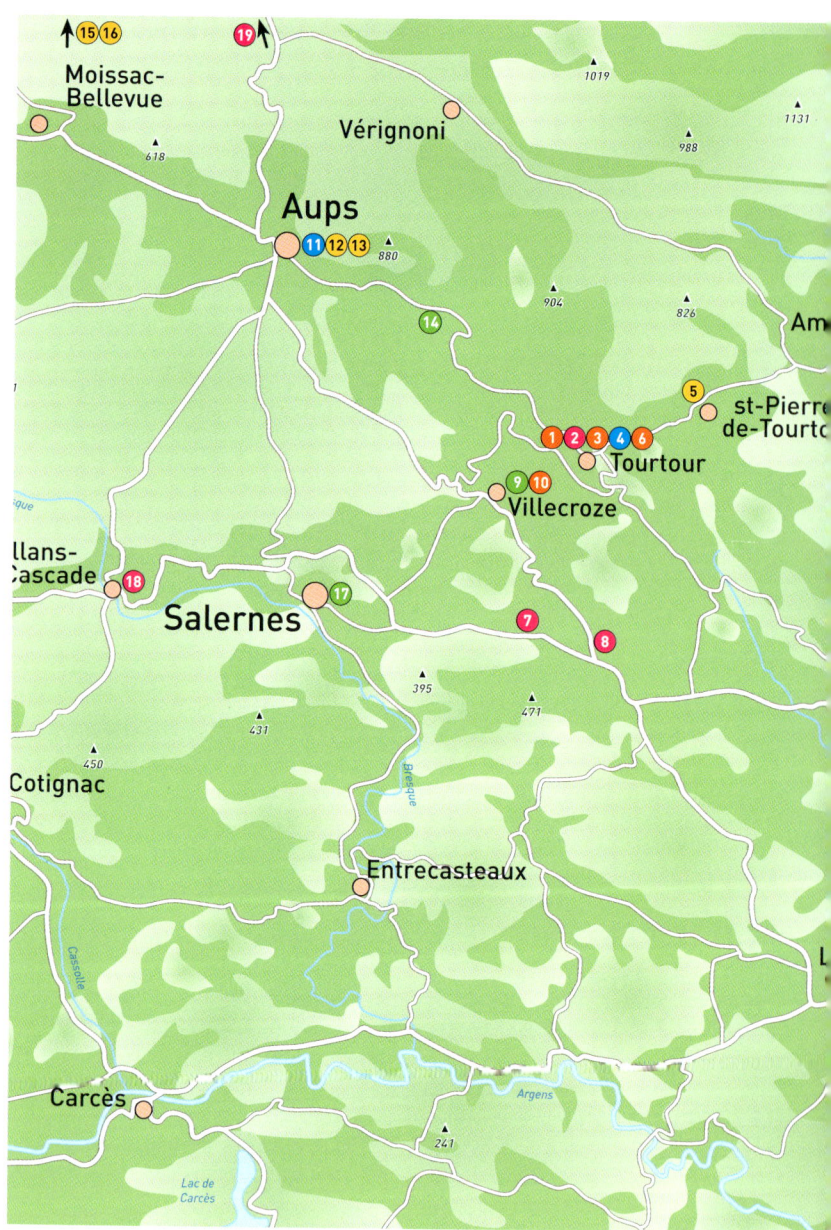

VISION Ⓛ   BOUTIQUE FLORENCE Ⓡ

côte de bœuf. Das selbst gemachte *tartare de bœuf*, Rindertatar, ist köstlich. Die Weinkarte ist mit ausgezeichneten regionalen Tropfen und Topweinen etwa aus dem Burgund und Bordeaux bestückt. Georges ist übrigens der Sohn des bekannten Malers Georges Collignon, von dem einige Werke im Restaurant hängen. Sohn Georges und seine Frau stammen aus Belgien und begehen ihren Nationalfeiertag am 21. Juli mit einem Muschelfest und echten belgischen Pommes. Achtung: Bringen Sie eine Decke mit, denn die Abende können empfindlich frisch werden. Und vergessen Sie nicht zu reservieren.

DOMAINE DE SAINT-PIERRE, WWW.LESPINSTRANQUILLES.FR, T 0494 504039, GEÖFFNET: MI-SO 12.00-14.30 & 19.30-21.30, PREIS: MENU AB 24 €

BOUTIQUE FLORENCE Hippe Boutique mit Prêt-à-porter-Mode, Accessoires für die moderne Frau und stilvoller Kinderkleidung. Ein Modetempel mit allen bekannten Pariser Marken, aber auch Stücken weniger bekannter lokaler und (inter)nationaler Modedesigner. Bringen Sie etwas Zeit mit, denn die Auswahl ist groß. Und wenn Sie möchten, führt Florence Sie höchstpersönlich durch ihr Geschäft und steht Ihnen mit Rat und Tat zur Seite.

LES RIBAS, T 0494 705690, GEÖFFNET: TÄGLICH 10.00-19.00

VISION Dominique Plachta und Dominique Postera sind Fotografen mit Leib und Seele. Mit viel Energie schufen die beiden aus einem alten Stall eine unkonventionelle Galerie für moderne Kunst. Hier zeigen Domi & Domi ihre Fotografien sowie Exponate anderer europäischer Künstler, wie etwa Skulpturen von Yvon Matagne und Abel Reis. VisiOn ist ein sympathischer Treffpunkt für Liebhaber moderner Kunst und Fotografie.
7 TRAVERSE DES CHÈVRES, WWW.GALERIE-VISION.COM, T 0498 106698, GEÖFFNET: TÄGLICH APR.-OKT. 10.00-12.00 & 14.00-19.00

LA GALERIE BLANCHARD Links und rechts vom Eingang befinden sich hölzerne Schaukästen, in denen kleine Figuren ausgestellt sind. Innen kann man die extravagante Welt des Künstlers Gilles Blanchard bestaunen – humorvoll, aber eigenwillig. Präsentiert werden Figuren aus Bronze und Metall, exquisiter Schmuck und zauberhafte Zeichnungen.
PLACE DES ORMEAUX, WWW.GALERIEBLANCHARD.COM, T 0494 705625, GEÖFFNET: IM SOMMER MO-SA 11.00-13.00 & 15.00-19.00, IM WINTER 14.00-18.00

Das **FÊTE DE L'ŒUF** ist der Name des jährlichen Osterfestes in Tourtour. Dann ist das hübsch geschmückte Dorf zwei Tage lang die Kulisse für Musik, Tanz und alle möglichen Spektakel. Osterhasen laufen umher und verteilen kleine Überraschungen. Neben originellen Spielen für alle, wie Krähen wie ein Hahn, Eierweitwurf und Pétanque mit eierförmigen Kugeln, gibt es Aktivitäten für Kinder, etwa Osterschatzsuchen oder Eierbemalen.
OSTERSONN- UND MONTAG, WWW.TOURTOUR.ORG (UNTER MANIFESTATIONS)

LA PETITE AUBERGE Seit Pierre Jugy zum Bürgermeister gewählt wurde, hat er etwas weniger Zeit für sein Hotel, daher begrüßt seine Frau Monica die Gäste mit italienischem Temperament. Das Dreisternehotel verfügt über acht komfortable Zimmer und Suiten und liegt traumhaft auf einer Anhöhe. Frühstück oder Abendessen werden im Patio mit herrlicher Aussicht serviert. Im und am Pool kann man in aller Ruhe die Sonne genießen, das Hotel ist schließlich nicht umsonst ein Relais-de-Silence-Hotel. Zum köstlichen Essen am Abend gibt es den spektakulären Sonnenuntergang gratis dazu. Romantik pur. Reservieren wird empfohlen.
QUARTIER LA GARDURE, T 0498 102616, PREIS: ZIMMER AB 100 €, PREIS: MENÜ AB 30 €

VILLECROZE

Ein Dorf mit vielen Möglichkeiten, das sich auch für einen Familienausflug prima eignet. Tipp: erst die Tropfsteinhöhlen (*grottes troglodytes*) besuchen und anschließend bei einem Winzer Wein verkosten.

DIE HÖHLEN VON VILLECROZE Am Ortsrand liegt ein paradiesischer Park mit Olivenbäumen, Palmen, Magnolien, Zedern, bunten Blumenbeeten, wohlduftenden Kräutergärten und einem über 30 Meter hohen Wasserfall. Die beeindruckenden Höhlen im Park dienten Verstoßenen und Einsiedlern jahrhundertelang als Zuflucht. Heute eignet sich dieser herrliche Ort bestens, um am leise dahinplätschernden Flüsschen zu picknicken. Für Kinder gibt es einen großen Spielplatz.
GEÖFFNET: JULI-SEPT. 10.00-12.00 & 14.00-18.00, OKT.-JUNI 14.00-18.00, EINTRITT: 2 €

GUM Wer den alten Dorfkern durch das Tor betritt, hat Guillaumes Laden direkt vor Augen. Hier kann man in aller Ruhe zeitgemäßen Schmuck anprobieren. Guillaume entwirft jede Saison eine neue Kollektion und experimentiert viel mit Farben, Formen und Materialien.
RUE DE FRANCE, T 0494 675027, GEÖFFNET: APR.-OKT. TÄGLICH 10.00-12.30 & 16.00-18.30, NOV.-MÄRZ DI-SO

CHÂTEAU DE MAJOULIÈRE ist der gelebte Traum von Stefan und Beatrice, einem Paar aus Flandern. Nach dem Erwerb des zwölf Hektar großen, etwas versteckt liegenden Weinguts im Jahr 2007 bestand ihre erste Handlung darin, die alten Rebstöcke zu reaktivieren. Die Lese geschieht per Hand, die Bodenbearbeitung und Kellerarbeit auf Basis ökologischer Gesichtspunkte, die Weine reifen in Eichenholz. Das Ergebnis: ausgezeichnete, kräftige und harmonische rote Cuvées und ein ehrlicher Rosé.
1242 ROUTE DE DRAGUIGNAN, WWW.CHATEAUDEMAJOULIERE.FR/DE, T 0495 531666, WEINVERKOSTUNG: AUF ANFRAGE

CHÂTEAU THUERRY Die Auffahrt zur edlen Domäne ist einige Kilometer lang und verläuft durch ein Waldstück bis zu einer Grünfläche. Die historische Anlage umfasst inzwischen auch einige moderne Elemente, etwa einen teilweise unterirdischen Weinkeller – ein gelungener Architekturmisch, der wunderbar mit der Umgebung harmoniert. Der hier produzierte rote *vin de pays* L'Exception ist nicht billig, aber exzellent. Château Thuerry keltert übrigens auch den Rosé Marie-Antoinette – von Trauben aus dem Park von Schloss Versailles in der Nähe von Paris.
WWW.CHATEAUTHUERRY.COM, T 0494 706302, GEÖFFNET: CAVEAU MO-FR 9.00-18.00, SA-SO 10.00-18.30

AUPS

Donnerstagvormittags findet in Aups der Trüffelmarkt statt, auf dem neben Trüffeln auch andere regionale Köstlichkeiten wie Olivenöl, Ziegenkäse und Lavendelhonig angeboten werden.

Wenn Sie "schwarze Diamanten" kaufen wollen, sollten Sie dies nicht gerade in der Weihnachtszeit tun, denn dann können die Kilopreise auf bis zu 800 Euro hochschnellen.

DIE HÖHLEN VON VILLECROZE

MUSÉE DE FAYKOD ist ein herrliches, etwas abseits an einer Nebenstraße zwischen Aups und Tourtour gelegenes Freiluftmuseum, in dem riesige Marmor- und Bronzeskulpturen zu sehen sind. In einem prächtigen mediterranen Garten stellt Maria de Faykod seit 1996 einige ihrer Werke aus. Andere Werke von ihr kann man in Galerien (in Paris), Museen (Vatikanstadt) und Stadtparks etwa in Draguignan oder Digne-les-Bains bewundern. Eines ihrer letzten Auftragswerke befindet sich in Lourdes, im weltberühmten Chemin de Croix. An diesem Kunstobjekt – das aus 17 gigantischen Skulpturen besteht, die die Kreuzigung und Auferstehung Christi darstellen – hat sie fünf Jahre lang gearbeitet.

3366 ROUTE DE TOURTOUR, WWW.MUSEE-DE-FAYKOD.COM, T 0494 840132, GEÖFFNET: MAI, JUNI & SEPT. MI-MO 14.00-18.00, JULI-AUG. MI-MO 10.00-12.00 & 15.00-19.00, 1. OKT.-30. APR. MI, SA & SO 14.00-18.00, EINTRITT: 6,50 €, KINDER 2,50 €

L'AIGUIÈRE Elodie und Sébastien sind die sympathischen Inhaber des Restaurants am Wehrturm Le Tour Sarrasine und einem alten *lavoir* (Waschplatz) aus dem 15. Jahrhundert. In der traditionell provenzalischen Küche werden klassische Gerichte zubereitet: saftige Entenbrust, Lammkeule mit Thymian, Ziegenkäse und Gambas à la Provençale, die Spezialität des Hauses. In den Sommermonaten isst man draußen

CHÂTEAU THUERRY (L)   ALEGRIA (R)

unter riesigen Platanen. Die Winterzeit ist Trüffelsaison. Dann werden die Trüffel aus Aups zu einer *brouillade* (Trüffelomelett) verarbeitet.
6 PLACE MARÉCHAL JOFFRE, WWW.RESTAURANT-VAR-AUPS-LAIGUIERE.COM, T 0494 701240, GEÖFFNET: DI-SO 12.00-14.30 & 19.00-21.30, PREIS: MENÜ AB 22 €

LE CAILLOU Wer den unauffälligen Eingang des Restaurants entdeckt hat, wird von Saadia und ihrer Tochter warmherzig begrüßt. Im Patio im hinteren Teil des Lokals angekommen, fühlt man sich wie in einem Riad in Marrakesch. Das Essen ist einfach himmlisch. Traditionell zubereitete Tajines und Couscous werden ebenso traditionell serviert. Den schmackhaften Schmorgerichten und Nachspeisen merkt man es an, dass Saadia großen Wert auf hochwertige Zutaten legt. Reservieren Sie mindestens 24 Stunden vorher. Im Sommer finden hier auch orientalische Tanzabende statt.
3 RUE MARÉCHAL FOCH, T 0494 701211, GEÖFFNET: APR -JAN. MO MI & FR-SO 19.30-21.30, PREIS: MENÜ AB 20 €

ALEGRIA Ihre Gäste begrüßen Cindy und Dieter höchstpersönlich. Damit zeigen sie ihre Wertschätzung des Persönlichen und der kleinen Dinge des Lebens. In ihrem eleganten B&B Alegria (Lebensfreude) wohnt man zwischen Olivenbäumen mit Blick auf Aups im Tal. Zur Verfügung stehen drei geschmackvolle Zimmer, eine romantische

Suite und eine Luxus-Familiensuite, die die Inhaber selbst eingerichtet und gestaltet haben: warme Farbtöne, abstrakte Malereien, bequeme Betten und geräumige Badezimmer, und alle mit Garten und Terrasse. Außerdem gibt es noch einen Pool und eine Gemeinschaftsterrasse. Die romantische Suite verfügt sogar über eine Retro-Badewanne auf Füßen. Das Alegria ist idealer Startpunkt für Tagesausflüge und geeignet für Jung und Alt.
59 CHEMIN DU STADE, WWW.ALEGRIA.TK, T 06 32201537, PREIS: AB 139 €

BAUDUEN

Eines der malerischsten Dörfer am Lac de Sainte-Croix, nur 20 Autominuten von Aups entfernt.

CAFÉ DU MIDI Bernard Keyser und seine Frau Gudrun haben am Dorfplatz von Bauduen etwas Besonderes geschaffen. Kein Wunder, denn in so einer Umgebung und bei so viel Elan kann eigentlich gar nichts schiefgehen. Die Aussicht auf den Lac de Sainte-Croix ist einmalig, die Begrüßung herzlich und die Küche einfach, aber köstlich. Es gibt keine opulente Speisekarte, nur ein paar wenige, aber leckere Tagesgerichte zu anständigen Preisen. Kreditkarten werden nicht akzeptiert.
PLACE SAINT-LAMBERT, T 0494 700894, GEÖFFNET: TÄGLICH JULI-AUG. 12.00-15.00 & 19.00-21.30, APR.-JUNI & SEPT.-OKT. MI GESCHLOSSEN, PREIS: MENÜ AB 20 €

BAUDINARD-SUR-VERDON

Das kleine Dorf unweit des Lac de Sainte-Croix hat nur 150 Einwohner, aber auch eine beeindruckende Schlucht mit 150 Meter hohen Wänden.

LE CHARDON ist ein Landbistro im etwas entlegenen Baudinard. In diesem Familienbetrieb schwingt die Mutter den Kochlöffel, während Sohn Nicolas und seine englische Frau Clare die Gäste flott, aber freundlich bedienen. Nach dem Essen kann man zur Verdauung einen Spaziergang zur romanischen Kapelle Notre-Dame-de-la-Garde (zwei Kilometer) unternehmen. Hier, auf 700 Meter Höhe, herrscht Totenstille und man hat einen herrlichen Blick auf den Lac de Sainte-Croix. Bei schönem Wetter ist sogar der Mont Ventoux zu sehen.
GRANDE RUE, T 0494 687203, GEÖFFNET: MI-MO 10.00-23.00, PREIS: MENÜ 20 €

SALERNES

Die *tomette* von Salernes ist eine sechseckige Fliese, die man in vielen provenzalischen Häusern vorfindet. Wichtigster Bestandteil: die rote Erde dieser Gegend.

TERRA ROSSA Schon seit Jahrhunderten gilt Salernes als Zentrum der Keramik. Auf den Ruinen einer alten Fliesenfabrik wurde nach den Plänen des bekannten französischen Architekten Wilmotte ein modernes Museum errichtet. Die Sammlung umfasst archäologische Keramikfunde und Keramikreste industrieller Herkunft aus Salernes, eine Kollektion Dekorfliesen ab dem 13. Jahrhundert sowie originelle Kreationen lokaler Designer wie Christian Ziegler (www.poterie-du-soleil.com) und Mathias & Sophie (www.matthiasetsophie.com).

ROUTE DE SALERNES, TERRAROSSASALERNES.OVER-BLOG.FR, T 0498 104390, GEÖFFNET: JUNI-SEPT. MO & MI-SO 10.00-13.00, 15.00-19.00, APR., MAI, OKT. & NOV. MO 15.00-18.00, MI-SO 10.00-13.00, 15.00-19.00, EINTRITT: 4 €, BIS 12 J. FREI

SILLANS-LA-CASCADE

Das 500-Einwohner-Dorf ist so klein, dass man schnell daran vorbeifährt. Es lohnt sich jedoch, anzuhalten und auszusteigen, um die herrlichen Wasserfälle zu bewundern.

DIE WASSERFÄLLE VON SILLANS-LA-CASCADE Gegenüber der Burg liegt der Anfang eines Pfades, der an einem Olivenhain vorbei zu den Wasserfällen (*cascades*) von Sillans führt – etwa 1000 Meter durch Tannenwald und über eine Felsentreppe zu einem Tümpel mit glasklarem Wasser. Hier stürzt das Wasser des Flusses Le Bresque ungefähr 44 Meter in die Tiefe. Der Fluss entspringt im höher gelegenen Grundgebiet des Château de Bresc und mündet bei Carcès in den l'Argens, den größten Fluss der Region. Ein paradiesischer Ort, der zu einem kühlen Bad einlädt.

AIGUINES

Der höchste Punkt des kleinen Dorfes am Fuße des Grand Margès erreicht stolze 1577 Meter. Von hier hat man nicht nur eine herrliche Aussicht auf den Lac de Sainte-Croix und die Lavendelfelder von Valensole, sondern es lässt sich auch die Verdon-Schlucht erkunden.

WANDERWEGE DURCH DIE VERDON-SCHLUCHT: LE SENTIER DE L'IMBUT UND LE SENTIER VIDAL Die 25 Kilometer langen Gorges du Verdon (oder Grand Canyon du Verdon) bilden die natürliche Grenze zwischen den Departements Var und Alpes-de-Haute-Provence. Europas größten Canyon hat der Fluss Verdon, der in den

MUSÉE DE FAYKOD (L)   **VERDON-SCHLUCHT** (R)

Stausee Lac de Sainte-Croix mündet, in jahrhundertelanger Kleinstarbeit geformt. Die grünblaue Färbung des Wassers entsteht durch die Kombination von winzigen Algen und einem hohen Fluoranteil. Für Wanderer ist das ausgedehnte Gebiet ein wahres Eldorado. Einer der schönsten, aber auch schwersten Wanderwege ist der Sentier de l'Imbut: eine Strecke, die etwa sechs Stunden in Anspruch nimmt und am linken Ufer des Flusses, auf der Höhe des Hotels des Cavaliers (D 71), mit einem abenteuerlichen Abstieg (400 Höhenmeter!) in die Schlucht beginnt. Hier kann man erst mal die Füße ins kühle Wasser stecken oder sich Zeit für einen kleinen Imbiss nehmen. Nach einer wohlverdienten Siesta verlässt man die Schlucht über den Sentier Vidal, einen wunderschönen klettersteigähnlichen Ausgang, der um 1900 von einem gleichnamigen französischen Ingenieur angelegt wurde. Damals diente er während Arbeiten am Flussbett als Notausstieg, um verletzte Arbeiter schneller (in 45 Minuten) bergen zu können. Der Weg ist sehr steil und stellenweise mit Stahlseilen und Leitern ausgestattet. Legen Sie ab und zu eine Pause ein und genießen Sie die außergewöhnliche Landschaft.

Eine Wanderung finden Sie auf der herausnehmbaren Karte in der Umschlagklappe.

FRÉJUS UND SAINT-RAPHAËL STAD

STRÄNDE UND LE MASSIF DE L'ESTÉREL

Die Küstenorte Fréjus und Saint-Raphaël, oft in einem Atemzug Fréjus-Saint-Raphaël genannt, sind ideale Startpunkte, um das beeindruckende Massif de l'Estérel zu erkunden.

Wie Saint-Raphaël ist auch Fréjus ein Badeort römischen Ursprungs, der sein reiches Kulturerbe vor allem der strategischen Lage zwischen Rom und Spanien verdankt. Hier an der Via Aurelia errichteten die Römer einst den Markt Forum Julii, der Name wurde schließlich auch für die Stadt verwendet, die zu jener Zeit 40.000 Einwohner zählte und einen bedeutenden Militär- und Zivilhafen besaß. Es folgte eine Blütezeit, die bis ins 5. Jahrhundert währte. Aus jener Zeit stammt die älteste Taufkapelle Frankreichs, das Baptisterium. Danach blieb auch Fréjus nicht von den Sarazenen verschont, die zahlreiche römische Bauten zerstörten. Der Bau einer Wehrkirche im 12. Jahrhundert läutete für Fréjus eine neue Blütezeit ein, die aber mit einer Pestepidemie ein jähes Ende nahm. Auch später blieb die Stadt von Unheil nicht verschont. Beispiel aus jüngster Geschichte: Als im Dezember 1959 der Staudamm von Malpasset brach, wurde Fréjus von einer gigantischen Flutwelle heimgesucht, die 423 Einwohner das Leben kostete.

SEHENSWÜRDIGKEITEN

Fréjus ist ein historisches und kulturelles Zentrum, das eine über 2000 Jahre alte Geschichte mit den Eigenschaften eines touristischen Badeortes vereint.

Mit dem Pass Découverte des örtlichen Fremdenverkehrsamtes können einige Sehenswürdigkeiten zu ermäßigten Eintrittspreisen besucht werden.

ARÈNES DE FRÉJUS Spuren der römischen Herrschaft wie etwa die Reste einer teilweise 2,5 Meter dicken Stadtmauer, ein Theater und die Stadttore Porte des Gaules und Porte de Rome finden sich vielerorts in Fréjus. Die Porte de Rome ist der Endpunkt eines 40 Kilometer langen Aquädukts, von dem zwischen Fréjus und dem Dorf Mons noch einige Reste zu sehen sind. Die Topattraktion von Fréjus ist das antike Amphitheater, das im Sommer zahlreiche Besucher anlockt. Wo in gallo-römischen Zeiten noch zur Erbauung des Volkes Gladiatoren an Löwen verfüttert wurden, finden heute Stierkämpfe und Konzerte statt.
RUE HENRI VADON, WEITERE INFORMATIONEN: TOURISTENINFORMATION FRÉJUS, 249, RUE JEAN JAURÈS

CATHÉDRALE SAINT-LÉONCE ET CLOÎTRE Zusammen mit der Klosterkapelle und dem Kreuzgang mit Marmorsäulen gehört die Kathedrale aus dem 12. Jahrhundert zu einem schön renovierten bischöflichen Ensemble. Der romanische Glockenturm der Kathedrale ist bereits von Weitem zu sehen. Im Inneren des Gotteshauses befindet sich ein herrliches Altargemälde, auf dem der italienische Maler Durandi Sainte-Marguerite sich verewigt hat.

PLACE FORMIGÉ, T 0494 512630, GEÖFFNET: 1. JUNI-30. SEPT. TÄGLICH 9.00-18.30, 2. JAN.-31. MAI & OKT.-DEZ. DI-SO 9.00- 12.00 & 14.00-17.00, EINTRITT: 5,50 €, BIS 17 J. FREI

MUSÉE ARCHÉOLOGIQUE MUNICIPAL Neben dem Kreuzgang beherbergt die Anlage noch ein archäologisches Museum, das 2005 umgebaut wurde. Die Sammlung umfasst einige wertvolle Fundstücke wie die 1970 ausgegrabene weiße Marmorbüste von Hermes aus dem 1. Jahrhundert, heute das Symbol der Stadt.

PLACE CALVINI, T 0494 521578, GEÖFFNET: DI-SO 9.00-12.00 & 14.00-18.00, EINTRITT: 2 €

CHAPELLE NOTRE-DAME-DE-JÉRUSALEM Die Kapelle, die auch – nach dem Maler Jean Cocteau – Chapelle Cocteau genannt wird, ist mit zahlreichen Fresken mit weltlichen und christlichen Motiven versehen. Die Arbeiten mussten von Cocteaus Adoptivsohn Édouard vollendet werden, da der Maler selbst am 11. Oktober 1963 starb – nur wenige Stunden nachdem er vom Tod seiner Freundin Edith Piaf erfahren hatte. Tipp für Liebhaber: Es gibt noch eine zweite Cocteau-Kapelle: la Chapelle Saint-Pierre in Villefranche-sur-Mer.

ROUTE DE CANNES, T 0494 532706, GEÖFFNET: 1. OKT.-31. MÄRZ DI & DO-SA 9.30-12.00 & 14.00-16.30, 1. APR.-30. SEPT. 9.30-12.30 & 14.00-18.00, EINTRITT: FREI

VILLA AURÉLIENNE Diese herrliche Renaissancevilla liegt inmitten eines 22 Hektar großen Naturparks, in dem noch Überreste eines römischen Aquädukts zu sehen sind. 1988 erwarb die Stadt Fréjus das 1700 Quadratmeter große Gebäude, seitdem finden dort verschiedene Veranstaltungen statt, überwiegend Fotoausstellungen.

AVENUE DU GÉNÉRAL D'ARMÉE CALLIÈS, T 0494 529049, GEÖFFNET: IM SOMMER TÄGLICH 9.00-19.00, IM WINTER TÄGLICH 9.00-17.00, EINTRITT: FREI

ESSEN & TRINKEN

Bis auf wenige Ausnahmen sollte man Restaurants direkt an der Küste besser meiden. Weitaus attraktiver ist das Angebot in der Altstadt von Fréjus und in Saint-Raphaël.

LA TABLE An den Restaurants am Boulevard und im alten Hafen von Saint-Raphaël können Sie ruhig vorbeigehen. Die bessere Alternative befindet sich ganz in der Nähe: La Table, eine sehr gepflegte *cave à vins*. In diesem Weinlokal mit Zweiertischen, einem Stammtisch und unzähligen Weinflaschen an den Wänden herrscht eine sehr lockere Atmosphäre. Sie können sich nicht entscheiden? Dann lassen Sie sich von Julien inspirieren, während der Koch ein paar passende Gerichte beisteuert.

47 RUE THIERS, SAINT-RAPHAËL, T 0494 539335, GEÖFFNET: DI-SA 12.00-14.00 & 19.00-22.00, PREIS: MENÜ 19 €

LA TABLE

LES TEMPLIERS liegt am gemütlichsten Platz von Saint-Raphaël. Um die Mittagszeit, wenn die Markthändler anfangen, ihre Waren einzupacken, und die Küche Betriebstemperatur erreicht hat, werden Sie unweigerlich von den verführerischen Düften angezogen werden. Auf der reichhaltigen Karte finden Sie Gerichte wie Thunfischsalat, köstliches *ris de veau* (Kalbsbries) und Panna cotta aus weißer Schokolade.
2 PLACE DE LA RÉPUBLIQUE, SAINT-RAPHAËL, T 0494 836407, GEÖFFNET: DI-SA 11.30-15.00 & 19.00-22.00, PREIS: MENÜ 20 €

L'OS À MOELLE Diese Adresse für Fleischliebhaber trumpft vor allem mit ihrem *côte de bœuf* groß auf. Wollen Sie das Fleisch *bleu, saignant, à point* oder *bien cuit*? Ihr Wunsch wird erfüllt. Außerdem sehr angenehm: die aufmerksame Bedienung und eine erlesene Weinauswahl.
NOUVEAU PORT SANTA LUCIA, SAINT-RAPHAËL, T 0494 959611, PREIS: MENÜ 25 €

L'AMANDIER Sein Handwerk lernte Küchenchef Balanec bei den namhaften Brüdern Pourcel des Dreisternelokals Le Jardin des Sens in Montpellier, und das schmeckt man: originelle Saisongerichte und variierte Menüs zu moderaten Preisen. Einfach fantastisch ist das Steinbuttfilet. Reservieren Sie einen Tisch im hinteren Teil des

LE CHOCOLATHÉ (L)   RÊVES D'ENFANT (R)

Lokals, da ist es weniger laut und gemütlicher. Einziger Wehrmutstropfen: Das Lokal hat keine Terrasse.
19 RUE MARC-ANTOINE DESAUGIERS, FRÉJUS, WWW.RESTAURANT-LAMANDIER.COM, T 0494 534877, GEÖFFNET: MO-DI, DO-SA 12.00-13.30 & 19.30-21.30, MO & MI 19.30-21.30, PREIS: MENÜ AB 21 €

LE CHOCOLATHÉ Teesalon, Kaffeebar, Restaurant und Feinkostladen in einem – geht das? Le Chocolathé tritt den Beweis an. Hier mitten in Fréjus sollte man ein Schokotörtchen mit einer Tasse italienischen Kaffee zu sich nehmen. Das gibt neue Kraft!
19 RUE GÉNÉRAL DE GAULLE, FRÉJUS, T 0494 830071, GEÖFFNET: DI-FR 11.00-0.00, SA 12.00-1.00

SHOPPEN

Nette Läden gibt es sowohl in der Altstadt von Fréjus als auch in Saint-Raphaël.

LES HOMMES D'ABORD Hier lautet das Credo: "Gentlemen first!" Der sympathische Inhaber durchforstet London, Paris und Mailand auf der Suche nach raffinierter, origineller Kleidung von Paul Smith, Cerruti, Pal Zileri, Strellson und Paul & Joe. Von der Einrichtung her ist der Laden eher eine Kuriositätensammlung – das Ergebnis von 20 Jahren *passion for fashion*. Jean-Pierre begrüßt Sie wie einen persönlichen Freund.
PROMENADE RENÉ COTY, SAINT-RAPHAËL, WWW.LESHOMMESDABORD.COM, T 0498 111595, GEÖFFNET: MO-SA 9.30-12.30 & 14.30-19.00

RÊVES D'ENFANT ist ein angenehmes, modisches Kinderschuhgeschäft, in dem jeder kleine Fuß ganz bestimmt das Richtige findet. Ob Ikks, Campers, Timberland oder Pom d'Api – die Auswahl ist riesig. Für gelangweilte Geschwister wartet in der ersten Etage ein Spielzimmer.
79 RUE AMIRAL BAUX, SAINT-RAPHAËL, T 0494 951564, GEÖFFNET: MO 15.00-19.00, DI-SA 9.30-12.30 & 15.00-19.00

MON FROMAGER Mehr als 150 Sorten Käse führt dieser attraktive Käseladen in der Nähe des Rathauses im Sortiment – alle zum Probieren. Außer Käse gibt es noch eine Reihe anderer Schlemmereien wie Konfitüren, Chutneys, Honigkuchen und Wein. Überfordert? Dann lassen Sie sich doch fachmännisch beraten. Topadresse für Käsefreunde!
38 RUE SIÈYES, FRÉJUS, WWW.MON-FROMAGER.FR, T 0494 406799, GEÖFFNET: MO-SA 9.00-22.00, SO 9.00-12.15

Bei **LA CUEILLETTE DU ROCHER** kann man sein Obst und Gemüse selbst ernten. Je nach Saison gibt es bis zu 50 Sorten und von einigen Sorten wie Tomate, Melone, Aubergine, Zucchini und Erdbeeren sogar verschiedene Variationen. Keine Zeit oder Lust, sich so viel Mühe zu machen? Dann können Sie in der kleinen Holzbaracke alles kaufen. Und wer noch Eier, Tapenaden, Käse oder Vinaigrette braucht, wird auch fündig. Eine kleine Erfrischung auf der Terrasse versüßt den Aufenthalt zusätzlich.
AVENUE GABRIEL PÉRI, ROQUEBRUNE-SUR-ARGENS, WWW.FERMEDUROCHER.COM, T 0494 455790, GEÖFFNET: APR.-JUNI & SEPT.-OKT. FR-SO 9.30-12.30 & 15.30-19.00, JULI-AUG. TÄGLICH 9.30-12.30 & 15.30-19.00

100% THERE

Was das Massif de l'Estérel für Naturfreunde und Sportler ist, sind der Golf von Fréjus und die Bucht von Saint-Raphaël für Taucher und Schnorchler. Im Sommer finden hier auch zahlreiche Konzerte und Festivals statt.

MASSIF DE L'ESTÉREL Obwohl die ausgedehnten Kork- und Steineichenwälder immer mal wieder Waldbränden zum Opfer fallen, ist das Massiv einfach umwerfend. Allein schon der Kontrast zwischen dem roten Gestein der wilden Vulkanlandschaft, dem Hellgrün des Küstenstreifens und dem Grünblau des Meeres ist etwas ganz Besonderes. Die Corniche d'Or (N98), die zauberhafte Küstenstraße, ist mit Aussichtspunkten gespickt. Gleichermaßen fesselnd ist die vor über einem Jahrhundert vom Touring Club France angelegte Corniche von Agay, die an der Steilküste von Le Trayas vorbeiführt. Überall gibt es kleine Buchten, in denen man ungestört baden kann. Auch für Wanderer hält das Massif lohnende Ziele bereit: den Pic de l'Ours (492 Meter) oder den Pic du Cap Roux (453 Meter). Die Route, die beim Parkplatz des Col Belle-Barbe startet und zum malerischen Tal von Mal-Infernet und dem See von Ecureuil führt, ist absolut empfehlenswert. Etwas westwärts, aber näher an der Küste befindet sich das Cap Dramont, das in etwa 1,5 Stunden bezwungen werden kann. Die Steilwände sind ein Eldorado für Kletterer. Etwas weiter nördlich wartet der höchste Gipfel des Massivs, der 619 Meter hohe Mont Vinaigre, mit einem großartigen Panorama auf.

LES ÉTANGS DE VILLEPEY Einige Kilometer westlich von Fréjus, an der Mündung des l'Argens, liegt eine herrliche, 258 Hektar große, von Dünen eingerahmte Lagune. Die Strände in diesem Naturschutzgebiet gehören zu den schönsten der Gegend.

LES NUITS AURÉLIENNES Das Theater- und Musikfestival findet von Mitte Juli bis Anfang August in einem alten Römer-Theater statt, das über 900 Plätze verfügt. Ein fantastisches Angebot mit großen Namen und vielversprechenden Talenten. Frühzeitiges Reservieren ist unerlässlich.
WWW.FREJUS.FR (UNTER ÉVÉNEMENTS / GRANDS ÉVÉNEMENTS)

ÜBERNACHTEN

In der Hochsaison steigen die Preise oft ins Unermessliche, vor allem an der Küste. Zum Glück gibt es Ausnahmen … und attraktive Alternativen im Hinterland.

Die **BASTIDE DU CLOS** liegt inmitten der tollen Weindomäne Domaine Le Clos des Roses, etwas außerhalb von Fréjus. Die klassisch-moderne Einrichtung der exklusiven Zimmer und Suiten ist stilvoll und etwas gewagt. Für Wellnessliebhaber gibt es ein

BASTIDE DU CLOS Ⓛ   **LES HOMMES D'ABORD** Ⓡ

Spa mit Hamam sowie ein beheiztes Schwimmbad. Die Anlage ist tipptopp, drinnen wie draußen. Und für önologisch Interessierte gibt es obendrein Informationen vom Kellermeister höchstpersönlich.

DOMAINE LE CLOS DES ROSES, ROUTE DE BOZON, LIEU-DIT SAINTEBRIGITTE, FRÉJUS, WWW.CLOS-DES-ROSES.COM, T 0494 533231, PREIS: AB 150 €, TABLE D'HÔTES (FÜR JEDERMANN) DI-SO 12.00-14.00 & 19.30-21.30

HÔTEL LA CHÊNERAIE Das elegante, nur fünf Minuten von Saint-Raphaël entfernt gelegene Dreisternehotel besticht durch ein erstklassiges Preis-Leistungs-Verhältnis. An den gepflegten Zimmern ist ebenso wenig auszusetzen wie am üppigen Frühstück, das im ruhigen Garten serviert wird. Das 1890 erbaute Belle-Époque-Anwesen wurde vollständig renoviert und zu diesem kleinen, aber feinen Hotel umgebaut. Ein idealer Ausgangspunkt für Erkundungstouren durch das Estérel-Gebirge oder Ausflüge an die Strände von Boulouris unweit der Bucht von Agay. Eine Seltenheit in dieser Gegend: kostenlose Parkplätze.

167 AVENUE DES GONDINS, SAINT-RAPHAËL, WWW.LACHENERAIE.COM, T 0494 444884, PREIS: AB 140 €

RUND UM FRÉJUS UND SAINT-RAPHAËL

SEILLANS

Die (autofreie!) Ortschaft mit ihrer über 1000-jährigen Geschichte wurde als schönstes Dorf Frankreichs mit einem Preis ausgezeichnet. Kein Wunder, denn alles an Seillans ist einmalig. Das schätzten schon zahlreiche Künstler wie etwa Max Ernst und seine Frau Dorothea Tanning, die hier ihren Lebensabend verbrachten.

LE RELAIS D'OLÉA Hermance Carro ist die Tochter von Alain Carro, dem Inhaber des Einsternerestaurants Le Castellaras in Fayence. Mit ihrem Auftritt 2006 in der Realityshow *Madame le Chef* im französischen Kanal M6 erlangten sie und ihr neues Restaurant nationalen Ruhm. In ihrem modernen Lokal, das eine Mischung aus Bistro, Brasserie und Restaurant ist, kann man im Sommer auch herrlich frühstücken. Köstliche Spezialität der Küche: Risotto mit Jakobsmuscheln! Das Lokal liegt direkt an der typisch provenzalischen Place du Thouron.
1 PLACE DU THOURON, WWW.RESTAURANT-SEILLANS.COM, T 0494 601865, GEÖFFNET: JULI-AUG. MI-MO 12.00-14.00 & 19.00-21.30, SEPT.-JUNI MI-SO 12.00-14.00 & 19.00-21.30, PREIS: AB 28 €

HÔTEL DES DEUX ROCS Nur 13 Zimmer zählt dieses Anwesen aus dem 17. Jahrhundert, alle mit einer ganz eigenen Atmosphäre – und ohne Fernseher. Hier muss man sich also andere Unterhaltung suchen. Zum Beispiel auf der herrlichen Terrasse mit zwei riesigen Platanen und einem Springbrunnen. Das Abendessen ist ein Fest und lässt sich mit regionaler Küche auf Großmutters Art am besten umschreiben. Das Hotel ist der ideale Ausgangspunkt für Ausflüge etwa nach Mons, ein malerisches Dorf etwas oberhalb von Seillans, von wo aus man an klaren Tagen die Insel Korsika sehen kann. Oder an die Strände der Côte d'Azur, die nur 30 Autominuten von hier entfernt liegen. Auch eine Möglichkeit: die drei Golfanlagen in der Nähe.
PLACE DE FONT D'AMONT, WWW.HOTELDEUXROCS.COM, T 0494 768732, PREIS: AB 110 €, RESTAURANT GEÖFFNET: TÄGLICH 12.00-14.30 & 19.00-21.30, PREIS: MENÜ AB 44 €

LA MAGNANERIE DE SEILLANS befindet sich in einer renovierten Seidenfabrik aus dem 19. Jahrhundert. Gewonnen wurde die Seide aus den Kokons, die die Raupen des Seidenspinners aus Seidenfaden (von bis zu 900 Meter Länge!) spannen. Heute ist hier eine Galerie für zeitgenössische Kunst untergebracht, und im Nachbarhaus gibt es vier Luxussuiten und ein exklusives Appartement für sechs Personen – alle Feng-Shui-konform eingerichtet und mit gut ausgestatteter Küche versehen.
12 ANCIEN CHEMIN DE FAYENCE, WWW.LAMAGNANERIEDESEILLANS.FR, T 06 13214815, PREIS: AB 150 €

PÉTANQUE

 MARSEILLE, AIX-EN-PROVENCE,
ARLES, LA CAMARGUE, LES ALPILLES

BOUCHES-DU-RHÔNE

AUTOTOUR BOUCHES-DU-RHÔNE

So können Sie das Departement Bouches-du-Rhône in fünf Tagen erkunden. Die Route bringt Sie zu allen Orten, die Sie gesehen haben sollten, und birgt einige Überraschungen. Sie essen zwischen Einheimischen und wohnen ganz besonders.

TAG 1 **MARSEILLE >** Notre-Dame-de-la-Garde besuchen und die Aussicht genießen (S. 186) > einen Stadtrundgang machen (s. Karte hinten) > bei La Passarelle zu Mittag essen (S. 190) > nach Château d'If übersetzen und bei Frioul schwimmen gehen (S. 186) > das Centre de la Veille Charité besuchen (S. 188) > auf der Place de Lenche einen Aperitif trinken (S. 196) > abends bei Le 29 tafeln (S. 191) > im Casa Honoré übernachten (S. 197) >

TAG 2 **AIX-EN-PROVENCE >** den Tag mit einem Spaziergang am Cours Mirabeau beginnen (S. 201) > bei Les Deux Garçons Kaffee trinken (S. 207) > das Atelier von Paul Cézanne besuchen (S. 202) > bei Les Artistes zu Mittag essen (S. 204) > bei der Top-Patisserie Riederer einkaufen (S. 205) > die Fondation de Vasarely aufsuchen (S. 201) > abends im Le Zinc d'Hugo dinieren (S. 202) > bei La Rotonde noch etwas trinken (S. 206) > im Hôtel en Ville wohnen (S. 209) >

TAG 3 **ARLES >** die römischen Bauwerke besichtigen (S. 213) > im Le Monde de Sophie zu Mittag essen (S. 217) > die Fondation van Gogh und l'Espace van Gogh besuchen (S. 214) > das Musée Réattu (Museum für moderne Kunst) erkunden (S. 213) > bei L'Àtelier de Jean-Luc Rabanel ausgiebig dinieren (S. 216) > im Hôtel Saint-Trophime übernachten >

TAG 4 **LA CAMARGUE >** eine Kajaktour machen und dann eine Stunde reiten (S. 225) > bei La Cave à Huitres in Saintes-Maries-de-la-Mer Kräfte sammeln (S. 224) > über den Digue à la Mer nach Beauduc radeln (S. 225) > bei Lou Santen ausruhen und das Abendessen genießen (S. 224) > bei El Campo Flamencomusik lauschen (S. 226) > im Hôtel des Rièges schlafen (S. 226) >

TAG 5 **SAINT RÉMY-DE-PROVENCE >** in Les Baux-de-Provence das Château des Baux besuchen (S. 237) > in Glanum, unterwegs nach Saint Rémy, die römische Siedlung besichtigen (S. 229) > bei L'Aile ou la Cuisse zu Mittag essen (S. 232) > eine Olivenmühle besuchen (S. 233) > eine Wanderung durch die Alpilles machen (S. 234) > abends im Grain de Sel speisen (S. 230) > im Sous les Figuiers übernachten (S. 234) >

MARSEILLE STADT

VIEUX-PORT, PASTIS UND BOUILLABAISSE

Mit mehr als 850.000 Einwohnern ist Marseille nach Paris die zweitgrößte Stadt Frankreichs und die größte Hafenstadt des Landes. Außerdem ist sie die Hauptstadt der Region Provence-Alpes-Côte d'Azur und des Departements Bouches-du-Rhône.

Eigentlich ist Marseille ein Konglomerat von einigen Dörfern, von denen manche noch einen ganz eigenen Charakter haben. Das Leben spielt sich aber vor allem in der Canebière und im Vieux-Port, dem alten Hafen, ab. La Canebière, der "Kannabisweg", ist die wichtigste Straße der Stadt und verläuft vom Hafen in Richtung Innenstadt. Wo jetzt das Zentrum ist, befanden sich früher Felder, auf denen Hanf für die Schiffstaue angebaut wurde, daher der Name.

Der Vieux-Port, der alte Hafen, an dem die Ausflugsschiffe und zahlreiche Restaurants und Bars liegen, ist das eigentliche Zentrum Marseilles. Symbol der Stadt ist die alles überragende Basilika Notre-Dame-de-la-Garde. Vom Hafen aus kommt man in die Altstadt – Le Panier –, ein Wirrwarr von engen, verwinkelten Gassen, in denen Wäsche zum Trocknen hängt und aus deren offenen Fenstern Musik und Streitgespräche nach außen dringen. Le Panier sollte man nicht mit dem Auto besuchen.

Marseille ist ein Schmelztiegel, seine Einwohner kommen von überallher. Kein Wunder, dass man hier Märkte mit arabischen Dingen neben rein japanischen Läden findet. Und es erklärt auch, warum Marseille keine typisch provenzalische Stadt ist, in der Männer mit Baskenmützen das Ortsbild prägen. Es gibt allerdings etwas, das alle Marseillais verbindet: ihre Liebe zu "l'OM", dem Fußballverein Olympique Marseille. Wenn OM spielt, sind die Straßen leer und die Cafés am Vieux-Port proppenvoll. Der beliebteste Sohn von Marseille ist nach wie vor der ehemalige Weltklassefußballer Zinedine Zidane.

Marseille ist dabei, den schlechten Ruf, der ihm lange Zeit anhaftete, langsam abzuschütteln. Noch vor einiger Zeit hieß es, Taschendiebe und Penner würden hier das Straßenbild bestimmen. Aber seit der Jahrtausendwende wird die Stadt großflächig saniert und verschönert, ein Programm, das 2015 abgeschlossen sein soll. Dass Marseille nach wie vor von vielen Touristen eher gemieden wird, macht die Stadt eigentlich gerade reizvoll. So findet man hier noch sehr ursprüngliche Restaurants und Läden. 2013 war Marseille übrigens Kulturhauptstadt Europas.

Über den internationalen Flughafen, Aéroport Marseille Provence, ist Marseille gut erreichbar. Direktflüge gibt es von Berlin, Düsseldorf, Frankfurt, Hamburg, München, Augsburg sowie Basel, Wien und Straßburg.

MARSEILLE STADT

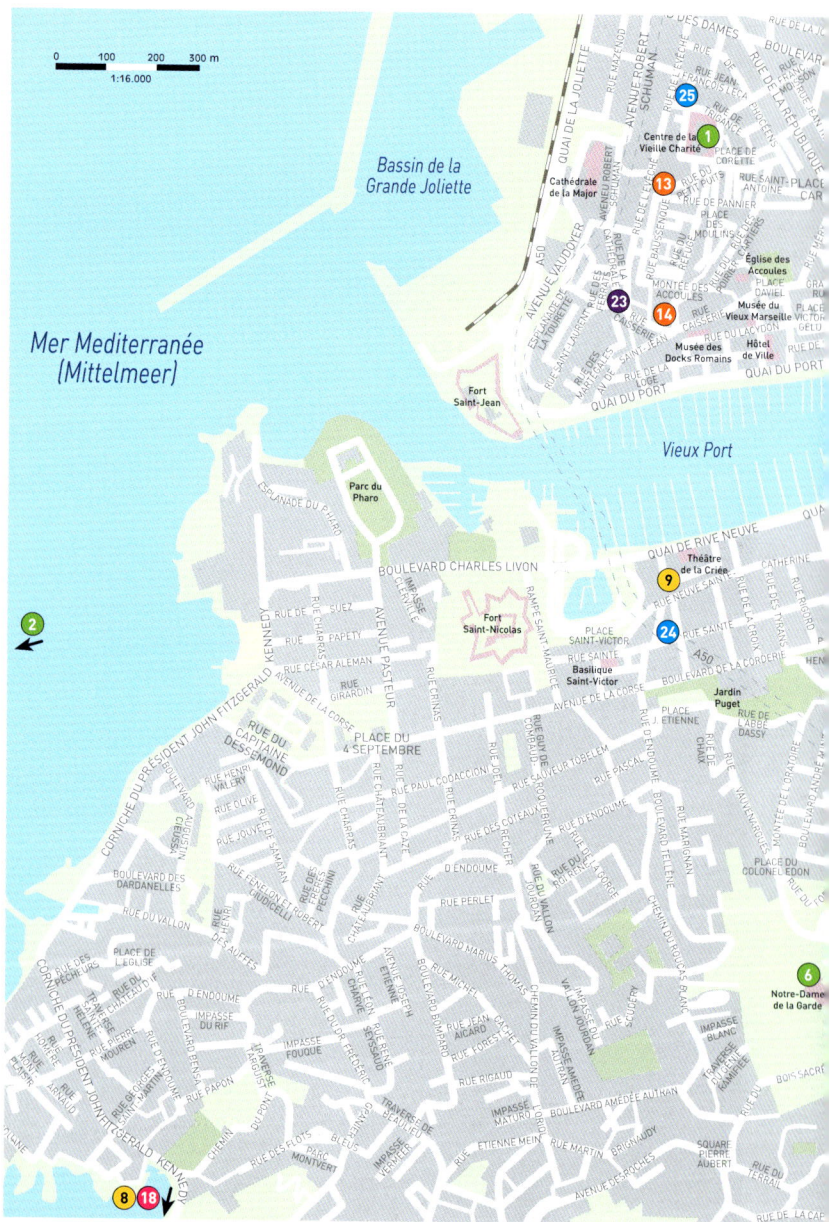

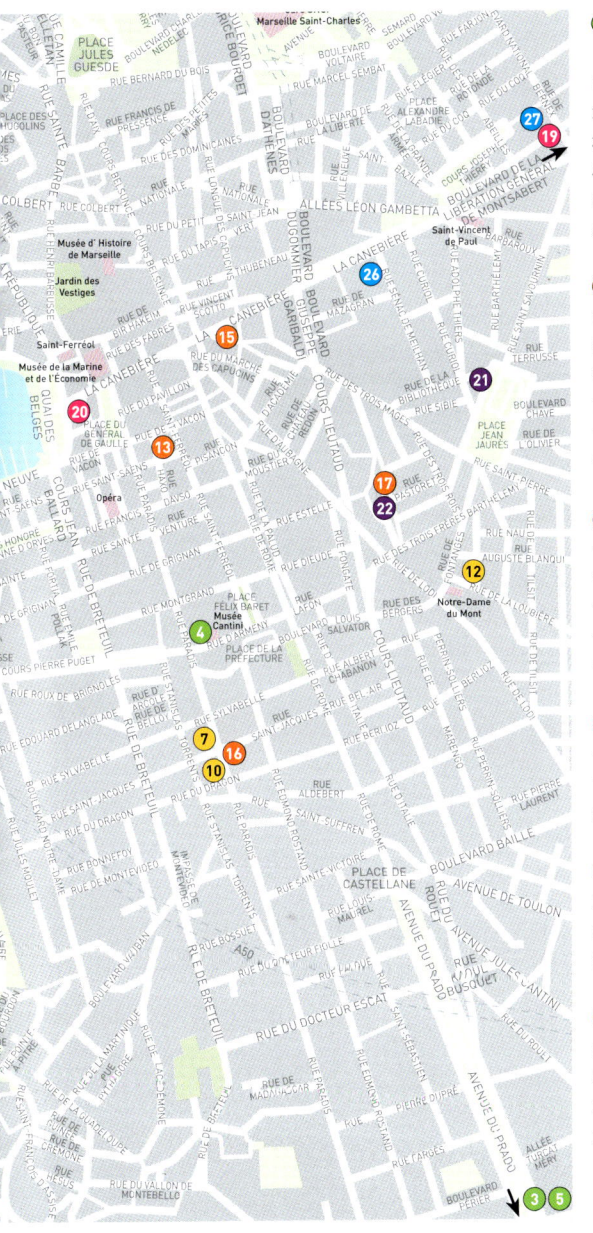

🟢 SEHENSWÜRDIGKEITEN
> S. 186–189

1. CENTRE DE LA VIEILLE CHARITÉ
2. CHÂTEAU D'IF
3. CITÉ RADIEUSE
4. MUSÉE CANTINI
5. MUSÉE D'ART CONTEMPORAIN (MAC)
6. NOTRE-DAME-DE-LA-GARDE

🟡 ESSEN & TRINKEN > S. 189–191

7. CAFÉ POPULAIRE
8. CHEZ FONFON
9. LA PASSARELLE
10. LA TERRASA
11. LE 29
12. LE GOÛT DES CHOSES

🟠 SHOPPEN > S. 193–194

13. LA CHOCOLATIÈRE DU PANIER
14. LA COMPAGNIE DE PROVENCE
15. LA MAISON EMPEREUR
16. MOBILE DE CURIOSITÉS
17. OOGIE

🔴 100% THERE > S. 194

18. KAJAKFAHREN
19. LA FRICHE LA BELLE DE MAI
20. MARSEILLE BY BIKE

🟣 AUSGEHEN > S. 195–196

21. AU PETIT NICE
22. COURS JULIEN
23. PLACE DE LENCHE

🔵 ÜBERNACHTEN > S. 196–197

24. CASA HONORÉ
25. LA MAISON DU PETIT CANARD
26. I F RYAD
27. VILI A MARIE-JEANNE

Wie der Name schon sagt, stammt die französische Hymne La Marseillaise aus Marseille. Komponiert wurde das Lied 1792 vom Offizier Claude Joseph Rouget de Lisle, der es damals Chante de Guerre pour l'Armée du Rhin, *Kampflied der (französischen) Rheinarmee, nannte. Den Spitznamen "Marseillaise" hat das Lied Soldaten aus Marseille zu verdanken, die es sangen, als sie während der Französischen Revolution in Paris einmarschierten. Am 15. Juli 1795 wurde La Marseillaise offiziell zur Nationalhymne Frankreichs erklärt. Auch die Nationalflagge kommt aus der Gegend von Marseille, aus dem nahe gelegenen Dorf Martigues, um genau zu sein.*

SEHENSWÜRDIGKEITEN

Vom Vieux-Port aus hat man die imposante Basilika Notre-Dame-de-la-Garde und die vor der Küste gelegene Gefängnisinsel Château d'If gut im Blick. Marseille hat daneben aber noch mehr zu bieten, zum Beispiel prachtvolle Kirchen und beeindruckende Baudenkmäler in den Stadtteilen unweit des Vieux-Port. Auch die für damalige Zeit futuristische Cité Radieuse, ein vom namhaften Architekten Le Corbusier entworfenes Wohnprojekt etwas außerhalb der Stadt, ist einen Besuch wert.

Einen Stadtspaziergang finden Sie auf der herausnehmbaren Karte in der Umschlagklappe.

CHÂTEAU D'IF Durch seine strategische Lage am Mittelmeer war Marseille seit jeher heiß umkämpft. Um die Stadt besser vor Invasoren zu schützen, wurde im 16. Jahrhundert direkt vor der Küste ein Festungswerk errichtet, das aber bald als Gefängnis diente, vor allem für politische Häftlinge. Internationale Berühmtheit erlangte die Insel durch Alexandre Dumas' Roman *Der Graf von Monte-Christo* von 1844, in dem die Hauptperson, Edmond Dantès, 14 Jahre lang unschuldig auf der Insel in Gefangenschaft gehalten wird, bevor ihm die Flucht gelingt und er Rache üben kann. Die Fahrt zum Château d'If dauert etwa zehn Minuten. Tipp: Mit der Kombikarte (Aufschlag 5 Euro) kann man auch die Nachbarinsel Frioul besuchen. Diese Insel hat nicht nur ein besonderes Mikroklima, sondern auch kleine Buchten und Calanques, in denen man herrlich schwimmen und schnorcheln kann. Picknickkorb nicht vergessen!
VIEUX-PORT, WWW.FRIOUL-IF-EXPRESS.COM, T 0496 110350, ABFAHRT EIN- BIS ZWEIMAL STÜNDLICH (ZWISCHEN 6.45 UND 22.30), FAHRKARTE FRIOUL & CHÂTEAU D'IF 15,20 €

Für viele Einwohner Marseilles ist **NOTRE-DAME-DE-LA-GARDE** das bedeutendste Bauwerk der Stadt. Dass die Basilika alles überragt, ist kein Wunder, denn errichtet wurde sie am höchsten Punkt, etwa einen Kilometer vom alten Hafen entfernt. Da man sie umrunden kann, hat man immer eine wunderbare Aussicht auf die Stadt – schon deswegen ist ein Besuch ein Muss. Das Gotteshaus im neobyzantinischen Stil

NOTRE-DAME-DE-LA-GARDE

FRUITS DE MER

ist noch relativ jung und wurde zwischen 1853 und 1864 im Auftrag des damaligen Bischofs erbaut. Marmor kam häufig zum Einsatz, und innen sind zahlreiche Wände mit Mosaiken versehen. Auf dem Glockenturm befindet sich eine goldfarbene Statue von Maria (mit dem Kind Jesus), der Schutzpatronin der Seefahrer, die schon von Weitem zu sehen ist. Auch in der Kirche ist das Thema Meer präsent: An der Decke hängen Mobiles mit Schiffen.

RUE FORT DU SANCTUAIRE, WWW.NOTREDAMEDELAGARDE.COM, T 0491 134080, GEÖFFNET: TÄGLICH 7.00-19.00, EINTRITT: FREI

CENTRE DE LA VIEILLE CHARITÉ Inmitten des belebten Altstadtviertels Le Panier liegt eine Oase der Ruhe: die Vieille Charité. Das Baudenkmal besteht aus Arkaden, in deren Mitte sich eine imposante Barockkirche mit einer Kuppel und seitlichen Nischen befindet. Lange Zeit diente die im 17. Jahrhundert erbaute Vieille Charité als Gasthaus für Soldaten und Arme. Heute beherbergt sie zwei Museen, das Musée d'Archéologie Mediterrannée und das Musée des Arts Africains, Océaniens & Amérindiens. Außerdem ist hier eine Brasserie angesiedelt mit einer schattig gelegenen Terrasse.

2 RUE DE LA CHARITÉ, WWW.VIEILLECHARITE-MARSEILLE.ORG, T 0491 14 58 38, GEÖFFNET: DI-SO OKT.-MAI 10.00-17.00 & JUNI-SEPT. 11.00-18.00, EINTRITT: 5 € (KOMBIKARTE FÜR BEIDE MUSEEN)

MUSÉE CANTINI Das Museum befindet sich in einem ehemaligen Wohnhaus in einer Querstraße zur Einkaufsstraße Rue Saint-Férreol. Im Mittelpunkt seiner Sammlung stehen Werke aus der Zeit 1900 bis 1960, in der einige interessante Kunstströmungen aus der Taufe gehoben wurden. Bekannteste Beispiele: Neoimpressionismus, Kubismus, Fauvismus und Surrealismus. Bedeutendste Künstler im Cantini sind Kandinsky, Ernst und Léger. Außerdem besitzt das Haus eine interessante Fotosammlung, zu der auch eine Reihe über den Pont Transbordeur in Marseille gehört. Sehenswert ist auch die tolle Sammlung von provenzalischem Steingut aus dem 17. und 18. Jahrhundert.
19 RUF GRIGNAN, MUSEE-CANTINI.MARSEILLE.FR, T 0491 547775, GEÖFFNET: DI-SO 10.00-18.00, EINTRITT: 3 €

MUSÉE D'ART CONTEMPORAIN Das MAC, wie das Museum für zeitgenössische Kunst auch genannt wird, ist klein, aber fein. Es verfügt über eine interessante Kunstsammlung mit Werken aus den 1950er-Jahren, so etwa von Andy Warhol und Christo. Viel Aufmerksamkeit wird auch dem lokalen Bildhauer César gewidmet. Da das Museum in einem der Außenbezirke der Stadt liegt, ist es nur mit dem Bus (Linie 23 oder 45) oder mit dem Auto erreichbar. Sie können einen Besuch mit einer Besichtigung der nahe gelegenen Cité Radieuse (siehe unten) kombinieren.
69 AVENUE DE HAÏFA, MAC.MARSEILLE.FR, T 0491 721727, GEÖFFNET: DI-FR 11.00-17.00, EINTRITT: 3 €

CITÉ RADIEUSE Die 1952 eröffnete Cité Radieuse, die "strahlende Stadt", war ein futuristisches Projekt für integriertes Wohnen. Der Entwurf stammte vom Schweizer Architekten Charles Édouard Jeanneret alias Le Corbusier, der mit seiner *Unité d'Habitation* dem urbanen Wohnen neue Impulse zu geben versuchte. Die "Stadt" steht auf hohen Betonpfeilern und umfasst 337 Wohnungen, einen Supermarkt, ein Hotel, einen Buchladen und eine Sporthalle. Für Architekturfans ist der Besuch dieser Anlage ein Muss. Man kann sogar einige Wohnungen besichtigen und von der Dachterrasse die grandiose Aussicht über das Meer genießen. Da der Komplex seit dem Bau weder verändert noch modernisiert wurde, wirkt er etwas unzeitgemäß. Bewohner erzählen gern von ihren Wohnerfahrungen, vielleicht treffen Sie ja noch jemanden, der hier von Anfang an wohnt. Zum Abschluss können Sie Ihrem Corbusier-Erlebnis im Restaurant des Hotels Le Corbusier in der dritten Etage eine kulinarische Krone aufsetzen.
280 BOULEVARD MICHELET, T 0491 167800, WWW.HOTELLECORBUSIER.COM, PREIS: 75-145 €

ESSEN & TRINKEN

Selbstverständlich wird in einer Hafenstadt wie Marseille gern und oft Fisch gegessen. Das berühmteste Fischgericht ist die Bouillabaisse, die Fischsuppe, die oft schon zwei Tage vor dem Servieren zubereitet wird. Die wahre Herkunft der Suppe ist höchst umstritten, was die Einwohner von Marseille aber nicht davon abhält zu behaupten, dass das Original in ihrer Stadt erfunden wurde. Viele Restaurants außerhalb des Vieux-Port sind sonntags und montags geschlossen, ansonsten sind die meisten von 12 bis 14 Uhr und ab 20 Uhr geöffnet.

LA PASSARELLE Die Einheimischen finden es genial: Direkt hinter dem Vieux-Port und mitten im Zentrum befindet sich ein Restaurant mit eigenem Gemüsegarten. Hier kann man den Koch beim Basilikumschneiden beobachten. Dank der offenen Küche und der Einrichtung mit viel Krimskrams verströmt La Passarelle Wohnzimmeratmosphäre. Da der Gemüsegarten nur klein ist, bezieht das Lokal viel Gemüse von Bauern aus der Gegend. Zu essen gibt es saisonale, provenzalische Gericht, wie etwa *soupe au pistou* (Gemüsesuppe) oder *daube provençale* (Schmorfleisch auf provenzalische Art).
52 RUE PLAN FOURMIGUIER, WWW.RESTAURANTLAPASSARELLE.FR, T 0491 330327, GEÖFFNET: MO-FR 11.30-14.30, MI-SA 19.00-23.30, HAUPTGERICHT 10-18 €, TAGESGERICHT 15 €

CAFÉ POPULAIRE Wer im Café Populaire essen möchte, sollte unbedingt vorher reservieren. Das Lokal serviert einfache kleine Gerichte guter Qualität, etwa Sardinen, Gambas oder *pan con tomate* (geröstetes Brot mit Tomaten). Für ein Frühstück oder einen köstlichen Cocktail sind Sie hier ebenfalls richtig.
110 RUE PARADIS, T 0491 025396, GEÖFFNET: MO-SA 14.00-23.00, HAUPTGERICHT 9-15 €, FRÜHSTÜCK 8 €, COCKTAIL 5-10 €

CHEZ FONFON Wer dieses Lokal am charmanten Petit Port, dem kleinen Hafen von Marseille, aufsucht, kommt eigentlich nur, um Fisch zu essen. Die angenehme Atmosphäre im Chez Fonfon – einem der besten Fischrestaurants der Stadt – kommt nicht von ungefähr. Denn die Gastgeber tun alles, damit ihre Gäste sich hier wohlfühlen. Die Spezialität des Hauses ist Bouillabaisse, aber auch der gegrillte Fisch ist köstlich. Kurz: die richtige Adresse, um nach einem langen Strandtag genussvoll zu tafeln.
140 VALLON DES AUFFES, WWW.CHEZ-FONFON.COM, T 0491 521438, GEÖFFNET: MO 19.15-21.45 (AUSSER VON 1. NOV-31. MAI), DI-SA 12.00-13.45 & 19.15-22.45, HAUPTGERICHT 36-47 €

LA TERRASA Der Name dieses Restaurants erklärt sich, wenn man in den ersten Stock vorgedrungen ist. Denn hier befindet sich eine riesige Terrasse, auf der man fern vom Verkehrslärm essen kann. Auch drinnen im rot-grauen Interieur mit alten Spiegeln sitzt man sehr schön. La Terrasa ist nur tagsüber geöffnet, ausgenommen donnerstags. Aber dann scheint halb Marseille hier einen Cocktail trinken oder gegrillten Fisch oder Fleisch essen zu wollen.
134 RUE PARADIS, T 0491 530293, GEÖFFNET: MO-FR 8.00-16.00 & DO 18.00-0.00, SALAT 9-13 €, PREIS: MENÜ 16 €

Im **LE GOÛT DES CHOSES** werden Sie vom Küchenchef Olivier Rathery zu einer kulinarischen Weltreise eingeladen. Er hat viele Länder bereist und überall kulinarische Ideen gesammelt, die er in international angehauchte französische Kreationen umsetzt. Schönes Beispiel: Sushi mit Garnelen. Seine Nachspeisen sind himmlisch: Mandeltorte mit Kaffeegeschmack oder Erdbeeren mit einer Karamell-Balsamico-Soße. Le Goût des Choses ist für Genussmenschen, die eine feine französische Küche mit einem exotischen Touch schätzen.
4 PLACE NOTRE DAME DU MONT, WWW.LEGOUTDESCHOSES.FR, T 0491 487062, GEÖFFNET: MO & MI-SA 12.00-13.45 & 19.30-22.30, PREIS: MENÜ 19-25 €

TERRASSE AN DER PLACE JULES VERNE

Tipp: In der Rue des Trois-Rois befinden sich einige gute Restaurants, die auch sonntags offen haben!

Im **LE 29** hat man sich auf Gästewünsche unterschiedlicher Art eingestellt: ein leichtes Menü für den kleinen Appetit, ein klassisch-französisches Menü mit *filet de bœuf* und *frites à l'ancienne* für den großen Hunger oder ein provenzalisches Menü für Freunde der südfranzösischen Küche. Die wahre Schatzkammer jedoch ist der Weinkeller mit 2000 Flaschen Wein und einem Sommelier, der darüber alles erzählen kann. Im hauseigenen Laden kann man Weine verkosten und auch kaufen. Die Gerichte auf der Karte sind saisonal angepasst.

29 PLACE AUX HUILES, WWW.29PLACEAUXHUILES.COM, T 0491 332644, GEÖFFNET: RESTAURANT MO-SA 12.00-14.00 & 19.30-22.15, PREIS: MFNÜ 33 €

LA COMPAGNIE DE PROVENCE

SHOPPEN

In der Rue St. Férreol, die im Einkaufszentrum La Bourse gegenüber der Canebière mündet, gibt es zahlreiche Geschäfte. In der Rue Paradis, die parallel dazu verläuft, befinden sich die schickeren Boutiquen, während am Cours Julien eher die alternativen Designer zu Hause sind. Wer Märkte mag, kommt auch auf seine Kosten, denn irgendwo ist immer Markt, so etwa der berühmte Fischmarkt am Quai des Belges im Vieux-Port.

LA CHOCOLATIÈRE DU PANIER In diesen winzigen Laden passen vermutlich nur vier Leute. Aber auch wenn er schon hoffnungslos überfüllt ist, lohnt es sich, einen Versuch zu starten, hineinzukommen. Denn dieser Chocolatier hat nicht weniger als 138 Schokoladensorten im Sortiment, zum Beispiel mit Lavendel, Basilikum, Zwiebeln oder Olivenöl. Schlagen Sie ohne Skrupel zu, denn die Schokolade enthält weder Butter noch Crème fraîche.
49 RUE DES PETITS PUITS, LACHOCOLATIEREDUPANIER.SKYROCK.COM, T 0491 557041, GEÖFFNET: DI-SA 10.00-13.00 & 14.30-18.00, FILIALE 35 RUE VACON MO-SA 10.30-19.00

LA MAISON EMPEREUR Ein Kochladen, in dem es einfach alles gibt – Töpfe, Messer, Backutensilien und, und, und. Auch vor ausgefallenen Dingen schreckt das 1827 gegründete Geschäft nicht zurück. Im Gegenteil, denn eigentlich gehört es hier fast zum guten Ton, Ungewöhnliches zu führen und Kunden ausführlich zu beraten. Samstags finden mitten im Laden Kochkurse statt. Die widmen sich zum Beispiel dem Thema Kräuter und ihrer Verwendung im Mittelalter oder geben Tipps für die Zubereitung einer perfekten Bouillabaisse.
3 RUE D'AUBAGNE, WWW.EMPEREUR.FR, T 0491 540229, GEÖFFNET: MO-SA 9.00-19.00

LA COMPAGNIE DE PROVENCE Lange Zeit galt Marseille als bedeutende Seifenstadt. Die drei Produzenten, die heutzutage noch Seife herstellen, tun dies nach wie vor mit großem Erfolg. Nicht zuletzt dank des Schubes, den diese Tradition in den 1990er-Jahren von La Compagnie de Provence erhalten hat. Neben dem modernen Flagship-Store in der Rue Francis Davso gibt es auch einen – etwas gemütlicheren – Laden im Stadtteil Le Panier. Wer eine große Auswahl an Seifen, Duschgels und Parfüms sucht, findet sie hier.
1 RUE CAISSERIE, WWW.COMPAGNIEDEPROVENCE.COM, T 0491 562094, GEÖFFNET: MO-DO 10.00-13.00 & 14.00-19.00, FR-SO 10.00-19.00

OOGIE Hier gibt es alles unter einem Dach: aufregende Kleidung für sie und ihn, Bücher, CDs und sogar einen Friseur … Kein Wunder, dass Oogie sich *life store* nennt. Und eine Bar, ein Restaurant und eine Terrasse am gemütlichen Cours Julien gehören auch noch dazu. Tipp: Donnerstags wird hier Livemusik gespielt.
55 COURS JULIEN, WWW.OOGIE.FR, T 0491 531070, GEÖFFNET: TÄGLICH 9.00-19.00, DO BIS 0.00

TOP 10

MOBILE DE CURIOSITÉS Ob von lokaler Künstlerhand gefertigte Broschen, Taschen aus der Region, Lampen, Kissenüberzüge oder Design aus dem Ausland – Mobile de Curiosités hat ein breites Sortiment an Designprodukten. Und das, obwohl der Laden ziemlich klein ist. Einziges Kriterium: Es muss Design sein. Ideale Adresse für ein originelles Geschenk oder Mitbringsel.
159 RUE PARADIS, WWW.MOBILEDECURIOSITES.COM, T 0491 942387, GEÖFFNET: MO-SA 10.30-19.00

100% THERE

Bei Marseille denken die meisten Menschen nicht unbedingt an Strand. Zu Unrecht, denn man kann hier tolle Strandtage verbringen. Aber die lebendige Stadt bietet dem Besucher noch viel mehr. So empfiehlt sich zum Beispiel eine Stadtradtour oder eine Begegnung mit der Avantgarde der französischen Kunstszene.

MARSEILLE BY BIKE Die Einwohner Marseilles sind berühmt-berüchtigt für ihren Fahrstil, fast jedes Auto hat irgendwo eine Delle. Wer vorsichtig fährt, kann Marseille dennoch ohne große Probleme mit dem Rad erkunden. Wie viele andere Städte beteiligt sich Marseille am französischen Fahrradverleihprogramm ("Vélo Blue"). An diversen Standorten kann man für einen Euro je Stunde Räder ausleihen. Bezahlt wird mit Kreditkarte. Beim zentralen Standort direkt neben der Touristeninformation ist eine Tafel angebracht, auf der die anderen Standorte verzeichnet sind. Wegen des großen Erfolgs wird in Marseille bereits an einer deutlichen Erweiterung des Verleihsystems gearbeitet.

LA FRICHE LA BELLE DE MAI Für einheimische Kulturfreunde ist dieses Kulturzentrum der Treffpunkt schlechthin. Es hat ein sehr breit gefächertes und immer wieder überraschendes Angebot – von Ausstellungen über Partys bis hin zu Vorführungen aller Art. Die meisten Produktionen stammen von Künstlern und Theatermachern, die hier arbeiten. Etwa 400 sind es, die in diesem Zentrum ein eigenes Studio haben. Außerdem gibt es noch einen Radiosender und ein Café. Der ehemalige Industriepark liegt nicht sehr weit vom Hauptbahnhof Marseilles entfernt und ist somit gut erreichbar. Das aktuelle Programm finden Sie unter *www.lafriche.org*.
41 RUE JOBIN, WWW.LAFRICHE.ORG, GEÖFFNET: DI-SO 11.00-19.00, FR BIS 22.00, T 0495 049595

KAJAKFAHREN Mit dem Kajak die Calanques zu erkunden, ist einfach toll. In Begleitung eines Führers paddelt man in kleinen Gruppen zu den Felsen und Buchten. Raskas bietet Kurzausflüge – empfehlenswert, wenn man noch unsicher ist –, aber auch mehrtägige Touren an. Außerdem werden Wanderungen durch die Calanques und Kurztrips nach Korsika organisiert.
RASKAS KAYAK, RUE PITE PROLONGÉE LES GOUDES, WWW.RASKASKAYAK.COM, T 0491 732716, HALBER TAG 35 €, 2 TAGE 100-120 €

MARSEILLE BY BIKE

AUSGEHEN

Einheimische treffen sich gern abends auf einer Terrasse, um bei einem Bier, Weißwein, Pastis (mit Wasser verdünnt) oder *tango* (Mixgetränk mit Bier und Grenadine) den Tag Revue passieren zu lassen. Beliebte Plätze sind Place de Lenche, Cours Julien und Cours d'Estienne d'Orves. Auch für Nachtschwärmer hat die Großstadt etwas zu bieten. Die Szenelokale befinden sich am Boulevard J. F. Kennedy, der vom Vieux-Port Richtung Cassis verläuft. Achtung: Die Clubs haben einen sehr strengen Dresscode – wer mit Sneakers und Jeans kommt, bleibt garantiert draußen vor der Tür.

AU PETIT NICE Für die große Beliebtheit des Lokals gibt es zwei gute Gründe. Erstens: Es befindet sich direkt an der gemütlichen Place Jean Jaurès. Zweitens: Die Preise sind exorbitant niedrig. Für ein paar Euros bekommt man zwei Pastis und ein Bier! Kein Wunder, dass die Terrasse immer proppenvoll ist. Schon in aller Früh kommen Einheimische hierher, um einen Kaffee zu trinken.
28 PLACE JEAN JAURÈS, T 0491 484304, GEÖFFNET: DI-DO 11.00-2.00, FR & SA 8.00-2.00.

PLACE DE LENCHE Nach Sonnenuntergang scheint die Place de Lenche sich in ein einziges großes Café zu verwandeln. Die Lichterketten zwischen den Bäumen brennen, die Grenzen zwischen den Terrassen lösen sich auf. Eigentlich ist es auch egal, wo man sich hinsetzt, Pastis gibt es sowieso überall. Wenn man vom Platz aus zwischen den Häusern hindurch zum alten Hafen hinüberschaut, hat man einen herrlichen Blick auf Notre-Dame-de-la-Garde. Ähnlich fantastisch ist die Aussicht auf den Vieux-Port, wenn man Richtung Meer läuft und bei der Augustine-Kirche stehen bleibt.

COURS JULIEN steht bei Einheimischen hoch im Kurs. Inmitten des Platzes befindet sich ein Teich, in dem an heißen Tagen meistens viele Füße hängen. Bei Le Bicok, einem Straßencafé mit bunten Stühlen an der Ostseite des Platzes, sitzt man sehr angenehm. Wenn die Terrasse schon voll ist, dann können Sie aus weiteren sieben Cafés am Platz wählen. Schauen Sie erst kurz hinein, bevor Sie sich entscheiden. Oft wird in der ersten Etage Livemusik gespielt, während sich eine Etage höher eine Spielhalle befindet. Sie wollen lieber tanzen? Dann auf zum Espace Julien ein paar Meter weiter, einem Lokal, in dem sehr unterschiedliche Musik aufgelegt wird.
57 COURS JULIEN, T 0491 945048, GEÖFFNET: MO-SA 10.00-2.00

ÜBERNACHTEN

Das Hotelangebot Marseilles ist genauso unterschiedlich wie seine Einwohner und reicht von schicken Designhotels über nette B&Bs bis zu klassisch oder fernöstlich eingerichteten *chambres d'hôtes* (Pensionen). Vor allem in der Nähe des alten Hafens und der Canebière ist die Auswahl groß, aber auch in den Außenbezirken gibt es einige gute Adressen.

LE RYAD Die stilvoll eingerichtete Pension liegt in einer etwas schmuddeligen Seitenstraße der Canebière. Hier findet man eine Mischung aus marokkanischen Elementen und Farben und Designs aus dem Süden. Die neun Zimmer sind zwar sehr unterschiedlich gestaltet, bestimmte traditionelle Materialien finden sich aber stets wieder, zum Beispiel Leinen als Bettzeug und das Holz der Betten. Im Patio befindet sich ein Teesalon, in dem marokkanische Delikatessen serviert werden. Essen kann man hier übrigens auch: Bei dem *table d'hôtes* kommen nur marokkanische Speisen auf den Tisch. Tipp: Einmal im Monat wird Jazzmusik gespielt.
16 RUE SÉNAC DE MEILHAN, WWW.LERYAD.FR, T 0491 477454, PREIS: AB 95 €

LA MAISON DU PETIT CANARD Das bunt eingerichtete Maison du Petit Canard liegt etwas versteckt im Stadtteil Le Panier – achten Sie auf das Aushängeschild mit der gelben Ente. Eine gute Wahl, wenn man nicht jeden Tag auswärts essen will. Das Haus von Steffi Tönnies und Youssef El Bandrawy umfasst fünf Appartements mit eigener Küche. Vier von ihnen haben vier Betten, also ideal für einen Familienaufenthalt. Beim Frühstück reicht Youssef Marmeladen, die er selbst gemacht hat. Steffi und Youssef kochen auch mal für ihre Gäste, vorausgesetzt, es melden sich genügend an. Witziges Detail: Die Handtücher auf den Betten sind in Form einer Ente gefaltet.

48 IMPASSE SAINTE-FRANÇOISE, MAISON.PETIT.CANARD.FREE.FR, T 0491 914031, PREIS: 60 €, TABLE D'HÔTES 18 €

CASA HONORÉ Wer in diesem ehemaligen Hafenspeicher übernachten will, muss ihn erst einmal finden. Denn die Ausschilderung ist etwas spärlich – was die Casa Honoré umso exklusiver macht. Das Haus beherbergt wunderbare Zimmer, einen kleinen Laden und ein Restaurant. Über eine breite Treppe erreicht man die Etage mit den Zimmern – die alle mit eigens designten Dingen ausgestattet sind – und den Laden, in dem die Sachen auch verkauft werden. Hinter diesem Konzept steckt Annick Lestrohan, die Ihnen gern etwas über ihre Produkte und andere nette Adressen in Marseille verrät.

123 RUE SAINTE, WWW.CASAHONORE.COM, T 0496 110162, PREIS: AB 150 € (MINDESTENS 2 NÄCHTE)

VILLA MARIE-JEANNE Wer vor der hohen Mauer und dem Zaun steht, kann sich kaum vorstellen, dass sich dahinter ein kleines Paradies verbirgt. Das Landhaus aus dem 19. Jahrhundert mit riesigem Garten und Pool liegt in einem Außenbezirk Marseilles, unweit des Palais Longchamp, und wirkt wie aus einer anderen Welt. Die drei Gästezimmer sind in einem Nebenhaus untergebracht, in dem sich auch eine geräumige Küche und ein Wohnzimmer befinden. Parkplätze gibt es innerhalb der Mauer. Bei Bedarf wird draußen gegrillt. Eine ideale Adresse, wenn man der Hektik der Stadt entfliehen und fürstlich wohnen will.

4 RUE CHICOT, WWW.VILLA-MARIE-JEANNE.COM, T 0491 855131, PREIS: AB 70 €

AIX-EN-PROVENCE STADT

UNIVERSITÄT, ALLEEN UND SPRINGBRUNNEN

Aix-en-Provence, in Frankreich einfach nur Aix genannt, gilt für viele als der gutbürgerliche, reiche Vorort Marseilles. Die 160.000-Einwohner-Stadt liegt etwa eine halbe Autostunde von Marseille entfernt und wirkt größer als sie tatsächlich ist. Auf den Plätzen in der Altstadt herrscht immer große Betriebsamkeit, denn die Einwohner lieben es, draußen unterwegs zu sein. Außerdem tragen auch die 30.000 Studenten der örtlichen Universität gehörig dazu bei.

Gegründet wurde Aix-en-Provence 123 v. Chr. von Konsul Sextius Calvinus an der Stelle, an der sich thermische Quellen befanden. Auch heute noch sind die Thermen nach ihm benannt: Thermes Sextius. Im Mittelalter war Aix die Hauptstadt der Grafschaft Provence und ihr kulturelles und künstlerisches Zentrum. 1409 gründete der Vater von René Le Bon, Ludwig II. von Anjou, die örtliche Universität, die heute renommiert ist wegen ihrer technologischen Forschung.

Berühmt ist Aix auch für seine Boulevards und Brunnen. Der von Platanen gesäumte Cours Mirabeau gilt als die schönste Allee und das Herz der Stadt, wo sich das Leben abspielt. Auf einem Kreisverkehr im Cours Mirabeau befindet sich auch der schönste Brunnen von Aix: die 1860 aus Gusseisen errichtete Fontaine de la Rotonde. Der Cours Mirabeau teilt die Stadt in zwei Hälften: im Norden die Altstadt mit zahlreichen Cafés, Restaurants und alten Wohnhäusern, die teilweise noch aus dem 16. Jahrhundert stammen, im Süden der Stadtteil Mazarin, die Neustadt. Typisch für Aix sind die vielen Straßencafés und endlosen Möglichkeiten zum Flanieren, Shoppen, Essen und Trinken.

Aix liegt an der TGV-Strecke Paris–Marseille und ist somit gut und schnell erreichbar. Vom Bahnhof zum Zentrum sind es etwa acht Kilometer.

Für nur zwei Euro ist bei der Touristeninformation (2 Place Général de Gaulle) der Pass Aix Pays d'Aix erhältlich, der in und um Aix zu Ermäßigungen auf Eintrittspreise, Fahrkarten und Führungen berechtigt.

SEHENSWÜRDIGKEITEN

Die meisten Sehenswürdigkeiten von Aix-en-Provence machen deutlich, dass sich in dieser Stadt schon immer alles um Pracht und Eleganz gedreht hat. Ob der breite Cours Mirabeau, der mächtige Pavillon de Vendôme oder die kostbare Sammlung des Granet-Museums – alles ist edel und schön. Nur das moderne Bauwerk der Fondation de Vasarely, etwas außerhalb der Stadt, fällt aus dem Rahmen – und sollte man schon deshalb gesehen haben.

AIX-EN-PROVENCE STADT

- 🟢 **SEHENSWÜRDIGKEITEN**
  > S. 201–202
  1. ATELIER PAUL CÉZANNE
  2. COURS MIRABEAU
  3. FONDATION DE VASARELY
  4. MUSÉE GRANET

- 🟡 **ESSEN & TRINKEN**
  > S. 202–205
  5. LE PASSAGE
  6. LE ZINC D'HUGO
  7. LES ARTISTES
  8. PASTA COSY
  9. PIERRE REBOUL

- 🟠 **SHOPPEN**
  > S. 205
  10. CMJN DESIGN
  11. RIEDERER 252

- **100% THERE**
  > S. 206
  12. OPERNFESTSPIELE
  13. THERMES SEXTIUS

- **AUSGEHEN**
  > S. 206–207
  14. CAFÉ LE VERDUN
  15. LA ROTONDE
  16. LES DEUX GARCONS

- **ÜBERNACHTEN**
  > S. 207
  17. HÔTEL CÉZANNE
  18. HÔTEL EN VILLE
  19. HÔTEL LE MANOIR
  20. L'ÉPICERIE

Der **COURS MIRABEAU** ist das pulsierende Herz von Aix. Daher kommen Besucher der Stadt nicht um diesen nach dem Schriftsteller und Staatsmann Graf Gabriel-Honoré von Mirabeau benannten Boulevard herum. Die ersten Pläne des Magistrats für den Cours, damals ein Weg für Fuhrwerke, datieren von 1649. Bereits ein Jahr später war die 440 Meter lange und 42 Meter breite Straße realisiert. Dennoch vergingen noch viele Jahre, ehe die ersten Häuser gebaut wurden. Von den vier Brunnen, die hier am Ende des 17. Jahrhunderts standen, sind noch drei erhalten. Seinen heutigen Namen erhielt der Boulevard erst 1876.

MUSÉE GRANET Das in einem ehemaligen Malteserkloster untergebrachte Musée Granet ist eines der bedeutendsten Kunsthäuser der Provence. Sein Grundstock ist eine sehr kostbare Sammlung französischer, italienischer, niederländischer und flämischer Meister, die der Maler François Granet dem Museum vermachte. Hierzu gehören Werke von Paul Cézanne, Rembrandt und Peter Paul Rubens. Außerdem zeigt das Museum archäologische Fundstücke wie Sarkophage und Totenmasken.
PLACE SAINT-JEAN DE MALTE, WWW.MUSEEGRANET-AIXENPROVENCE.FR, T 0442 528797, GEÖFFNET: JUNI-SEPT. 10.00-19.00 & OKT.-MAI 12.00-18.00, EINTRITT: 4 €, BIS 25 J. 2 €, BIS 18 J. FREI

Das Gebäude der **FONDATION DE VASARELY**, etwa vier Kilometer außerhalb der Stadt, gehört zu den markantesten von Aix. Es besteht aus weißen und schwarzen Hexagonen aus Metall und wurde um 1975 vom ungarischen Maler und Bauhaus-Zögling Victor Vasarely entworfen. Für Vasarely stand fest: Kunst sollte für jeden zugänglich sein. Ebenso wie die Stadt der Zukunft, die eine Mischung aus Kunst und Architektur sein sollte, was er mit diesem Museumsbau demonstrieren wollte. Zur Sammlung der Fondation gehören Werke nationaler und internationaler Maler.
1 AVENUE MARCEL PAGNOL, WWW.FONDATIONVASARELY.FR, T 0442 200109, GEÖFFNET: DI-SO 10.00-13.00 & 14.00-18.00, EINTRITT: 9 €, 7-26 J. 6 €, BIS 3 J. FREI

ATELIER PAUL CÉZANNE Neben dem Schriftsteller Émile Zola ist der Maler Paul Cézanne der bekannteste Sohn der Stadt. Seine Zeitgenossen waren von seinen Werken allerdings nur mäßig angetan, aber das sollte sich später radikal ändern. Das Haus, in dem Cézanne jahrelang lebte, liegt nur zehn Gehminuten von der Altstadt entfernt und ist heute ein Museum. Das Atelier befindet sich großteils in seinem ursprünglichen Zustand und wirkt, als würde der Maler jeden Moment hereinspazieren. In der Zeit zwischen dem 18. Juni und 30. Juli finden an Donnerstagen kulturelle und kulinarische Abende im Garten statt. Wer diese besuchen will, sollte vorher reservieren.

9 AVENUE PAUL CÉZANNE, WWW.ATELIER-CEZANNE.COM, T 0442 210653, GEÖFFNET: TÄGLICH OKT-MÄRZ 10.00-12.00 & 14.00-17.00, APR.-JUNI & SEPT. 10.00-12.00, 14.00-18.00, JULI & AUG. 10.00-18.00, EINTRITT: 5,50 €

Durch Aix verläuft eine Cézanne-Route, die in den Straßen mit einem goldenen "C" gekennzeichnet ist. Sie führt an allen Orten vorbei, die im Leben des Malers eine Rolle gespielt haben, so etwa sein Geburtshaus. Eine detaillierte Wegbeschreibung ist bei der Touristeninformation (2 Place Général de Gaulle) erhältlich.

ESSEN & TRINKEN

Restaurants gibt es in Aix-en-Provence in Hülle und Fülle, vor allem in der Altstadt. Und das nicht ohne Grund, denn die Aixois lieben es auszugehen. Als Studentenstadt hat Aix auch zahlreiche günstige Essmöglichkeiten zu bieten, bei denen es meist eher um Quantität als um Qualität geht – aber nicht immer.

LE ZINC D'HUGO Beim Betreten des Lokals sticht sofort der große Kamin ins Auge. Das ist gewollt, denn der Koch nutzt für seine französischen Gerichte ausgiebig das Holzfeuer. Auf den quadratischen Holztischen werden vor allem Fischgerichte serviert, beim Wein ist die Auswahl größer: nicht weniger als 80 verschiedene Weine stehen auf der Weinkarte, die allgemein große Anerkennung findet. Le Zinc hat auch eine Weinbar, in der Tapas gereicht werden. An den Wänden hängen Gemälde, die zu verkaufen sind. Außerdem bietet das Lokal Kochkurse und Weinabende an.

22 RUE LIEUTAUD, WWW.ZINC-HUGO.COM, T 0442 276969, GEÖFFNET: DI-SA 12.00-14.30 & 19.00-22.30, AUG. GESCHLOSSEN, PREIS: MENÜ 25 €

LE PASSAGE ist in einer hohen Halle einer ehemaligen Delikatessenfabrik untergebracht. Die Akustik ist so gut, dass hier montags ab 20 Uhr sogar Jazzkonzerte stattfinden. Die Küche ist kreativ-mediterran, die Karte wechselt monatlich, enthält jedoch immer Klassiker wie etwa *filet de bœuf façon gravlax* oder *pariada*. Tipp: Hobby-Köche können hier Workshops besuchen (jeden Tag außer sonntags).

10 RUE VILLARS & 6 BIS RUE MAZARINE (ZWEI EINGÄNGE), WWW.LE-PASSAGE.FR, T 0442 370900, GEÖFFNET: TÄGLICH AB 19.30, PREIS: MENÜ AB 35 €, KOCHWORKSHOPS AB 40 €

BRUNNEN AM COURS MIRABEAU

LES ARTISTES

LES ARTISTES In diesem Lokal im Einkaufszentrum Les Allées Provençales kann man sich herrlich von einer Shoppingtour erholen. Das Ambiente ist weniger snobistisch als andernorts in Aix, der Platz ist etwas ruhiger und wirkt gepflegt und modern. Und wie der Platz ist auch das Einkaufszentrum völlig in Weiß gehalten. Les Artistes eignet sich bestens, um eine Tasse Kaffee zu trinken, ein Buch zu lesen oder in der Mittagszeit einen Salat zu essen.
35 PLACE FRANÇOIS VILLON, WWW.RESTAURANTLESARTISTES.FR, T 0442 125546, GEÖFFNET: MO-SA 8.30-19.30, HAUPTGERICHT 12-16 €

PIERRE REBOUL Nicht gerade billig, aber dafür sind Sie um eine kulinarische Erfahrung reicher, die Sie so schnell nicht vergessen werden. Küchenchef Pierre Reboul setzt voll auf die Molekularküche. Jedes Gericht ist eine Überraschung wie zum Beispiel Artischocke mit transparenten Ravioli. Wer sich erst vorsichtig an diese Küche herantasten will, sollte ein kleines Menü, das PI R Express, mit "nur" vier Gängen wählen. Auf alle anderen wartet das Experts-Menü mit zwölf Gerichten.
11 PETITE RUE SAINT-JEAN, WWW.RESTAURANT-PIERRE-REBOUL.COM, T 0442 205826, GEÖFFNET: DI-SA 12.00-13.30 & 19.30-21.30, PREIS: MENÜ 85-120 €

PASTA COSY behauptet, alle Nudeln dieser Welt zu servieren. Stimmt natürlich nicht, aber wahr ist, dass hier originelle Nudel- und Reisgerichte auf den Tisch kommen wie beispielsweise *risotto au noix de Saint-Jacques et miel de lavande* oder eine Nudel-Tajine. Nehmen Sie den empfohlenen Wein dazu, dann liegen Sie immer richtig. Die saisonal angepasste Karte schätzen auch Einheimische sehr. Außerdem hat das Lokal ein angenehmes Flair. Es wirkt fast wie ein Weinkeller, etwas dunkel, aber sehr gemütlich.
5 RUE D'ENTRECASTEAUX, T 0442 380228, GEÖFFNET: DI-SA 19.00-0.00, À LA CARTE 24 € INKL. WEIN

SHOPPEN

Aixois gehen gern shoppen. Die Bevölkerung ist überwiegend gut betucht und gibt das Geld großzügig aus. Daher gibt es viele originelle und interessante Boutiquen, Läden und gute Restaurants, von denen die meisten in der Altstadt zu finden sind. Die etwas weniger schicken Geschäfte sind eher am Cours Mirabeau angesiedelt, und jenseits der Rotonde befindet sich das große Einkaufszentrum Les Allées Provençales mit zahlreichen Geschäften für die geldige Klientel.

RIEDERER gibt es bereits seit 1780, und der jetzige Bäckermeister Philippe Segond gehört zu den besten Patissiers Frankreichs. Ob Schokolade, Törtchen oder Kekse – die Angebote in den Vitrinen sind unwiderstehlich. Neben dem Laden am Cours Mirabeau hat Riederer auch einen Teesalon in der Rue Esperiat, der sehr empfehlenswert ist. Ein gemütliches Lokal in netter Lage. Das Gebäck oder die Schokolade, die Sie bei Riederer einkaufen, werden so schön verpackt, dass sie auch als Geschenk durchgehen können.
57 RUE DE ESPARIAT, WWW.RIEDERER.FR, T 0442 663297, GEÖFFNET: MO-SA 8.30-19.30, LADEN: 67 COURS MIRABEAU, T 0442 381969, GEÖFFNET: MO-SA 9.00-19.30

Aix ist die Stadt der Märkte. Die wichtigsten sind:
> *täglich: Bauernmarkt mit frischen Produkten, Place Richelme*
> *Dienstag, Donnerstag, Samstag, jeweils vormittags: Bauernmarkt mit frischen Produkten, zusätzlich Sonntagvormittag: Blumenmarkt, Place des Pêcheurs*
> *Dienstag, Donnerstag, Samstag, jeweils am Vormittag: Blumenmarkt, Place de l'Hôtel de Ville*
> *Dienstag, Donnerstag, Samstag, jeweils am Vormittag: Flohmarkt, Place de Verdun*

CMJN DESIGN Die Designer sitzen an ihren PCs, aber sobald Sie den Laden betreten, eilen sie herbei. In ihrem kleinen Shop CMJN Design verkaufen sie Designerobjekte wie etwa aus alten Zeitungen hergestellte Taschen, Notizbücher und Lampen. Und in der hauseigenen Galerie stellen sie Street- und Pop-Art aus.
20 RUE BOULEGON, CMJNDESIGN.COM, T 0442 579785, GEÖFFNET: 10.00-13.00 & 15.00-19.00

100% THERE

Angefangen hat alles mit den Thermen. Und auch heute noch sind die Thermen von Aix bis weit über die Landesgrenzen hinaus berühmt. Das moderne Badehaus wurde auf den Resten der alten Thermen errichtet, was einer Spa-Erfahrung das gewisse Etwas verleiht. Doch am schönsten ist es, in der Stadt herumzuspazieren, in gemütlichen Straßencafés zu sitzen und ausgiebig zu shoppen – ganz wie die Einheimischen es tun.

THERMES SEXTIUS In den nach dem Stadtgründer Sextius Calvinus benannten Thermen kann man wunderbar zur Ruhe zu kommen und sich von Kopf bis Fuß verwöhnen lassen. Wie Relikte in der Lobby belegen, wurde die Anlage im Herzen von Aix auf den Resten der alten Thermen errichtet. Warum nicht den Aufenthalt mit einem Frühstück oder Mittagessen verbinden?
55 COURS SEXTIUS, WWW.THERMES-SEXTIUS.COM, T 0442 238182, GEÖFFNET: MO-FR 8.30-19.30, SA 8.30-18.30, PREIS: AB 37 €

OPERNFESTSPIELE Seit über 60 Jahren ist Aix jedes Jahr im Juli Kulisse für nahmhafte Opernfestspiele. Zahlreiche Opernfreunde strömen dann aus der ganzen Welt nach Südfrankreich, um Vorstellungen – neben Opern auch Klassikkonzerte und Ballett – beizuwohnen. Die meisten Aufführungen finden im Théâtre de l'Archevêché statt, in der Nähe der Kathedrale Saint Saveur. Mit 30 Euro pro Ticket in der günstigsten Kategorie sind die Preise sehr human.
WWW.FESTIVAL-AIX.COM, T 0820 922923

AUSGEHEN

Ob tagsüber oder abends, die Einheimischen sind gern in ihrer Stadt unterwegs. Vor allem die Plätze in der Altstadt wie etwa die Place des Tanneurs und die Place des Augustins ziehen sie magisch an. Da Aixois Abwechslung schätzen, ändern sich ihre Vorlieben auch schnell. Dennoch gibt es einige Klassiker, die immer en vogue bleiben.

LA ROTONDE Wer hier zum ersten Mal die Preise für ein Glas Wein sieht, erschrickt womöglich. Nach dem ersten Schluck wird einem aber bewusst, dass es sich dabei wohl um sehr gute Weine handeln muss. Und das ist typisch für La Rotonde: Nur die Qualität zählt. Das Lokal befindet sich in der Nähe des größten Brunnens der Stadt, aber dank der hohen Hecke ist die Terrasse gut geschützt. Die Speisekarte ist sehr umfangreich, die Küche hat durchgehend von 12 bis 24 Uhr geöffnet. Auch für ein Frühstück oder eine Loungeparty ist La Rotonde eine gute Wahl.
PLACE JEANNE D'ARC, WWW.LAROTONDE-AIX.COM, T 0442 916170, GEÖFFNET: TÄGLICH 8.00-2.00, PREIS: MENÜ AB 37 €

LES DEUX GARCONS ist das älteste Café der Stadt und wurde 1840 von den Brüdern Guérini und Guidoni eröffnet. Das erklärt, wieso das Lokal "les 2G" genannt wird. Da es am Cours Mirabeau liegt, gilt hier tagsüber wie abends: sehen und gesehen werden.
53 COURS MIRABEAU, WWW.LES2GARCONS.FR, T 0442 260051, GEÖFFNET: TÄGLICH, PREIS: MENÜ AB 27 €

CAFÉ LE VERDUN Auch die Place de Verdun ist ein beliebter Hotspot, vor allem das klassische Café Le Verdun. Die geräumige Terrasse ist immer voll. Daher empfiehlt es sich zu reservieren, wenn man hier zu Mittag oder Abend essen will.
20 PLACE DE VERDUN, T 0442 270324, GEÖFFNET: TÄGLICH 12.00-0.00, PREIS: BRUNCH 12 €

ÜBERNACHTEN

Was die Stadt im Überfluss hat, fehlt den meisten Hotels: Stil. Viele machen einen eher armseligen Eindruck. Da Aix schon seit Langem ein beliebter Wohnort ist, sind die Mieten und Immobilienpreise sehr hoch. Die Folge: kleine Hotelzimmer. Vor allem am Cours Mirabeau werden für winzige, ungepflegte Zimmer exorbitante Preise verlangt. Zum Glück gibt es ein paar rühmliche Ausnahmen.

LA ROTONDE

HOTEL CÉZANNE

L'ÉPICERIE Wie der Name unschwer erahnen lässt, befindet sich das charmante Gästehaus in einer ehemaligen *epicerie* im Herzen der Stadt. Mit den alten Waagen und einem Schrank voller Marmeladengläser verströmen die Räume nach wie vor die Atmosphäre eines Lebensmittelladens. Die Pension verfügt über fünf unterschiedlich eingerichtete Gästezimmer und einen großen Garten hinter dem Haus, in dem man dem Lärm der Stadt entfliehen kann.
12 RUE DE CANCEL, WWW.UNECHAMBREENVILLE.EU, T 06 08853868, PREIS: AB 100 € INKL. FRÜHSTÜCK

Die grauroten Markisen lassen nicht erahnen, dass sich hinter dem Namen **HÔTEL EN VILLE** ein modernes Designhotel verbirgt. Im Grunde genommen ist es das einzige moderne Hotel der Stadt, nur wenige Gehminuten von der Altstadt entfernt. Die Zimmer sind in Natur- oder hellen Farben gestrichen, in einigen ist das Badezimmer nur mit einem Vorhang vom Schlafraum abgetrennt. Das Haus beherbergt zudem eine Suite mit zwei Zimmern und eine Brasserie, in der man frühstücken und zu Mittag essen kann.
2 PLACE BELLEGARDE, WWW.HOTELENVILLE.FR, T 0442 633416, PREIS: 95-150 €, FRÜHSTÜCK AB 12,50 €

HÔTEL CÉZANNE Die Einrichtung mag zwar etwas schräg wirken (gestreifte Bänke unter expressionistischen Gemälden), aber wie nur wenige Hotels in der Stadt bietet das Cézanne Komfort pur. Einige Zimmer sind sogar sehr stilvoll und hell eingerichtet. Zudem steht Gästen ein Parkplatz zur Verfügung – in Aix eher eine Ausnahme.
40 AVENUE VICTOR-HUGO, WWW.HOTELAIX.COM, T 0442 911111, PREIS: AB 250 €

Die Zimmer des **HÔTEL LE MANOIR** sind zwar klein, aber das ist in Ordnung. Denn die Preise sind es auch, zumindest für hiesige Verhältnisse. Zumal man hier kostenlos parken kann – kein überflüssiger Luxus in einer Stadt, in der man sonst ein Vermögen an Parkgebühren zahlt. Dank der Lage im Herzen der Altstadt sind gute Restaurants nur ein paar Meter entfernt. Die klassisch eingerichteten Zimmer sind sehr gepflegt, das Haus – ein ehemaliges Kloster aus dem 14. Jahrhundert – ist imposant.
8 RUE D'ENTRECASTEAUX, WWW.HOTELMANOIR.COM, T 0442 262720, PREIS: AB 77 €, FRÜHSTÜCK 8 €

ARLES STADT

FÉRIA, FOTOGRAFIE UND VINCENT VAN GOGH

Arles ist eine hübsche Stadt an der Rhone, dem Fluss, der sich nördlich der Stadt in Petit (Kleine) und Grand (Große) Rhone teilt. Mit einer Fläche von über 750 Quadratkilometern ist Arles die größte Kommune Frankreichs, auch deutlich größer als Paris. Wenn es nach der Bevölkerungszahl geht, bleibt Arles mit gut 52.000 Einwohnern aber weit zurück. Arles ist die Hauptstadt der Camargue und wird aufgrund der Lage auch oft das "Tor zur Camargue" genannt.

Angefangen hat alles vor über 2500 Jahren mit den Griechen. Sie waren es, die Arles im 6. Jahrhundert v. Chr. gründeten. Um einiges später, etwa 123 v. Chr., nannten die Römer, nachdem sie die damaligen Bewohner, die Kelten, vertrieben hatten, die Stadt Arelate. Die strategische Lage an der Rhone brachte Arles auch den Namen "Klein-Rom" ein. Zu jener Zeit war Arles die Hauptstadt eines Gebiets, das das heutige Spanien, Frankreich und Großbritannien umfasst. Nach dem Untergang des Römischen Reiches driftete Arles zunächst in die Bedeutungslosigkeit ab. Zum Glück sind einige Bauwerke aus römischen Tagen erhalten geblieben, wie etwa das Theater, die Arena, die Thermen und der Friedhof, die 1981 zum UNESCO-Weltkulturerbe erklärt wurden.

Es sind jene römischen Baudenkmäler, die dem heutigen Arles auf den ersten Blick ein sehr klassisches Flair verleihen. Wer genauer hinschaut, entdeckt aber weit mehr. Als Hauptstadt der Camargue wurde Arles über Jahrhunderte hinweg auch mit spanischen Traditionen bereichert, wie etwa der *féria du riz*: Die alljährlichen Stierkämpfe in der Arena gehören zu den bedeutendsten Veranstaltungen der Stadt.

Auch die Bedeutung, die Vincent van Gogh für die Stadt hatte, war prägend. Obwohl er nicht einmal anderthalb Jahre (1888/1889) hier verweilte, fertigte er in Arles mehr als 300 Werke an, von denen jedoch keines mehr hier ausgestellt ist. Bekannt ist zudem ein anderes Ereignis: Nach einem Disput mit seinem Malerkollegen Paul Gauguin schnitt van Gogh sich in Arles sein Ohr ab. Heute erinnern zwei Häuser an den großen Künstler: L'Espace van Gogh mit Bibliothek und Ausstellungsraum sowie die Fondation van Gogh.

In jüngster Zeit präsentiert sich Arles zunehmend als Stadt der Fotografie. Bereits seit 1969 findet hier alljährlich zwischen Juli und Mitte September das Fotofestival Les Recontres d'Arles statt. Dann werden an verschiedenen Orten in der Stadt etwa 70 Ausstellungen mit Werken von Fotografen aus dem In- und Ausland gezeigt. Dass auch sonst die Fotografie in Arles einen hohen Stellenwert besitzt, erkennt man daran, dass viele Hotels und Restaurants ihre Wände mit Fotos schmücken.

Obwohl Arles recht überschaubar ist, kann man hier leicht ein paar Tage verweilen – ohne sich zu langweilen. Es empfiehlt sich, das Auto außerhalb der Altstadt zu parken, im Zentrum gibt es nur wenige Parkplätze, und die Gassen sind sehr schmal und voll. Da die Altstadt sehr kompakt ist, ist alles – auch der Bahnhof – gut zu Fuß erreichbar.

ARLES STADT

- 🟢 **SEHENSWÜRDIGKEITEN**
  > S. 213–214
  1. ABBAYE DE MONTMAJOUR
  2. ARÈNES D'ARLES
  3. L'ESPACE VAN GOGH
  4. FONDATION VAN GOGH
  5. MUSÉE RÉATTU
  6. THÉÂTRE ANTIQUE
  7. THERMEN DES KONSTANTIN

- 🟡 **ESSEN & TRINKEN**
  > S. 216–217
  8. L'ATELIER DE JEAN-LUC RABANEL
  9. LE MONDE DE SOPHIE

- 🟠 **SHOPPEN** > S. 217
  10. AU BRIN DE THYM
  11. LIBRAIRIE ACTES SUD

- 🔴 **100% THERE** > S. 217–218
  12. FÊTE DES GARDIANS
  13. FOTOFESTIVAL

- 🔵 **ÜBERNACHTEN**
  > S. 218–219
  14. GRAND HÔTEL NORD-PINUS
  15. HÔTEL DE L'AMPHITHÉÂTRE
  16. HÔTEL SAINT TROPHIME
  17. LE CALENDAL

SEHENSWÜRDIGKEITEN

Natürlich sind es vor allem die römischen Baudenkmäler – das Theater, die Arena, die Thermen und der Friedhof –, die Arles so interessant machen. Aber auch Fans von Vincent van Gogh und Freunde der Fotografie kommen in Arles auf ihre Kosten. Letztere sollten vor allem das Musée Reattu besuchen.

Das **THÉÂTRE ANTIQUE** wurde im 1. Jahrhundert v. Chr. während der Herrschaft von Kaiser Augustus errichtet. Das antike Theater besteht aus drei Teilen: der *cavea* (dem Halbkreis für die Zuschauer), der Bühne, wo die Schauspieler spielten, und der Mauer als abschließender Begrenzung und für das Bühnenbild. In römischer Zeit wurden Tragödien und Komödien aufgeführt. Das Theater war den höheren Ständen vorbehalten, das Volk hatte ja seine Arena. Da immer wieder Steine für den Bau anderer Bauwerke entwendet wurden, ist das Theater nicht mehr im ursprünglichen Zustand. Es finden dort auch heute noch Konzerte oder Theatervorstellungen statt, vor allem im August.
BOULEVARD DES LICES, T 0490 184120, GEÖFFNET: TÄGLICH MAI-SEPT. 9.00-19.00, MÄRZ, APR. & OKT. 9.00-12.00 & 14.00-18.00, NOV.-FEBR. 10.00-12.00 & 14.00-17.00, EINTRITT: 6 €

ARÈNES D'ARLES Die Arena von Arles, auch Amphitheater genannt, gehört zu den am besten erhaltenen römischen Bauwerken der Provence. Sie wurde um 90 n. Chr., während der Herrschaft der sogenannten flavischen Kaiser Vespasian, Titus und Domitian, erbaut. Das Gebäude bietet etwa 25.000 Zuschauern Platz und wird heute regelmäßig für Stierkämpfe genutzt, die *féria du riz*. Dann kommen die besten Matadore aus Spanien und der Camargue nach Arles, und es wird über nichts anderes mehr gesprochen. Wer sich die Mühe macht, auf die obersten Ränge zu klettern, wird mit einer grandiosen Aussicht über die Stadt belohnt. Die Katakomben mit den Mosaikböden sind ebenfalls sehenswert.
ARÈNES D'ARLES, WWW.ARENES-ARLES.COM, T 0891 700370, GEÖFFNET: MO-FR 9.00-12.00 & 14.00-18.00, SA 10.00-13.00, EINTRITT: 6,50 €, KARTEN FÜR DIE FÉRIA AB 28 €, KINDER 14 €

MUSÉE RÉATTU Liebhaber der Fotografie dürfen das Musée Réattu nicht versäumen. Die Ausstellungen, die hier gezeigt werden, sind einzigartig. Während des Fotofestivals finden zudem Lesungen und andere Veranstaltungen zum Thema Fotografie statt. Die Sammlung des Museums umfasst Werke von Picasso und provenzalischen Künstlern. Schon das Gebäude, das dieses Museum beherbergt, ist einen Besuch wert: Das einstige Kloster aus dem 15. Jahrhundert gilt als eines der am besten erhaltenen mittelalterlichen Bauwerke Frankreichs. Seinen Namen hat das Museum dem Künstler Jacques Réattu zu verdanken, der hier von 1796 bis 1833 wohnte.
10 RUE DU GRAND PRIEURÉ, WWW.MUSEEREATTU.ARLES.FR, T 0490 493758, GEÖFFNET: 15. MAI-31. OKT. DI-SO 11.00-19.00, EINTRITT: 8 €

L'ESPACE VAN GOGH Das ehemalige Krankenhaus, in dem Vincent van Gogh nach einem Disput mit Paul Gauguin sein Ohr wieder angenäht bekam, ist heute dem großen Meister als Ausstellungsort gewidmet. Van Gogh verweilte hier auch, um psychische Beschwerden behandeln zu lassen, die ihn plagten. Er verewigte den Innenhof des Krankenhauses auf seinem weltberühmten Gemälde *Garten des Hospitals in Arles*. Im Espace Van Gogh finden regelmäßig Sonderausstellungen statt.
PLACE FÉLIX REY, T 0490 493939, EINTRITT: FREI, DER GARTEN IST DURCHGEHEND ZUGÄNGLICH

FONDATION VAN GOGH Auch ohne seine Originale – in Arles ist kein einziges Werk van Goghs geblieben – ehrt dieses Museum den großen Meister mit Gemälden. Jedoch nicht von ihm selbst, sondern von berühmten Kollegen wie Fernando Botero und Francis Bacon, die sich vom niederländischen Künstler inspirieren ließen. Das Ergebnis hat es in sich. Trotz der großen stilistischen Bandbreite der Werke gibt es ein verbindendes Element: Vincent selbst.
HÔTEL LÉAUTAUD DE DONINES, 5 PLACE HONORÉ CLAIR, WWW.FONDATION-VINCENTVANGOGH-ARLES.ORG, T 0490 930808, GEÖFFNET: DI-SA 10.00-12.30, 14.00-17.00, EINTRITT: FREI

Von den **THERMEN DES KONSTANTIN** hat nur ein kleiner Teil die Zeit überdauert. Dennoch sind die Reste eindrucksvolle Zeugen des einstigen römischen Lebens. In jener Zeit hatten die palastartigen Bäder enorme Ausmaße. Erhalten geblieben sind das Caldarium (Warmbad), Teile des Hypokaustum (unterirdische Warmluftheizung) und das Tepidarium (Dampfraum). Tipp: Die Eintrittskarte für die Arena berechtigt auch zu einem Thermen-Besuch.
RUE DU GRAND PRIEURÉ, GEÖFFNET: TÄGLICH MAI-SEPT. 9.00-12.00 & 14.00-19.00, MÄRZ, APR. & OKT. 9.00-12.00 & 14.00-18.00, FEBR. & NOV. 10.00-12.00 & 14.00-17.00, EINTRITT: 3 €

ABBAYE DE MONTMAJOUR Die imposante, 948 erbaute Benediktinerabtei liegt nur etwa sechs Kilometer nordöstlich von Arles und umfasst auch eine Kirche, die zu den größten spätromanischen Bauwerken der Provence gehört. Weitere architektonische Besonderheit: Das Gotteshaus besteht aus zwei Stockwerken. Die Abtei befindet sich auf einem Hügel und bietet daher eine herrliche Aussicht über die Alpilles. Da hier regelmäßig Fotoausstellungen stattfinden, erwartet den Besucher eine gelungene Kombination von Alt und Neu.
ROUTE DE FONTVEILLE, MONTMAJOUR.MONUMENTS-NATIONAUX.FR, T 0490 546417, GEÖFFNET: APR.-JUNI 9.30-18.00, JULI-SEPT. 10.00-18.30, OKT.-MÄRZ DI-SO 10.00-17.00, EINTRITT: 7,50 €

Mit der Kombikarte "Liberté" (erhältlich bei der Touristeninformation) kann man kostenlos ein Museum und vier Baudenkmäler freier Wahl besichtigen. Die Karte kostet 9 Euro und ist einen Monat gültig.

THÉÂTRE ANTIQUE

AU BRIN DE THYM ⓛ   GRAND HÔTEL NORD-PINUS ⓡ

ESSEN & TRINKEN

Wer sich in der Nähe der Arena, im Zentrum oder an der Place du Forum aufhält, wird sich fragen, wo sie denn nun sind, die guten Restaurants. Um sie zu finden, muss man sich in Seitenstraßen auf die Suche begeben. An der Place du Forum treffen sich die Einheimischen gern abends auf einen Drink. Hier befindet sich übrigens auch das Café de la Nuit, ein ehemaliger Laden, der nach dem gleichnamigen Meisterwerk van Goghs umgebaut wurde. Sehr touristisch zwar, aber dennoch lohnend.

L'ATELIER DE JEAN-LUC RABANEL ist etwas für Freunde der Haute Cuisine. Das Lokal hat eine klare Philosophie: Essen erzeugt Gefühl. Und genau das ist es, was Chef de Cuisine Jean-Luc Rabanel auslösen will: Überraschung, Freude, Begeisterung … Mit Erfolg, wie man sieht. Wer diese Geschmackssensationen zwar erleben will, aber nicht bereit ist, dafür 45 bis 85 Euro hinzublättern, für den empfiehlt sich das zum Haus gehörige Bistro A Côté ein paar Häuser weiter. Dort gibt es ähnliche Gerichte, nur etwas einfacher und günstiger.

7 RUE DES CARMES, WWW.RABANEL.COM, T 0490 910769, GEÖFFNET: MI-SO 12.00-13.00 & 20.00-21.15, PREIS: MENÜ AB 65 €, A CÔTÉ: 31 RUE DES CARMES, GEÖFFNET: TÄGLICH 9.00-0.00, PREIS: MENÜ 37 €

LE MONDE DE SOPHIE ist die richtige Adresse für einen kleinen gesunden Imbiss. Hier wird der Überzeugung Rechnung getragen, dass Essen zum Mitnehmen nicht ungesund oder von schlechter Qualität sein muss. Ob Nudelgerichte, Salate, Kuchen oder Saft – alles ist biologisch und hausgemacht. "Sophie macht, was sie will", lautet das Credo des sympathischen Take-away in der belebten Einkaufsstraße. Lassen Sie sich einfach überraschen.
14BIS RUE DE LA RÉPUBLIQUE, T 0490 971103, GEÖFFNET: TÄGLICH 11.30-19.00, PREIS: MENÜ 7 €

SHOPPEN

Der Boulevard des Lices und die Rue de la République sind die wichtigsten Einkaufsstraßen der Stadt. In Letzterer (Hausnummer 52) findet man eine Boutique des namhaften Modeschöpfers und Sohnes der Stadt Christian Lacroix. Auch wenn Arles sich bislang noch nicht als Einkaufsparadies hervorgetan hat, gibt es durchaus einige interessante Geschäfte mit regionalen Produkten.

LIBRAIRIE ACTES SUD Wer ein Faible für Fotografie hat, sollte unbedingt in der Librairie Actes Sud vorbeischauen. Dieser Buchladen hat nicht weniger als 5000 Titel zu diesem Thema im Sortiment – neben aktuellen und Standardwerken auch alle Titel, die der hauseigene Verlag im Rahmen des jährlichen Fotofestivals herausgibt. Insgesamt sind die Regale mit beeindruckenden 70.000 Büchern gefüllt, auch mit englischer Literatur.
PLACE NINA-BERBEROVA, WWW.LIBRAIRIEACTESSUD.COM, T 0490 495677, GEÖFFNET: MO 13.30-19.00 & DI-SA 9.30-19.00

Bei **AU BRIN DE THYM** findet man typische Produkte der Region: Steingut, Olivenöl, Decken, Wein, aber auch Schmuck und Taschen. Wer die Lebensmittel gleich kosten möchte, hat dazu im gleichnamigen Restaurant nebenan Gelegenheit. Probieren Sie unbedingt den Fisch und den Ziegenkäse.
22 RUE DU DOCTEUR FANTON, WWW.AUBRINDETHYM.COM, T 0490 499596, GEÖFFNET: DO-MO 9.00-14.30

100% THERE

Wer mit der *féria du riz*, dem Stierkampf, nicht viel anfangen kann, findet im jährlichen Fotofestival eine gute Alternative. Dann verwandelt sich Arles für einige Wochen in eine riesige Ausstellungsfläche. Auch den Rest des Jahres über gibt es kleinere Fotoausstellungen in Hotels und Restaurants.

FOTOFESTIVAL In den Monaten Juli und August dreht sich in Arles alles um Les Rencontres d'Arles. Das Fotofestival gehört weltweit zu den bedeutendsten seiner Art, namhafte internationale Fotografen geben sich hier ein Stelldichein. Es umfasst

insgesamt fast 70 Ausstellungen, Fotoworkshops und Führungen sowie Filmvorführungen im ganz besonderen Ambiente des römischen Théâtre Antique.
WWW.RENCONTRES-ARLES.COM, PASSE-PARTOUT JULI & AUG. 36 €, SEPT. 31 €

FÊTE DES GARDIANS Am 1. Mai ehrt Arles die Cowboys der Camargue mit einem großen Fest, das bis spät in die Nacht dauert. Feste Bestandteile sind die Parade folkloristisch gekleideter *gardians* und die Reiterspiele in der Arena.

ÜBERNACHTEN

Das Preis-Leistungs-Verhältnis der Hotels ist in Arles erstaunlich gut. Hier findet man noch ein schönes Zimmer für 50 Euro die Nacht. Natürlich gibt es auch schickere Herbergen wie etwa das Nord-Pinus. Da die Hotels sich ausnahmslos innerhalb der Stadtmauern befinden, sind alle Sehenswürdigkeiten, Cafés und Restaurants in wenigen Minuten zu erreichen.

LE CALENDAL Im Spa verweilen und dabei die römische Arena bewundern? Im Hôtel Le Calendal ist das möglich. Sie können sich massieren lassen oder baden, teilweise hat man das Baudenkmal vor Augen. Im hauseigenen Restaurant werden Gerichte mit biologischen Zutaten und erntefrischen Kräutern und Gemüse serviert.
5 RUE PORTE DE LAURE, WWW.LECALENDAL.COM, T 0490 961189, PREIS: 109-179 €, EXKL. FRÜHSTÜCK (ERW. 12 €, KINDER 6 €), GERICHT RESTAURANT AB 17 €

GRAND HÔTEL NORD-PINUS Wie einst Picasso steigen heute Berühmtheiten wie beispielsweise Modedesigner Christian Lacroix gern im Nord-Pinus ab. Das Haus ist auch seit jeher die Unterkunft der Matadore, die in Arles Stierkämpfe bestreiten. Wer das Hotel kennt, weiß, wieso: Es ist der markante Stil, in dem Fotografien, Art déco und römische Elemente die Hauptrolle spielen. Das Hotel verfügt über zwei Bars und ein Restaurant – man kann also auch einfach mal vorbeischauen, etwas trinken und die Fotoausstellungen bewundern.
PLACE DU FORUM, WWW.NORD-PINUS.COM, T 0490 934444, PREIS: 160-329 €, APPARTEMENTS AB 450 €, FRÜHSTÜCK 14-18 €

HÔTEL DE L'AMPHITHÉÂTRE Wie der Name schon andeutet, liegt das Hotel nur einen Steinwurf von der römischen Arena entfernt. Das Haus besticht durch eine gelungene Kombination von Alt und Neu. Die hohen Wände wurden in Bordeauxrot gehalten, immer wieder springen einem antike Elemente ins Auge. Bademäntel, Föhn, WiFi und Minibar gehören zur Standardausstattung der Zimmer, die dennoch bezahlbar sind. Außerdem gibt es einen überwachten Parkplatz und sogar Drei- und Vierbettzimmer.
5-7 RUE DIDEROT, WWW.HOTELAMPHITHEATRE.FR, T 0490 961030, PREIS: 65-119 €, FRÜHSTÜCK 8,50 €

LE CALENDAL

HÔTEL SAINT TROPHIME Das prachtvolle Hotel trägt den gleichen Namen wie die Kirche eine Straße weiter. Bereits im Jahr 1531 wurde das Haus, in dem das Hotel sich befindet, als eines der schönsten der Stadt genannt, wie ein Kaufvertrag aus jener Zeit belegt. Vor allem die riesige Lobby mit der Statue in der Mitte und der breiten Treppe zur ersten Etage sind beeindruckend schön. Seit dem Umbau erstrahlt das Hotel, das auch über Drei- und Vierbettzimmer und einen Fahrradverleih verfügt, in fröhlich-frischen Farben wie Hellgrün, Rosa und Lila.

16 RUE DE LA CALADE, T 0490 182270, HOTEL-SAINT-TROPHIME.COM, GEÖFFNET: 16. FEBR.-14. JAN., PREIS: 59-85 €, FRÜHSTÜCK 10,00 €, PARKEN 15 €

LA CAMARGUE REGION

FEUCHTGEBIET, FLAMINGOS UND GARDIANS

Die Camargue bietet eine beeindruckende, komplett flache Landschaft. Sie ist eines der bedeutendsten Feuchtgebiete Europas. Das 145.000 Hektar große Gebiet besteht vorwiegend aus Schwemmland, Salzwiesen, Grasland, Seen und Dünen. Bereits im Jahr 1970 wurden 86.300 Hektar davon im Parc Naturel Régional de Camargue unter Naturschutz gestellt. Weitere 13.100 Hektar gehören seit 1975 zum Naturschutzgebiet Réserve National de Camargue, das zur Hälfte aus dem See l'Étang de Vaccarès besteht. Beide Gebiete sind frei zugänglich.

Die *flamants roses*, die rosa Flamingos, sind die auffälligsten Bewohner der Camargue. Etwa 10.000 Brutpaare zählt das Gebiet. Ihre Nahrung beziehen sie aus dem Étang de Vaccarès, ihre Nester befinden sich aber in und an den küstennahen Salzseen. Wenn das Wasser in diesen seichten Tümpeln verdunstet, bleibt Salz zurück.

Neben den Flamingos ist die Camargue auch Lebensraum anderer besonderer Tierarten, etwa der Rhonebiber, und natürlich der berühmten Wildpferde. Diese Pferde, deren Vorfahren vermutlich bereits zu Urzeiten hier lebten, bekommen erst im Alter von vier bis sieben Jahren ihr typisch weißes Fell. Lästige Bewohner kennt die Camargue übrigens auch: Mücken und *aoûtats*, Grasmilben.

Die Camargue ist aber mehr als nur eine wunderbare Naturlandschaft. Das Gebiet ist auch geprägt von einer sehr traditionsreichen Kultur, die Ähnlichkeiten mit der andalusischen Kultur aufweist, wie der Flamenco, die *gardians* und die Stierkämpfe belegen. Die Bewohner der Camargue, von denen viele Roma sind, glauben, dass diese Übereinstimmungen einem uralten gemeinsamen Interesse zu verdanken sind: der Stierzucht. Die schwarzen Bullen leben in Herden, die von *gardians* bewacht werden. Deren Behausungen, die *cabanes de gardians*, sind auffällig weiß gestrichen und befinden sich wie die *manades*, die Stier- und Pferdezuchtbetriebe, mitten in der Landschaft.

Nur 40 Kilometer trennen Arles, die offizielle Hauptstadt der Camargue, von Saintes-Maries-de-la-Mer, dem wichtigsten Ort des Gebiets. Wie der Name bereits andeutet, sollen hier zwei heilige Marien ihre Ruhestätte haben. Zweimal im Jahr, im Mai und im Oktober, steht das Dorf im Zeichen der *pélérinage de gitans*. An diesen Tagen pilgern Tausende Roma aus ganz Europa hierher, um eine weitere Heilige, ihre Schutzpatronin, die Schwarze Sara, zu ehren. Dabei wird eine Sara-Statue von Reitern zum Meer getragen und dort ins Wasser getaucht. Als "Rahmenprogramm" zur Prozession finden Stierkämpfe, Pferderennen, Flamencoshows und ein Markt statt.

SEHENSWÜRDIGKEITEN

Schwemmland, weitläufige Strände, Vögel, Pferde – die Natur ist zweifelsohne die bedeutendste Sehenswürdigkeit der Camargue. Die zahlreichen Naturparks, wie etwa der beeindruckende Vogelpark Parc Ornithologique, sind alle lohnend.

ÉGLISE DE SAINTES-MARIES-DE-LA-MER Die romanische Kirche ist unübersehbar der Mittelpunkt des Dorfes; man muss sie schon wegen der grandiosen Aussicht aufsuchen. Die beste Zeit ist nach Sonnenuntergang. In der Nähe der Kirche sitzen oft Roma-Frauen mit ihren Kindern herum und versuchen, Besuchern eine Brosche anzudrehen – gegen Bezahlung, versteht sich. Zögern Sie nicht, das Angebot auszuschlagen.
100 PLACE JOSE D'ARBAUD, SAINTES-MARIES-DE-LA-MER, T 0490 978025, GEÖFFNET: TÄGLICH 7.00-19.00

TOP 10

PARC ORNITHOLOGIQUE DE PONT DE GAU Wer erfahren will, welche Vögel in der Camargue leben, findet sie hier auf etwa 60 Hektar. Während man rosa Flamingos beobachten kann, spaziert man auf angelegten Pfaden an Schilfzonen und kleinen Buchten vorbei. Führungen gibt es natürlich auch. Nicht zuletzt wegen der wechselnden Populationen ist der Park zu jeder Jahreszeit einen Besuch wert.
ROUTE D'ARLES, SAINTES-MARIES-DE-LA-MER, WWW.PARCORNITHOLOGIQUE.COM, T 0490 978262, GEÖFFNET: 1. APR.-30.SEPT. TÄGLICH 9.00-SONNENUNTERGANG, 1. OKT.-31. MÄRZ TÄGLICH 10.00-SONNENUNTERGANG, AM 25. DEZ. GESCHLOSSEN, EINTRITT: 5,50 €, KINDER 3,50 €

BEAUDUC ist nicht einfach zu finden, aber wer es geschafft hat, den belohnt ein herrlicher, 28 Kilometer langer weißer Sandstrand. Dass Beauduc ein Hotspot für Kitesurfer ist, wird angesichts von 300 Tagen mit Wind im Jahr niemanden überraschen. Außerdem gibt es hier zwei gute Restaurants: Marc et Mireille und Chez Juju. Beauduc erreicht man am besten mit dem Rad oder zu Fuß über den Wanderweg Digue à la Mer. Wer Beauduc mit dem Auto besuchen will, sollte sich auf eine *tour de force* einstellen: Von der D570 geht es Richtung D36 Süd (Le Sambuc, Salin de Giraud und Plage de Piémançon folgen), dann rechts auf die D36b (Richtung La Capelière), vorbei an Salin de Badon (großes Haus) und etwa acht Kilometer weiter beim Schild "Restaurant Marc et Mireille" rechts in einen schmalen, unbefestigten Weg einbiegen. Sobald dieser in weißen Sand übergeht, sind Sie richtig. Wenn Sie aber in Salin de Giraud landen, haben Sie sich verfahren. Es empfiehlt sich, zeitig die Heimfahrt anzutreten, denn was tagsüber schon nicht einfach ist, kann bei Dunkelheit richtig unangenehm werden.

ESSEN & TRINKEN

Gut essen kann man in der Camargue vor allem in Restaurants in Saintes-Maries-de-la-Mer sowie in einigen Hotels der Umgebung. Gerade Liebhaber von Fisch kommen in Saintes-Maries voll auf ihre Kosten. Tipp: Ab Ende September bis Ende März sind die meisten Restaurants geschlossen.

DIE KÜSTE DER CAMARGUE Ⓛ   **REITEN IN DER CAMARGUE** Ⓡ

LA CAVE À HUITRES Man sitzt auf hohen Hockern an runden Tischen, in deren Mitte sich eine große Platte voller Schalentiere befindet, aus der man sich bedienen kann. Wer dazu noch einen köstlichen Wein trinken will, sollte sich beraten lassen. Auch der gegrillte Fisch ist ausgezeichnet.
36 AVENUE THEODORE AUBANEL, SAINTES-MARIES-DE-LA-MER, T 0490 979660, GEÖFFNET: TÄGLICH 12.00-22.00, APR.-JUNI DI & OKT.-MÄRZ GESCHLOSSEN, PREIS: GERICHT AB 13 €

LOU SANTEN ist ein Strandrestaurant im wahrsten Sinne des Wortes. Man sitzt hier nämlich tatsächlich am Strand. Dank der köstlichen Fischgerichte, Salate und leichten Mittagssnacks wird der Aufenthalt am Meer noch ein bisschen genussvoller. Lou Santen vermietet auch Strandstühle, und im Juli und August behält eine Strandwache die Schwimmer im Auge.
PLAGE OUEST, SAINTES-MARIES-DE-LA-MER, WWW.LOUSANTEN.COM, T 06 30173249, GEÖFFNET: 21. APR.-SEPT. TÄGLICH 12.00-22.00, PREIS: SALAT 11 €

100% THERE

Ob Rad fahren oder reiten – die Camargue ist ideal für Outdoor-Aktivitäten. Allerdings nur mit Mückenspray in der Tasche, vor allem im Sommer!

REITEN IN DER CAMARGUE Sie wollen reiten lernen und ein echter *gardian* werden? Dann sind Sie in der Camargue genau richtig. Das Reitzentrum Les Arnelles ist eine gute Adresse für die ganze Familie (mit Kindern ab 6 Jahren). Auf Wunsch wird man sogar kostenlos mit einem Kleinbus abgeholt. Tipp: Ausreiten am Strand oder ein Nachtausritt.
ROUTE D'ARLES, SAINTES-MARIES-DE-LA-MER, WWW.CHEVAUX-LES-ARNELLES.CAMARGUE.FR, T 06 03892379, PREIS: WECHSELND

KAJAK-/KANUFAHREN Ganz besonders reizvoll ist es, die Camargue vom Wasser aus zu erkunden. Sie können an geführten Touren teilnehmen oder sich für einen halben oder ganzen Tag ein Kanu oder Kajak mieten. Das Kajakzentrum Kayak Vert liegt etwa 14 Kilometer nördlich von Saintes-Maries-de-la-Mer.
MAS DE SYLVÉRÉAL, SYLVÉRÉAL, WWW.KAYAK.CAMARGUE.FR, T 0466 735717, PREIS: 10 € JE STUNDE

RÄDER MIETEN In dieser Gegend gibt es zahlreiche ruhige Wege, die zum Radfahren geeignet sind, es muss ja nicht gerade die Hauptstraße nach Arles sein. Wer in Saintes-Maries-de-la-Mer Räder ausleihen will, hat die Wahl zwischen Le Vélociste und Le Vélo Saintois, beide im Zentrum. Hier bekommt man auch Informationen über Radtouren. Und wenn gewünscht, wird Ihnen das Fahrrad bis vor die Haustür gebracht. Absolutes Highlight ist die 20 Kilometer lange Tour über den Digue à la Mer Richtung Beauduc, bei der Sie ständig über das Meer und die Camargue blicken. Le Vélociste bietet auch Kombitouren an: Nach der Radtour steigen Sie aufs Pferd oder in ein Kanu, um die Camargue aus einer anderen Perspektive zu entdecken.
LE VÉLOCISTE: PLACE MIREILLE, WWW.LEVELOCISTE.FR, T 0490 978326, FAHRRAD 15 €/TAG, FAHRRAD + KANU 30 €, FAHRRAD + PFERD 36 €
LE VÉLO SAINTOIS: 19 AVENUE DE LA RÉPUBLIQUE, WWW.LEVELOSAINTOIS.CAMARGUE.FR, T 0490 977456, 15 €/TAG

BESUCH BEI EINEM TRADITIONELLEN GARDIAN Der Beruf des Stier- und Pferdezüchters hat in der Camargue eine jahrhundertealte Tradition. *Gardian* Gilbert Arnaud lädt Sie ein, seine *manade* mit einer echten Stierkampfarena und 150 Stieren zu besuchen und seine Kenntnisse mit Ihnen zu teilen, die von Generation zu Generation weitergegeben wurden. Man kann an diversen Führungen teilnehmen, sogar an solchen mit einem Drei-Gänge-Menü. Sie sollten mindestens einen Tag im Voraus reservieren. Wer das Leben eines *gardian* hautnah miterleben will, kann sich auch wochenweise ein Studio mieten. La Manade Gilbert Arnaud liegt etwa 15 Kilometer nördlich von Saintes-Maries-de-la-Mer, an der D38c Richtung Aigues-Mortes.
D38C, WWW.MANADE-ARNAUD.COM, FÜHRUNG: 2 STD. 35 €, 1,5 STD. MIT APERITIF 25 €, DREI-GÄNGE-MENÜ 14 € (NUR GRUPPEN)

AUSGEHEN

Saintes-Maries-de-la-Mer ist ein beschauliches Dorf, ein Nachtleben sucht man hier vergeblich. Aber den Flamenco gibt es – bis in die Morgenstunden wird zu den Rhythmen der Camargue getanzt.

Abends kann man bei **EL CAMPO** der Flamencomusik von Soy lauschen, einer ausgezeichneten Flamencogruppe. Chico, einer der Gitarristen, war sogar Mitglied der weltberühmten Gypsy Kings. Samstag ist der beste Tag, denn dann zeigt auch eine Flamencotänzerin ihre Künste. Weniger begeisternd ist das Essen bei El Campo, es sei denn, Sie stehen auf Pommes mit fettem Fleisch. Daher empfiehlt es sich, erst in einem der Fischrestaurants am Boulevard zu speisen und gegen 22 Uhr bei El Campo vorbeizuschauen.

13 RUE VICTOR HUGO, T 0490 978411, GEÖFFNET: TÄGLICH 27. DEZ.-10. NOV 20.00-0.50, EINTRITT: 2 €

ÜBERNACHTEN

Das Wort *mas* ist allgegenwärtig in der Provence, insbesondere in der Camargue. Es bedeutet "großes Haus". In der Camargue ist ein *mas* meistens weiß und von einem weitläufigen Garten umgeben. Unterkünfte findet man vor allem außerhalb von Saintes-Maries-de-la-Mer, an der Straße nach Arles, aber erwarten Sie keine allzu hohe Qualität. Besser sind die Herbergen an der Route de Cacharel.

MANGIO FANGO Dieses *mas* etwas außerhalb von Saintes-Maries-de-la-Mer wurde nach der sanften Brise benannt, die in der Camargue gelegentlich weht. Das Mangio Fango verfügt über einen herrlichen Garten und Pool, die Zimmer in der ersten Etage bieten einen tollen Blick auf die Camargue. Ein weiterer Höhepunkt des Hauses ist die ausgezeichnete Küche, in der der Inhaber schon seit 30 Jahren das Zepter schwingt. Versuchen Sie das Lamm oder die Streifenbarbe aus dem Holzofen. Tagsüber gibt es köstliche Sandwiches und Salate.

RD 570, SAINTES-MARIES-DE-LA-MER, WWW.HOTELMANGIOFANGO.COM, T 0490 978056, 16 JAN.-12 FEBR. GESCHLOSSEN, PREIS: AB 155 €

Mit den Torero-Gemälden an der Wand, gelb-blauen Fliesen und dunklen Holzmöbeln verströmt das **HÔTEL DES RIÈGES** ein spanisches Ambiente. Das Haus hat ein herrliches Schwimmbad und ein Panorama-Restaurant, von dem aus man über die Camargue blickt. So kann man während des Essens die Natur beobachten. Eines der Zimmer ist eingerichtet wie eine *cabane de gardians*, die kleinen, weiß gestrichenen Häuschen, in denen die hiesigen Cowboys übernachten.

ROUTE DE CACHAREL, SAINT-MARIES-DE-LA-MER, WWW.HOTELDESRIEGES.COM, T 0490 978507, PREIS: 70-80 €, FRÜHSTÜCK 8 €

LES ALPILLES REGION

FELSEN, OLIVEN UND GUTE KÜCHE

Die Alpilles sind ein 24 Kilometer langes Kalksteingebirge, das im Westen von der Rhone und im Osten von dem Fluss Durance begrenzt wird. Obwohl topografisch zum Luberon-Gebirge gehörend, werden die Alpilles meistens als eigenständige Region betrachtet, die vor allem für ihren Olivenanbau berühmt ist. Bekanntester Ort ist Les Baux-de-Provence, kurz Les Baux genannt – mit einer imposanten Zitadelle aus dem 10. Jahrhundert. Der kleine Ort ist das Zentrum der Alpilles und liegt etwa 13 Kilometer südlich von Saint-Rémy-de-Provence. Schon die Strecke von Les Baux nach Saint-Rémy mit ihren Kurven und hohen Felswänden ist ein absolutes Highlight. In Saint-Rémy finden Sie einige gute Restaurants, Hotels und Läden.

SAINT-RÉMY-DE-PROVENCE

Saint-Rémy-de-Provence ist der ideale Ausgangsort für eine Erkundungstour durch die Alpilles. Hier starten zahlreiche Wanderwege durch den herrlichen Naturpark. Mit nur 10.000 Einwohnern und einer Altstadt, die man in fünf Minuten umrunden kann, ist Saint-Rémy zwar klein – aber fein.

Saint-Rémy ist vergleichsweise teuer, da viele gut betuchte Engländer und Amerikaner hier ihre Ferien verbringen und reiche Franzosen ihren Zweitwohnsitz haben. Dennoch gibt es einige erschwingliche Restaurants und Unterkünfte. Für Kulturfans mag der Ort langweilig sein, Naturfreunde und Gourmets kommen jedoch voll auf ihre Kosten.

SEHENSWÜRDIGKEITEN

Saint-Rémys bedeutendste Sehenswürdigkeit, Glanum, liegt etwas außerhalb. Stolz ist man auch darauf, dass Vincent van Gogh über ein Jahr hier gewohnt hat.

GLANUM Die kleine römische Siedlung liegt etwa einen Kilometer südlich von Saint-Rémy. Die ältesten Fundstücke, Münzen und Grabinschriften, stammen sogar noch aus griechischer Zeit. Nach der Eroberung von Marseille errichteten die Römer in Glanum ein großes Forum, zwei Tempel, Thermen und einen Staudamm. Seit den ersten Ausgrabungen in den 1920er-Jahren ist ein Großteil der Siedlung inzwischen sichtbar. Sie zählt vier Bereiche: die Heiligtümer, das öffentliche Zentrum, das Wohnviertel und "Les Antiques", ein Triumphbogen und ein Mausoleum. Nicht weit von hier wohnte Vincent van Gogh 1889–1890 – in der Nervenanstalt Saint Paul de Mausole.

GLANUM: ROUTE DES BAUX, GLANUM.MONUMENTS-NATIONAUX.FR, T 0490 922379, GEÖFFNET: 1. APR.-31. AUG TÄGLICH 10.00-18.30, SEPT. DI-SO 10.00-18.30, 1. OKT-31. MÄRZ DI-SO 10.00-17.00, EINTRITT: 7,50 €
MONASTÈRE SAINT-PAUL DE MAUSOLE: D5, T 0490 927700, GEÖFFNET: TÄGLICH MÄRZ-NOV. 9.30-18.45, DEZ.-FEBR. 10.15-17.15, EINTRITT: 4 €

MUSÉE ESTRINE In zwei Sälen des Museums dreht sich alles um Vincent van Gogh, der über ein Jahr lang in einer Anstalt in der Nähe behandelt wurde und in jener Zeit mehr als 150 Werke malte. Die Dauerausstellung zeigt Fotografien und Briefe sowie einen Film über den großen Meister. Zur Sammlung des in einer großen Stadtvilla aus dem 18. Jahrhundert angesiedelten Museums gehören auch Werke zeitgenössischer Künstler wie Ossip Zadkine. Weitere zwei Säle sind dem kubistischen Maler Albert Gleizes gewidmet, der 20 Jahre lang in Saint-Rémy wohnte.
8 RUE ESTRINE, T 0490 923472, GEÖFFNET: DI-SO 10.00-12.30 & 14.00-18.00, EINTRITT: 3,20 €

ESSEN & TRINKEN

In Saint-Rémy liegt die gastronomische Messlatte ziemlich hoch. Es gibt eine Reihe vorzüglicher Restaurants, die den Anforderungen der vielen wohlhabenden Besucher und Einwohner genügen wollen. Kein Wunder, dass ein Abendessen hier schnell mal 30 Euro kostet.

LE BISTROT DES ALPILLES ist das Lieblingslokal der Einheimischen. Und dafür gibt es gute Gründe: nette Atmosphäre, gemütliche Einrichtung mit dunklen Holztischen und eine erlesene Weinauswahl. Weine aus diesem Gebiet sind oftmals etwas hochpreisig, bei Le Bistro des Alpilles stimmt aber das Preis-Leistungs-Verhältnis. Vergessen Sie nicht zu reservieren, denn das Lokal ist sehr beliebt. Tagsüber einfach nur einen Kaffee trinken kann man übrigens auch.
15 BOULEVARD MIRABEAU, WWW.LEBISTROTDESALPILLES.COM, T 0490 920917, GEÖFFNET: MO-SA 8.30-23.00, PREIS: HAUPTGERICHT AB 14 €

Das **CHEZ XA** ist ein gemütliches provenzalisches Restaurant im Stil der 1930er-Jahre, in dem Hellblau und Rot vorherrschen. Dass der Inhaber die Wintermonate meist in Asien verbringt, zeigt sich an den Speisen. Die Preise sind angemessen, die Qualität der Küche ist gut.
24 BOULEVARD MIRABEAU, T 0490 924123, GEÖFFNET: ENDE MÄRZ-ENDE OKT. DO-DI 12.00-14.00 & 19.30-22.00, PREIS: MENÜ 28 €

GRAIN DE SEL Einheimische bezeichnen das Grain de Sel als typisches Pariser Lokal. Womit sie in erster Linie die innovative Küche und die originelle Präsentation meinen. Ob Einrichtung, Musik, Darreichung des Essens, Bedienung – hier ist alles wie aus einem Guss. Die Einrichtung ist barock angehaucht mit viel Holz, gedämpftem Licht sowie roten Stühlen und Sofas. Die Spezialität des Hauses ist die Foie gras, die in einigen Gerichten auftaucht. Küchenchefin Miriam zaubert aber noch viel mehr und hat sich auch für Unentschlossene etwas ausgedacht: eine Platte mit sieben Minigerichten.
25 BOULEVARD MIRABEAU, WWW.GRAINDESEL-RESTO.COM, T 0490 920089, GEÖFFNET: SO-DI, DO-SA MITTAGSZEIT & ABENDS, HAUPTGERICHT 24 €

CHEZ XA

Im **BISTROT DE MARIE** fühlt man sich in Großmutters Zeiten zurückversetzt. Mit den Holzöfen, nostalgischen Tischdecken und Bildern wirkt das Lokal wie eine alte Bauernküche. Und so ist auch das Essen: traditionell provenzalisch mit Lammfleisch und gefülltem Gemüse.
1 RUE JAUME ROUX, T 0490 923214, GEÖFFNET: 13. FEBR-15. JAN FR-MI 12.00-14.00 & 19.30-22.00, PREIS: MENÜ 35 €

L'AILE OU LA CUISSE befindet sich in einer kleinen Seitenstraße der Hauptstraße. Das geschmackvoll eingerichtete Lokal ist mit herrlichen Blumensträußen geschmückt, und an den Decken hängen stilvolle Lampen. Nicht zu übersehen ist die Vitrine mit köstlichen Kuchen und Törtchen direkt am großen Fenster. Also durchaus eine Empfehlung, wenn man Lust auf Kaffee und Kuchen hat. Wer zum Essen hierherkommt, darf sich das Risotto mit frischen Champignons oder die kandierte Ente nicht entgehen lassen. Versuchen Sie auch unbedingt, einen Tisch im kleinen Innenhof zu ergattern.
5 RUE DE LA COMMUNE, T 0432 620025, GEÖFFNET: DI-SO 10.00-22.30, JAN. GESCHLOSSEN, HAUPTGERICHT 22-31 €

ENTRE SEL ET TERRE

SHOPPEN

Saint-Rémy ist ein kleines Einkaufsmekka mit einer Reihe charmanter Boutiquen und Feinkostläden. Vor allem die Herzen von Gourmets schlagen hier höher. Die Boutiquen liegen im Zentrum verteilt, sind aber aufgrund der Größe des Städtchens alle gut zu Fuß zu erreichen.

ENTRE SEL ET TERRE Wer glaubt, dass Salz gleich Salz ist, wird hier eines Besseren belehrt: Im Entre Sel et Terre wird Besuchern die ganze Palette präsentiert. Meeressalz aus dem Mittelmeer zum Beispiel schmeckt anders als sein Pendant aus dem Atlantik. So hat jedes Salz seine eigenen Geschmacksnoten, die sich auch auf das Essen auswirken. Neben Salzen besteht das Sortiment aus Kräutern, Gewürzen, Zucker, Marmeladen und Olivenöl aus der Region.
34 RUE CARNOT, WWW.ENTRESELETTERRE.COM, T 0490 926322, GEÖFFNET: APR.-OKT. TÄGLICH 9.30-12.30 & 14.30-19.00, NOV.-MÄRZ 9.30-12.30 & 14.00-18.30

LA CAVE AUX FROMAGES Käsemeisterin Monique Mayfer verfügt über eine große Käseauswahl und einen Lagerkeller aus dem 12. Jahrhundert. Bei ausreichender Beteiligung (ab zehn Personen) organisiert Monique Verkostungen.
1 PLACE JOSEPH HILLAIRE, T 0490 923245, GEÖFFNET: JAN.-FEBR. MI, FR, SA & SO VORMITTAGS, MÄRZ-DEZ. DI-SA 8.30-12.30, 15.30-19.00 & SO 8.30-12.30

LE PETIT DUC Anne Daguin ist Lebensmittelhistorikerin, ihr Ehemann Hermann van Beek *maître-patissier*. Das Ergebnis ihrer Zusammenarbeit: historische Kekse. Ihre Rezepte sind uralt und stammen teils noch aus römischen Zeiten. Unbedingt probieren: Lavendelbiskuits oder Safran-Fenchel-Kekse.
7 BOULEVARD VICTOR HUGO, WWW.PETIT-DUC.COM, T 0490 920831, GEÖFFNET: DI-SA 10.00-19.30, SO & MO 10.00-13.00 & 15.00-19.00

100% THERE

Natur und Oliven prägen die Alpilles. Eine Entdeckungsreise führt allerdings weg von Saint-Rémy.

BESUCH IN EINER OLIVENMÜHLE In der Moulin à Huile du Calanquet, etwa fünf Kilometer westlich von Saint-Rémy, erfährt man alles über den Olivenanbau in den Alpilles und die heimischen Olivensorten. Eines haben sie alle gemeinsam: Sie sind grün und schmecken fruchtig. Der Laden nebenan führt verlockende Produkte im Angebot: sonnengetrocknete Tomaten in Olivenöl, Auberginenkaviar oder Tapenaden. Auf Anfrage werden auch Verkostungen durchgeführt.
VIEUX CHEMIN D'ARLES, WWW.MOULINDUCALANQUET.FR, T 0432 600950, GEÖFFNET: MO-SA 9.00-12.00 & 14.00-18.30, APR.-OKT. SO 10.00-12.00 & 15.00-18.00

WANDERN IN DEN ALPILLES In den Alpilles wandert man durch Olivenhaine und an Zypressen vorbei. Besondere Highlights: der Weg nach Les Baux und die zwölf Kilometer lange Wanderung von Saint-Rémy über Glanum zum malerischen Dorf Eygalières.

Bei der Touristeninformation (Place Jean Jaurès) gibt es für zwei Euro eine Karte mit allen Wanderwegen in der Umgebung.

Eine Wanderung finden Sie auf der herausnehmbaren Karte in der Umschlagklappe.

ÜBERNACHTEN

Saint-Rémy selbst ist zwar klein, das Hotelangebot ist es jedoch beileibe nicht. Im Allgemeinen sind die Zimmerpreise relativ hoch, für den schmaleren Geldbeutel gibt es aber charmante *chambres d'hôtes*.

TOP 10

LES ATELIERS DE L'IMAGE gehört zu den renommiertesten Hotels der Gegend. Hier dreht sich alles um Foto und Film. Neben Fotoworkshops finden regelmäßig Ausstellungen von Fotografen statt, während im großen Kinosaal im Nebengebäude alle möglichen Filme gezeigt werden. Das ausgefallenste Zimmer ist eine Baumhütte in Höhe der vierten Etage, die man über eine kleine Brücke erreicht. Die Gäste sind meist eher wohlhabend – kein Wunder bei dem Ruf und den Preisen …
36 BOULEVARD VICTOR HUGO, WWW.HOTEL-IMAGE.FR, T 0490 925150, PREIS: AB 175 €, FRÜHSTÜCK 19 €, RESTAURANT GEÖFFNET: DO-MO, PREIS: MENÜ AB 25 €

LA MAISON DU VILLAGE Designfreunde werden sich im Maison du Village zu Hause fühlen. Die alte Stadtvilla wurde völlig neu eingerichtet in einem Stilmix aus Elementen des 18. Jahrhunderts, exotischen Gegenständen und modernen Möbelstücken. Das Haus verfügt über herrliche Suiten und einen ruhigen Garten. Tipp für Romantiker: die Ecru-Suite im Garten – ein kleines, zweistöckiges Häuschen mit eigener Terrasse.
10 RUE DU 8 MAI 1945, WWW.LAMAISONDUVILLAGE.COM, T 0432 606821, PREIS: ECRU-SUITE 170 €, ANDERE SUITEN 210 €, FRÜHSTÜCK 15 €

SOUS LES FIGUIERS 2003 kauften Denise Koops und ihr Mann diese Pension, damals noch ein unscheinbares Haus. Nach jahrelanger kreativer Arbeit ist daraus ein wunderbarer Ort geworden. Benannt wurde das Gästehaus nach den uralten Feigenbäumen im Garten, die im Sommer angenehm Schatten spenden und auch für das Frühstück die Kulisse abgeben. Im Atelier des Sous les Figuiers kann man an Malworkshops teilnehmen und Techniken wie Trompe-l'Œil, Patinieren und Freskomalerei lernen.
3 AVENUE TALLANDIER, WWW.HOTELCHARME-PROVENCE.COM, T 0432 601540, PREIS: HOCHSAISON 92-180 €, NEBENSAISON 72-149 €, FRÜHSTÜCK 12,50 €

BEI EINER OLIVENMÜHLE

LES ATELIERS DE L'IMAGE

LES BAUX-DE-PROVENCE

Les Baux und seine Lage auf einem Felsen sind einfach sensationell. Kein Wunder, dass das 500-Seelen-Dorf Touristen magisch anzieht. Vor allem an den Sommerwochenenden ist der Ort völlig überlaufen. Wer Les Baux dennoch besuchen will, sollte dies frühmorgens an einem Wochentag tun. Unangenehmer Nebeneffekt der Touristenströme: hohe Preise in den Restaurants und Hotels. Daher empfiehlt es sich, in einem der Nachbarorte wie Fontvieille oder Saint-Rémy zu übernachten und von dort aus Les Baux zu besuchen. Der Ort ist nur zu Fuß erreichbar, die nächste Parkmöglichkeit liegt etwa 800 Meter außerhalb.

CHÂTEAU DES BAUX Die Zitadelle, oder besser gesagt deren Überreste, die nach der Zerstörung im 17. Jahrhundert erhalten geblieben sind, gehört zu den imposantesten Festungsbauten Frankreichs. Errichtet wurde sie vermutlich bereits im 10. Jahrhundert. Wieso gerade hier, wird klar, wenn man oben angekommen ist: Von hier aus lässt sich nämlich die ganze Umgebung überblicken. Die Aussicht ist atemberaubend. Les Baux gilt übrigens auch als Wiege der höfischen Dichtung: Im Mittelalter wurde den Burgfräuleins mit Minnesang der Hof gemacht.

WWW.CHATEAUBAUX-PROVENCE.COM, T 0490 545556, GEÖFFNET: TÄGLICH MÄRZ-OKT. 9.30-18.30, APR.-JUNI & SEPT. 9.00-19.15, JULI-AUG. 9.00-20.15, NOV.-FEBR. 10.00-17.00, EINTRITT: 8 €

CASSIS STADT

BADEORT UND CALANQUES

Seit jeher fahren die Einwohner von Marseille nach Cassis zum Baden. Vor allem an Wochenenden pilgern sie in Scharen zum 20 Kilometer entfernten Badeort, um ihrer Stadt zu entfliehen. Unter der Woche ist der Ort sehr viel ruhiger. Die bedeutendste Sehenswürdigkeit von Cassis sind die Calanques, ein Küstenstreifen mit hoch aufragenden Felsen und fjordähnlichen Buchten. Berühmt ist der Ort auch für seine guten Fischrestaurants und den Weißwein.

Der malerische Hafen von Cassis liegt am Ende einer tief eingeschnittenen Bucht im Schutz der imposanten Klippe Cap Canaille. Hier kann man fast das ganze Jahr hindurch draußen auf einer der vielen Terrassen essen. Touristen kommen vor allem im Sommer, aber auch außerhalb der Hochsaison ist immer etwas los. An Wochenenden treffen sich die Einheimischen gern am Hafen. Im Provenzalischen wird das letzte "s" von Cassis übrigens nicht ausgesprochen.

SEHENSWÜRDIGKEITEN

In Cassis dreht sich das Leben im Wesentlichen um drei Dinge: am Hafen flanieren, Fisch essen und die Calanques. Wer Letztere besuchen will, kann dies zu Fuß oder vom Wasser aus tun.

CALANQUES Das Massif des Calanques, die 20 Kilometer lange Felsformation zwischen Cassis und Marseille mit steilen Klippen, die senkrecht aus dem blaugrünen Wasser emporragen, ist sehr beeindruckend. Über Jahrtausende hinweg hat das Meer den steilen Klippen zugesetzt und eine zerklüftete Landschaft mit tiefen Buchten modelliert. In manchen befinden sich malerische Strände, die man entweder zu Fuß oder vom Wasser aus erreichen kann. Die höchsten Klippen sind der Sommet de Marseilleveyre (432 m) und der Mont Puget (565 m). In diesem Kalksteingebirge findet man auch Höhlen, von denen die Henry-Cosquer-Höhle die bedeutendste ist. Benannt wurde sie nach dem Taucher Henri Cosquer, der die Höhle und mit ihr Malereien, die über 27.000 Jahr alt sind, entdeckt hat. Da sie unter Naturschutz steht, darf die Höhle nicht besucht werden.
RUNDFAHRT: KIOSK AM SQUARE GILBERT SAVON, WWW.CALANQUES-CASSIS.COM, T 0442 019083, TICKET FÜR EINE FAHRT (45 MIN.) 15 €

CHÂTEAU DE CASSIS Von einer Terrasse am Hafen ist sie unübersehbar: die Burg von Cassis. Wie ein Adlernest thront sie auf einer Klippe oberhalb der Bucht. Ihren Ursprung hat sie im 14. Jahrhundert, als François Beams, ein Mitglied eines alten Geschlechts, das seit 1223 über Cassis und Umgebung herrschte, infolge des Hundertjährigen Krieges zwischen Frankreich und England an dieser Stelle eine Festung errichten ließ. Später war die Burg eine Zeit lang der Wohnsitz der angesehenen

Familie Michelin (bekannt wegen der Autoreifen und der gastronomischen Sterne). Heute ist sie eine Nobelherberge und nur für Gäste des Hauses zugänglich, was allerdings ein gut gefülltes Konto voraussetzt. Zum Glück ist die Anlage auch von unten sehr eindrucksvoll.
TRAVERSE DU CHÂTEAU, WWW.CHATEAUDECASSIS.COM, T 0442 016320, PREIS: 290-690 €

ESSEN & TRINKEN

In einem Ort wie Cassis erwartet man natürlich Fischrestaurants. Und die gibt es in Hülle und Fülle, vor allem am Hafen. Berühmt ist Cassis auch für seinen Weißwein, der bestens zu den Fischgerichten passt.

TOP 10

EL SOL Direkt am Hafen befinden sich zahlreiche Restaurants, aber dieses gehört zweifellos zu den sympathischsten: Die Bedienung ist flott und aufmerksam, das Ambiente gemütlich und die Küche traditionell und sehr gut. Wichtigster Grund, hier einzukehren, sind die frischen Muscheln. Die Portion ist reichlich, und es werden Pommes dazu gereicht. Aber auch mit anderen Gerichten wie etwa *baudroie au romarin* und *dorade à la crème d'oursin* weiß der in dritter Generation bestehende Familienbetrieb zu punkten.
23 QUAI DES BAUX, WWW.RESTAURANT-EL-SOL.FR, T 0442 017610, GEÖFFNET: MO-FR 8.00-12.00, 13.30-17.30, PREIS: MENÜ AB 19,50 €

Im Familienbetrieb **NINO** wird der Fisch traditionell zubereitet und serviert: gegrillte Dorade, Bouillabaisse und Muscheln auf provenzalische Art. Nino liegt etwas oberhalb im Ort und bietet daher eine herrliche Aussicht über den Hafen. Eine große Terrasse sucht man hier vergeblich, die meisten Tische stehen drinnen. Über dem Lokal befinden sich drei moderne Appartements, jedes mit Hafen- und Meeresblick. Die Räume sind sehr hell und für die Einrichtung wurde vor allem das dunkle Holz verwendet, das auch beim Bootsbau oft zum Einsatz kommt.
1 QUAI JEAN JACQUES BARTHÉLEMY, WWW.NINO-CASSIS.COM, T 0442 017432, GEÖFFNET: DI-SO 9.00-15.30, DI-SA 18.00-23.30, PREIS: MENÜ 34 €, APPARTEMENTS 150-200 €

LA VILLA MADIE liegt zwar etwas außerhalb des Ortes, die Lage könnte dennoch besser nicht sein: inmitten der Calanques mit einem atemberaubenden Blick über das Meer. Hier kocht Sternekoch Jean-Marc Banzo täglich alles mit frischen Zutaten vom örtlichen Markt und aus dem Meer. Die Weinauswahl des Lokals umfasst nicht weniger als 650 Flaschen. Wer sich ein Luxusessen in idyllischer Umgebung leisten will, ist hier richtig. La Villa Madie hat auch eine eigene Loungebar, Le Bar Bleu.
AVENUE REVESTEL, WWW.LAVILLAMADIE.COM, T 0496 180001, GEÖFFNET: DI ABEND-SO, PREIS: MENÜ 97 €

CHÂTEAU DE CASSIS

SHOPPEN

Neben den für südfranzösische Badeorte wie Cassis typischen Geschäften hat das Städtchen noch eine echte Überraschung zu bieten: L'Eau de Cassis.

L'EAU DE CASSIS ist ein Parfüm aus natürlichen Essenzen. Das ist heutzutage eher selten, denn die meisten Parfüms bestehen ganz oder teils aus synthetischen Zutaten. Übrigens stammen auch Teile der Fläschchen aus Cassis: Die Verschlüsse werden aus Steinen gefertigt, die am Strand von Cassis gefunden wurden. Gegründet wurde die Fabrik 1851 von einer eleganten Dame aus Marseille, die sich einen individuellen Duft wünschte. Auch heute noch kann man sein eigenes Parfüm herstellen lassen. Neben zwei Läden betreibt L'Eau de Cassis vor Ort auch ein Museum, in dem man alles über die Parfümherstellung erfährt.

2 PLACE BARAGNON, WWW.LEAUDECASSIS.COM, T 0442 042558, GEÖFFNET: TÄGLICH 10.00-12.30 & 14.30-19.00

WINDSURFEN BEIM CLUB SPORTS LOISIRS NAUTIQUES

100% THERE

Für die Calanques sollte man auf jeden Fall einen ganzen Tag einplanen. Nehmen Sie einen Picknickkorb und vor allem ausreichend Trinkwasser mit, denn in den Calanques selbst kann man nirgendwo etwas kaufen. Die Strände in den Buchten sind auch vom Wasser aus erreichbar, zum Beispiel mit einem Kajak oder mit einem der Ausflugsschiffe.

TAUCHEN Die Unterwasserwelt der Calanques ist außergewöhnlich. Da die Klippen bis tief ins klare Wasser hineinreichen, ist im Laufe der Zeit ein einmaliger Mikrokosmos aus roten Korallen, Fischen und Felsen entstanden. Tauchgänge sowohl für Anfänger als auch für Fortgeschrittene bietet das Centre Cassidain de Plongée von Olivier Guys an. Wer viel Taucherfahrung hat, kann auch auf eigene Faust loslegen. Nicht aufregend genug? Dann nehmen Sie doch an einem Nachttauchgang oder an Tauchausflügen zu Schiffswracks teil, die Olivier Guys organisiert.
3 RUE MICHEL ARNAUD, WWW.CENTRECASSIDAINDEPLONGEE.COM, T 0442 018916, PREIS: TAUCHEN AB 63 €

WINDSURFEN UND KAJAK-/KANUFAHREN Der Club Sports Loisirs Nautiques befindet sich am Strand von Cassis – man kann hier also direkt mit dem Kanu oder Surfbrett in See stechen. Tipp für Surfer: Aufgrund der starken Strömungen in der Bucht von Cassis ist dieses Revier nur für Fortgeschrittene geeignet.
PLACE MONTMORIN, CASSIS-KAYAK.COM, T 0442 018001, GEÖFFNET: TÄGLICH 9.00-18.00, APR. 10.00-17.00, WINDSURFEN 100 € (5 UNTERRICHTSSTUNDEN À 2 STD.), KANU 70 €/TAG

ÜBERNACHTEN

Direkt am Hafen gibt es preiswerte Zimmer, die, Nino ausgenommen (siehe Essen & Trinken), in der Regel nur wenig Komfort bieten. Daher empfiehlt es sich, andernorts in Cassis zu suchen. Außerhalb gibt es einige herrliche Villen, die einen großartigen Blick über die Calanques und das Meer gewähren.

MAISON 9 Die deutsche Inhaberin Cynthia Kayser-Maus ist Innenarchitektin, und das sieht man. Diese *chambres d'hôtes* in einem großen lachsfarbenen Landhaus am Ortsrand von Cassis ist tipptopp und mit viel Liebe fürs Detail eingerichtet. Das Haus verfügt über einen Pool mit komfortablen Liegestühlen und grandiosem Blick auf das Cap Canaille. Im Garten hinter dem Haus stehen Oliven-, Feigen und Orangenbäume. Jedes der vier Zimmer hat eine eigene Terrasse und eine kleine Küche, für die Wände in den Badezimmern wurde altes Gestein verwendet.
9 AVENUE DU DOCTEUR YVES BOURDE, WWW.MAISON9.NET, T 0442 083586, PREIS: 265 €

LE JARDIN D'EMILE Die Lage des Hauses, am Rand des Zentrums und gegenüber dem Strand Bestouan, wo man sogar im Januar Sonnenhungrige antrifft, ist nahezu perfekt. In diesem stimmungsvollen Hotel ist jedes Zimmer in einer fröhlichen Farbe gestrichen. Mit dem Pastis verfügt Le Jardin d'Emile auch über ein eigenes Restaurant mit innovativer Küche. Hier kann man herrliche Salate und Tartines essen oder ein Gläschen trinken. Die bunt-fröhlichen Kissen, Tische und Stühle springen einem sofort ins Auge.
23 AVENUE D'AMIRAL GANTEAUME, WWW.LEJARDINDEMILE.FR, T 0442 018055, GEÖFFNET: DEZ. GESCHLOSSEN, PREIS: 109-159 €

LA SUITE CASSIS Ein Zimmer mit Terrasse und Meeresblick gefällig? Das 2009 vollständig renovierte Gästehaus La Suite Cassis unweit des Hafens erfüllt diesen Wunsch. Die Zimmer, alle mit Kitchenette und Terrasse mit Meeresblick, sind modern und mit maritimen, exotischen und Designelementen eingerichtet. Das Ergebnis ist ein spannendes Interieur, das ein häusliches Ambiente verströmt. Badefreunde haben hier zwei Möglichkeiten: das hauseigene beheizte Schwimmbad oder den Strand Bestouan, nur fünf Gehminuten entfernt. Tipp: Letzterer ist weniger überlaufen als der Strand am Hafen.
18 AVENUE DE L'AMIRAL GANTEAUME, WWW.LASUITECASSIS.COM, T 06 22316357, PREIS: 285 €/NACHT, 1690 €/WOCHE

# AVIGNON, LUBERON, MONT VENTOUX, CÔTES DU RHÔNE

VAUCLUSE

AUTOTOUR VAUCLUSE

So können Sie das Departement Vaucluse in fünf Tagen erkunden. Die Route bringt Sie zu allen Orten, die Sie gesehen haben sollten, und birgt einige Überraschungen. Sie essen zwischen Einheimischen und wohnen ganz besonders.

TAG 1 **AVIGNON** > den Palast und den Pont bewundern (S. 249) > im l'Essentiel zu Mittag essen (S. 255) > einen Stadtrundgang machen > unterwegs im l'Ami Voyage Kaffee trinken (S. 255) > das Musée Calvet besuchen (S. 252) > zum Abendessen bei l'Épicerie einkehren (S. 255) > den Abend im Utopia-La Manutention ausklingen lassen (S. 258) > im Lumani übernachten (S. 258) >

TAG 2 **ORANGE UND CÔTES DU RHÔNES** > nach Châteauneuf-du-Pape fahren > bei Olivier Hillaire Wein einkaufen (S. 289) > im Verger des Papes den Hunger stillen (S. 289) > nach Orange fahren > die römischen Relikte besichtigen (S. 285) > über die Weindörfer Séguret und Sablet nach Vaison-la-Romaine fahren > die Ausgrabungen und die Altstadt bewundern (S. 286) > nach Malaucène fahren > im La Fleur Bleue den Abend und die Nacht verbringen (S. 288) >

TAG 3 **MONT VENTOUX** > über Malaucène und Bédoin zum Mont Ventoux fahren > unterwegs die Aussicht genießen > auf der Terrasse des Chalet Reynard zu Mittag essen (S. 277) und dann zum Gipfel hochfahren > die Abfahrt nach Sault nehmen und an Lavendelfeldern vorbeifahren > bei André Boyer Nugat kosten und in Sault die grandiose Aussicht genießen (S. 282) > in der Hostellerie du Val de Sault speisen und übernachten (S. 283) >

TAG 4 **LUBERON** > über Ville-sur-Auzon und Pernes-les-Fontaines nach l'Isle-sur-la-Sorgue fahren > einen Blick in die Antikläden werfen (S. 260) > bei Le Carré d'Herbes zu Mittag essen (S. 260) > nach Gordes fahren, einen Rundgang machen und die Aussicht genießen (S. 273) > das Village des Bories erkunden (S. 273) > das rote Dorf Roussillon entdecken > über Lacoste nach Bonnieux fahren > bei Le Fournil tafeln (S. 268) > und im Clos du Buis nächtigen (S. 270) >

TAG 5 **LUBERON** > einen Spaziergang im Forêt des Cèdres machen (S. 268) > nach Lourmarin fahren > die Burg besuchen (S. 270) > zum Mittagessen in der Auberge de la Loube in Buoux einkehren (S. 271) > über Apt nach Saignon fahren > einen Aperitif an der Place de la Fontaine in Saignon trinken (S. 272) > im La Petite Cave dinieren (S. 272) > und im Bastide du Jas übernachten (S. 272) >

AVIGNON STADT

THEATER, PÄPSTE UND LE PONT D'AVIGNON

Bereits aus der Ferne ist Avignon beeindruckend. Aus welcher Richtung man sich der Stadt auch nähert, der mächtige Papstpalast und die hohen Stadtmauern sind allgegenwärtig und unübersehbar. Mit ihren sieben Toren und einer Länge von 4,2 Kilometern schirmen die Mauern die historische Altstadt vollständig ab. Dienten sie früher dem Schutz vor Eindringlingen und dem eisigen Mistral, beweisen sie heute ihren Nutzen vor allem als Hochwasserschutz, wenn die Rhone mal wieder über die Ufer tritt. Seit 1995 gehört die Altstadt zum Weltkulturerbe der UNESCO.

In der Geschichte Avignons markiert die Zeit zwischen 1307 und 1377 den großen Wendepunkt, als aus der unbedeutenden Kleinstadt ein wichtiges Zentrum der christlichen Welt wurde. Es war die Zeit, in der die sogenannten Gegenpäpste während des Konflikts mit der Mutterkirche in Rom Avignon zu ihrem Sitz auserkoren. Bedeutendstes Baudenkmal aus jener Zeit ist das Palais des Papes, die päpstliche Residenz und das größte gotische Bauwerk der Welt. Den Franzosen mindestens genauso wichtig ist die Brücke Pont d'Avignon. Wer kennt sie nicht aus dem Lied *Sur le Pont d'Avignon*? Wie der Papstpalast und die hohen Stadtmauern sind auch die Überreste der Rhonebrücke unübersehbar, wenn man in die Stadt hineinfährt.

Heute dreht sich in Avignon fast alles um das Theater. Während des namhaften Festivals im Juli sind die engen Gassen mit Schauspielern und Besuchern übersät und an fast jeder Straßenecke wird ein Theaterstück aufgeführt. Die restliche Zeit des Jahres ist Avignon eine charmante, gemütliche Stadt, in der immer viel los ist. In den Gassen stößt man auf zahlreiche gute Restaurants und originelle Läden.

SEHENSWÜRDIGKEITEN

Geprägt wird Avignon von zwei Touristenmagneten: dem Palais des Papes und der Brücke Pont d'Avignon. Darüber hinaus beherbergt die Stadt auch einige schöne Museen mit einmaligen Kunstsammlungen, wie das Musée Calvet, die Collection Lambert und die Fondation Angladon-Dubrujeaud. Da sie nicht weit voneinander entfernt liegen, kann man sie gut in einen Stadtrundgang integrieren.

Einen Stadtspaziergang finden Sie auf der herausnehmbaren Karte in der Umschlagklappe.

PALAIS DES PAPES Wie bereits erwähnt, ist der Papstpalast das größte gotische Bauwerk der Welt. Je öfter man es sieht, umso mehr scheint man zu entdecken: kleine Türme, elegante Fenster und begeisternde Details. Unter dem französischen Papst Clemens V. avancierte Avignon 1307 vorübergehend zur Residenz der sogenannten

AVIGNON STADT

🟢 **SEHENSWÜRDIGKEITEN**
> S. 249–253
1. COLLECTION LAMBERT
2. FONDATION ANGLADON-DUBRUJEAUD
3. LE PONT D'AVIGNON
4. MUSÉE CALVET
5. PALAIS DES PAPES

🟡 **ESSEN & TRINKEN**
> S. 255
6. L'ESSENTIEL
7. L'AMI VOYAGE... EN COMPAGNIE
8. L'ÉPICERIE
9. LA COUR D'HONNEUR
10. LE PIEDOIE

🟠 **SHOPPEN**
> P. 256
11. C-BO
12. LE CARRÉ DE BLÉ
13. MOURET

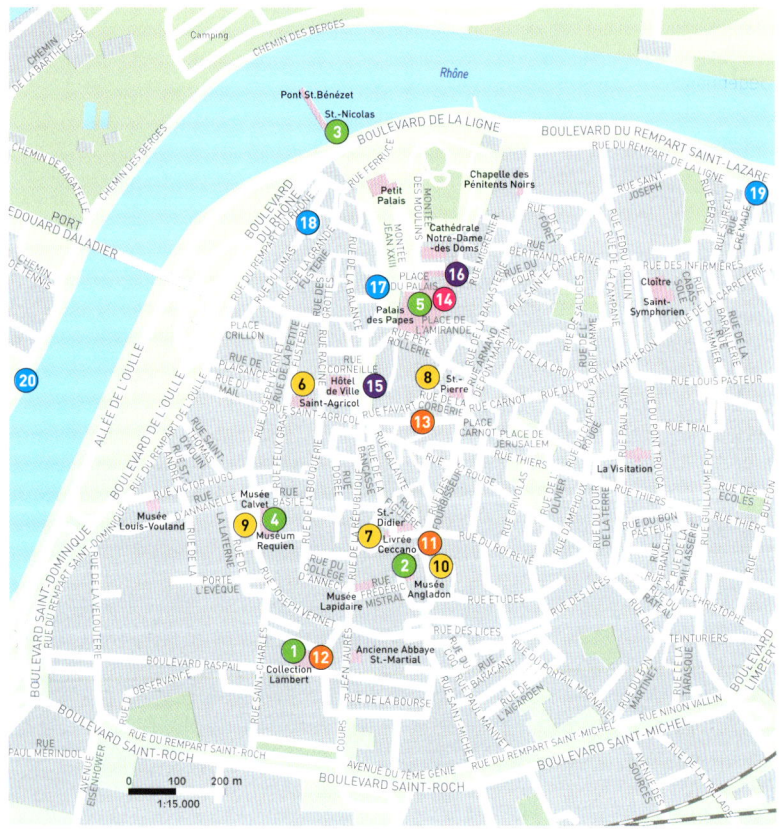

- 🔴 **100% THERE**
  > S. 256
  14. FESTIVAL D'AVIGNON

- ⚫ **AUSGEHEN**
  > S. 258
  15. OPÉRA CAFÉ
  16. UTOPIA-LA MANUTENTION

- 🔵 **ÜBERNACHTEN**
  > S. 258-259
  17. HÔTEL PALAIS DES PAPES
  18. LE LIMAS
  19. LUMANI
  20. PÉNICHE

Gegenpäpste, die Rom unter dem Druck und Einfluss des französischen Königs den Rücken gekehrt hatten. Da die Päpste nicht die Gäste des Grafen der Provence sein wollten, wurde Avignon kurzerhand gekauft. Für die Stadt bedeutete dies den Anfang eines enormen wirtschaftlichen Aufschwungs. Insgesamt 24 Bereiche des Palastes sind öffentlich zugänglich. Dazu gehören Audienzsäle, Kapellen, das Kloster und die päpstlichen Privaträume. Herrliche Fresken, die Kunstmaler aus ganz Europa unter der Leitung von Matteo Giovanetti anfertigten, schmücken die Decken, und im Turm über dem Audienzsaal gibt es ebenfalls sehr detaillierte Malereien. Ein Modell im ersten Saal soll Besuchern einen Eindruck davon vermitteln, wie groß der Palast tatsächlich ist. Auch nach der Rückkehr der Päpste nach Rom blieb der Palast im Besitz der römisch-katholischen Kirche und diente kirchlichen Würdenträgern auf der Durchreise als Unterkunft. Nach der Französischen Revolution 1789 verlor der Palast seine Funktion, bis die Kommune das Bauwerk 1906 erwarb. Heute finden hier im Rahmen des jährlichen Theaterfestivals im Juli Vorstellungen statt. Der Palast und auch die restliche Altstadt von Avignon gehören erst seit 1995 zum Weltkulturerbe der UNESCO.

PLACE DU PALAIS, WWW.PALAIS-DES-PAPES.COM, T 0490 275116, GEÖFFNET: TÄGLICH MÄRZ 9.00-18.30, 1. APR-30. JUNI & 1. SEPT.-1. NOV. 9.00-19.00, JULI 9.00-20.00, AUG. 9.00-20.30, EINTRITT: 12,50 €.

Im Souterrain des Palastes befindet sich ein sehr guter, ganzjährig geöffneter Weinladen: La Bouteillerie au Cœur du Palais des Papes. Wo ließe sich stimmungsvoller Côtes-du-Rhône-Wein kaufen als in diesem Ambiente? Wer die "geheimen" Räume des Palastes – Schwitzbäder, verborgene Gänge und das Schlafzimmer, in dem der Papst Nachtigallen hielt – und ganz besondere Anekdoten kennenlernen will, sollte die Führung "Palais Secret" mitmachen (ab 20 Euro).

LE PONT D'AVIGNON Angeblich soll einem Hirtensohn namens Bénezet in einem Traum ein Engel mit dem Auftrag erschienen sein, eine Brücke über die Rhone zu bauen. Um die Bevölkerung von seiner Mission zu überzeugen, hob er einen enormen Stein mit bloßen Händen an. Da man glaubte, dass ihm dabei nur Engel geholfen haben konnten, meldeten sich zahlreiche Freiwillige, um ihm beim Bau zu helfen. Eine schöne Geschichte, aber leider nicht zu belegen. Bis zum heutigen Tag ist ungeklärt, wer die Brücke tatsächlich errichten ließ. Fest steht aber, dass sie aus dem 12. Jahrhundert (ca. 1177) stammt und damals die einzige Verbindung zwischen Lyon und dem Mittelmeer war. Die ursprüngliche Brücke war 899 Meter lang und hatte 22 Bögen, von denen Ludwig VIII. 1226 bei der Belagerung Avignons die meisten zerstören ließ. Überschwemmungen setzten der Brücke im Laufe der Jahrhunderte weiter zu, sodass heute nur noch vier Bögen übrig geblieben sind. Auch wenn der offizielle Name der Brücke Pont St. Bénezet lautet, wird sie nach dem weltberühmten Kinderlied *Sur le Pont d'Avignon*, dessen Text auf der Brücke angebracht ist, nach wie vor Pont d'Avignon genannt.

RUE FERRUCE, WWW.PALAIS-DES-PAPES.COM (UNTER PONT SAINT BENEZET), GEÖFFNET: TÄGLICH MÄRZ 9.00-18.30, 1. APR.-30. JUNI & 1. SEPT.-1. NOV. 9.00-19.00, JULI 9.00-20.00, AUG. 9.00-20.30, EINTRITT: 4,50 €

MUSÉE CALVET Den Grundstein für die Sammlung des Museums legte Esprit Calvet, ein Chirurg und Kunstsammler aus dem 18. Jahrhundert. Calvet hatte sich mit seiner Münz- und Naturaliensammlung in Europa einen Namen gemacht und besaß auch wertvolle Gemälde und eine Bibliothek. In seinem Testament vermachte er der Stadt Avignon seine Kunstsammlung, "um dem Publikum das zurückzugeben, was ich ihm genommen hatte". Das Museum befindet sich in einer prachtvollen Villa aus dem 18. Jahrhundert und hat noch eine Zweigstelle, das Musée Lapidaire, in der Rue de la République. Die grandiose Antikensammlung, die in dieser einstigen Jesuitenkapelle zu sehen ist, umfasst Objekte ägyptischen, griechischen und etruskischen Ursprungs.

MUSÉE CALVET, 65 RUE JOSEPH VERNET, WWW.MUSEE-CALVET.ORG, T 0490 863384, GEÖFFNET: MI-MO 10.00-13.00 & 14.00-18.00, EINTRITT: 6 €

MUSÉE LAPIDAIRE, 27 RUE DE LA RÉPUBLIQUE, T 0490 863384, GEÖFFNET: MI-MO 10.00-13.00 & 14.00-18.00, EINTRITT: KOMBITICKET MIT MUSÉE CALVET 7 €

FONDATION ANGLADON-DUBRUJEAUD *Eisenbahnwaggons*, Vincent van Goghs einziges Originalgemälde, das der Provence erhalten geblieben ist, hängt in diesem Museum. Es ist ein kleines, aber charmantes Haus, dessen Sammlung auf dem Nachlass des Modeschöpfers Jacques Doucet beruht. Seine Erben Jean und Paulette Angladon-Dubrujeaud hatten ihr Haus und das jetzige Museum mit außergewöhnlichen Kunstwerken aus dem 18., 19. und 20. Jahrhundert eingerichtet – und so ist das Museum auch heute noch. Neben van Goghs Gemälde umfasst die Sammlung einige andere erstklassige Werke von Künstlern wie Sisley, Cézanne oder Picasso.

5 RUE LABOUREUR, WWW.ANGLADON.COM, T 0490 822903, GEÖFFNET: MI-SO 13.00-18.00, IM SOMMER AUCH SO & DI, EINTRITT: 6 €

LE PONT D'AVIGNON

Die **COLLECTION LAMBERT** ist Avignons Museum für moderne Kunst, das 2000 eröffnet wurde, als Avignon Europas Kulturhauptstadt war. Die Sammlung geht auf den Nachlass des Galeristen und Kunstsammlers Yvon Lambert zurück. Neben zahlreichen Fotografien und Videos wird hier auch minimalistische Kunst gezeigt. Tipp: Im großen Innenhof befindet sich ein nettes Café.

5 RUE VIOLETTE, WWW.COLLECTIONLAMBERT.COM, T 0490 165620, GEÖFFNET: DI-SO 11.00-18.00, JULI-AUG. MO-SO 11.00-19.00, EINTRITT: JE NACH AUSSTELLUNG

Bei der Touristeninformation (41 Cours Jean Jaurès) ist ein kostenloser Pass – Avignon Passion – erhältlich. Mit ihm erhalten bis zu fünf Personen 15 Tage lang bis zu 50 Prozent Nachlass auf die Eintrittspreise aller Sehenswürdigkeiten und der meisten Museen in Avignon.

LA COUR D'HONNEUR

ESSEN & TRINKEN

Avignon hat gerade in den engen Gassen und an den kleinen Plätzen viele gute Restaurants. Die meisten Lokale an der Place de l'Horloge gehören allerdings nicht dazu. Da Avignon eine Studentenstadt ist, gibt es auch preiswerte Alternativen.

L'ÉPICERIE Machen Sie es wie die Einheimischen: erst bei L'Épicerie tafeln und danach auf einen Drink bei Utopia (siehe Ausgehen) vorbeischauen. Sie finden L'Épicerie an einem kleinen, geschützten Platz unweit von der Place de l'Horloge. Seine Beliebtheit hat das Lokal auch seiner sonnigen Terrasse mit Aussicht auf die hübsche Kirche Saint-Pierre zu verdanken. Bei L'Épicerie werden große Teller mit diversen Kanapees gereicht.
10 PLACE DE SAINT-PIERRE, WWW.RESTAURANTLEPICERIE.FR, T 0490 827422, GEÖFFNET: TÄGLICH 12.00-14.30 & 19.30-22.30, PREIS: TAGESGERICHT 15,50 €

LE PIEDOIE Manche finden, dass Le Piedoie einen Michelin-Stern verdient hätte. Das kleine Restaurant ist gemütlich, aber schlicht eingerichtet, sodass man sich mit allen Sinnen dem Essen widmen kann. Dieses ist meistens nicht aufwendig, aber exzellent, so etwa der Räucherlachs oder der Serrano-Schinken mit Spargel. Wenn gewünscht, erklärt Ihnen der Chef höchstpersönlich, was Sie da gerade essen.
26 RUE DES TROIS FAUCONS, WWW.RESTAURANT-GASTRONOMIQUE-AVIGNON.FR, T 0490 865153, GEÖFFNET: DI & DO-SO 12.00-15.30 & 19.00-22.00, MO 19.00-22.00, PREIS: MENÜ 25 €

L'AMI VOYAGE ... EN COMPAGNIE ist ein Bücherparadies, in dem man auch noch gut isst. Im charmanten Bistro des Secondhandbuchladens kann man für wenig Geld speisen, vor allem köstlichen Kuchen, und Tee trinken. Überall liegen Zeitungen und Magazine – die Zeit mit Lesen zu verbringen ist durchaus erwünscht.
5 RUE PRÉVÔT, T 0490 874151, GEÖFFNET: MO-SA 10.00-19.00, 15 AUG.-1 SEPT. GESCHLOSSEN, PREIS: MENÜ 9 €

L'ESSENTIEL Das Restaurant von Dominique und Lourent Fusterial macht seinem Namen optisch alle Ehre. Der minimalistischen Einrichtung stehen Gerichte gegenüber, die eher das Gegenteil sind, wie zum Beispiel Ravioli mit Spargel und Erbsen und einer Basilikum-Knoblauch-Soße oder gebackener Thunfisch mit Foie gras und Pistazien. Das Lokal hat auch einen Innenhof, in dem man sehr angenehm sitzt, und eine *bar à tartines*, eine Sandwichbar, die jedoch nur in der Mittagszeit geöffnet ist.
2 PETITE FUSTERIE, WWW.RESTAURANTLESSENTIEL.COM, T 0490 858712, GEÖFFNET: MO & DI-SA 12.00-14.00 & 19.00-21.45, PREIS: MENÜ AB 31 €

LA COUR D'HONNEUR ist an sieben Tagen der Woche geöffnet, und zwar mittags wie abends – in Frankreich eine Seltenheit. Der Platanengarten hinter einem schmiedeeisernen Zaun bietet Platz für 130 Personen. Unbedingt probieren: Entenbrust mit Birnensoße! Das Lokal befindet sich übrigens ganz in der Nähe von Einkaufsstraßen.
58 RUE JOSEPH VERNET, WWW.COUR-HONNEUR.COM, T 0490 866453, GEÖFFNET: TÄGLICH 12.00-14.30 & 19.00-22.30, PREIS: MENÜ 30 €

SHOPPEN

Die Stadt ist nicht gerade groß, aber Geschäfte und Boutiquen gibt es wirklich in Hülle und Fülle. Größere Ketten sind an der breiten Rue de la République vertreten, die schickeren Boutiquen an der Rue St. Agricol, der Rue des Marchands und der Rue Joseph Vernet. Für Liebhaber von Delikatessen wie Trüffel, Olivenöl oder Wein sind Les Halles an der Place Pie ein Muss.

MOURET Die 1860 gegründete *chapellerie* ist die einzige denkmalgeschützte Hutmanufaktur Frankreichs. Nicht weniger als 8000 verschiedene Modelle – von Filz- und Panamahüten über Baskenmützen bis hin zu regionalen Kopfbedeckungen wie dem schwarzen Fedora Frédéric Mistral oder dem Strohhut Capeline Lavandière – werden angeboten.
20 RUE DES MARCHANDS, WWW.MOURET-CHAPELIER.FR, T 0490 853938, GEÖFFNET: DI-SA 9.30-12.30 & 14.00-19.00

C-BO Wer ein schönes Geschenk sucht, sollte bei C-Bo vorbeischauen. Hier gibt es ausgefallene Designeraccessoires wie Uhren und Taschen, aber auch Telefone und Parfüms. Der Laden ist klein, das Sortiment groß.
1 RUE DES 3 FAUCONS, T 0490 825931, GEÖFFNET: DI-SA 10.00-19.00

LE CARRÉ DE BLÉ gehört zu den beliebtesten Bäckern Avignons. Der Balanceakt von Sebastien Beaupère zwischen *cuisine* und *boulangerie* führt zu besonderen Backwaren wie herzhaften Kuchen und Törtchen mit Gemüse der Saison, köstlichen Broten und süßen Leckereien. Kein Wunder, dass Einheimische bei ihrem innovativen Lieblingsbäcker gern Schlange stehen.
4 BOULEVARD RASPAIL, T 0490 825471, GEÖFFNET: MO-SA 7.30-19.30

100% THERE

Das jährliche Festival von Avignon ist eines der bedeutendsten Theaterfestspiele der Welt.

FESTIVAL D'AVIGNON Jedes Jahr im Juli verwandelt sich die Stadt in eine riesige Bühne. Ob in Sälen, Gassen oder dem imposanten Cour d'Honneur im Papstpalast – überall werden Theaterstücke aufgeführt. Ins Leben gerufen wurde das Festival 1947 vom Schauspieler-Regisseur Jean Vilar. Von Mitte Juli bis Mitte August finden hier über 300 Vorstellungen statt, die etwa 130.000 Theater- und Musikfans hierher locken. Neben dem offiziellen Festival d'Avignon gibt es auch noch das Straßenfestival OFF. Letzteres wurde in den 1960er-Jahren als Gegenstück zum berühmten Bruder gegründet und ist heute nicht mehr wegzudenken. In der Festivalzeit gibt es in der Stadt auch zahlreiche Feste und Straßenmärkte. Kurz: Avignon ist im Sommer ein unvergessliches Erlebnis – auch wenn es übervoll ist und man womöglich kein Französisch spricht.
WWW.FESTIVAL-AVIGNON.COM, WWW.AVIGNONFESTIVALETCOMPAGNIES.COM

FRISCH GEERNTETER LAVENDEL

AUSGEHEN

Ausgehen bedeutet in Avignon eigentlich, eine Theater-, Opern- oder Filmvorstellung zu besuchen und danach einen Absacker zu trinken, denn Tanzclubs oder Diskotheken sind eher rar.

OPÉRA CAFÉ Das Designcafé, das tagsüber zum Kaffeetrinken, Frühstücken, Mittag- oder Abendessen einlädt, verwandelt sich abends in einen echten Club, inklusive DJ und Tanzfläche. Wer in der Oper nebenan einer Vorstellung beiwohnen will, hat in diesem Café eine hervorragende Anlaufstelle für einen Drink davor oder danach.
24 PLACE DE L'HORLOGE, WWW.OPERACAFE-AVIGNON.FR, T 0490 861743, GEÖFFNET: TÄGLICH MITTAGS & ABENDS

UTOPIA-LA MANUTENTION Hinter dem Papstpalast liegt dieses Café-Restaurant-Kino, in dem man Filme in Originalfassung sehen, an der Bar abhängen oder sehr gut essen kann. Das Publikum ist gemischt, von Studenten bis Senioren. Eine gute Alternative, wenn man sich abseits der Hektik im Zentrum mit anderen zum Essen oder auf einen Drink treffen will.
4 RUE DES ESCALIERS SAINTE-ANNE, WWW.CINEMAS-UTOPIA.ORG/AVIGNON, T 0490 868677, GEÖFFNET: DI-SA 11.00-0.00, SO NACHMITTAGS

ÜBERNACHTEN

Die meisten Hotels und *chambres d'hôtes* sind in prachtvollen historischen Häusern untergebracht. Wer Avignon während der Festivalzeit besuchen will, sollte allerdings frühzeitig ein Zimmer buchen und sich auf höhere Zimmerpreise einstellen. Tipp für Camper: Auf der Rhone-Insel Île de Barthelasse, unweit vom Zentrum der Stadt, befinden sich drei Zeltplätze.

LE LIMAS Diese Pension in einem Haus aus dem 18. Jahrhundert befindet sich in einer schmalen Gasse, zwei Gehminuten vom Papstpalast entfernt. Die vier stilvoll eingerichteten Zimmer sind überwiegend in Weiß gehalten, an den Wänden hängen schöne Bilder. Von der großen Dachterrasse aus hat man einen herrlichen Blick auf die Stadt. Gastgeberin Marion spricht auch Deutsch und Englisch.
51 RUE DU LIMAS, WWW.LE-LIMAS-AVIGNON.COM, T 0490 146719, PREIS: 155-200 € INKL. FRÜHSTÜCK

LUMANI Elisabeth und Jean haben ihrer prachtvollen alten Stadtvilla nahe der Stadtmauer ein einmaliges Flair verpasst: Jean lieferte seinen Beitrag als Architekt und Elisabeth klapperte Stadt und Land nach schönen Möbeln ab. Alle Zimmer haben Blick auf den Garten. Wenn mindestens sechs Gäste es wünschen, kochen Jean und Elisabeth auch für sie (30 Euro p. P.).
37 RUE DU REMPART SAINT-LAZARE, WWW.AVIGNON-LUMANI.COM, T 0490 829411, PREIS: 100-170 €

HÔTEL PALAIS DES PAPES Ein Hotel im Herzen der Stadt mit moderaten Zimmerpreisen. Tipp: Buchen Sie ein Zimmer mit Blick auf die Place de l'Horloge oder den mächtigen Papstpalast. Essen kann man hier übrigens auch gut im hauseigenen Restaurant Le Lutrin.
3 PLACE DU PALAIS, WWW.HOTEL-AVIGNON.COM, T 0490 860413, PREIS: 68-133 €

PÉNICHE Mal etwas anderes: an Bord eines Rhoneschiffes wohnen! Von den fünf Gästezimmern ist die Kapitänskajüte mit authentischer Schiffseinrichtung und eigener Küche sicherlich am reizvollsten. Sogar über einen Pool verfügt dieses schwimmende Hotel. Die Aussicht auf den Papstpalast ist grandios, zum Zentrum sind es nur zehn Minuten zu Fuß.
PÉNICHE Q1, CHEMIN ÎLE PIOT, WWW.CHAMBREPENICHE.FR, T 06 62372517, PREIS: AB 70 €

RUND UM AVIGNON

L'ISLE-SUR-LA-SORGUE

Den Namen "Venedig der Grafschaft Venaissin" hat dieses Städtchen den vielen Verzweigungen des smaragdgrünen Flusses Sorgue zu verdanken. Ganze 17 Wassermühlen zählt der Ort, die im 17. und 18. Jahrhundert die Maschinen der Papier- und Seidenfabriken antrieben. Berühmt ist der Ort jedoch vor allem als größtes Antiquitätenzentrum Frankreichs – die vielen Antikläden und der sonntägliche Antikmarkt ziehen zahlreiche Besucher an. Am Rand der Altstadt befinden sich einige sehr gute Restaurants.

LE CARRÉ D'HERBES Das kleine Restaurant liegt in einem Hof inmitten einiger Antiquitätenläden. Außen sitzt man in einem großen Löwenkäfig, innen in einem sehr schön eingerichteten Raum. Der Küchenchef tischt provenzalische Gerichte mit eigener Note auf. Die Weinauswahl ist interessant und bezahlbar. Es empfiehlt sich zu reservieren, vor allem am Sonntag, sonst stehen die Chancen schlecht.
13 AVENUE DES QUATRE OTAGES, WWW.LECARREDHERBES.EU, T 0490 382397, GEÖFFNET: DO-DI 12.00-14.30 & 19.30-22.00, PREIS: MENÜ 31 €

LE PESCADOR Etwas außerhalb von L'Isle-sur-la-Sorgue liegt Le Pescador. Das Lokal, von dem aus man einen schönen Blick auf den Fluss Sorgue hat, ist auf (provenzalische) Fischgerichte spezialisiert: Bouillabaisse, *truite du vivier*, Tajine mit Lachs à la Provençale. Übernachten kann man hier auch, das Haus hat acht einfache Gästezimmer.
1344 AVENUE VOLTAIRE GARCIN, WWW.LEPESCADOR.COM, T 0490 380969, GEÖFFNET: DO-DI, PREIS: MENÜ 26,50 €

LE JARDIN DU QUAI Daniel Hébet ist zweifellos der bekannteste Franzose in Peru. Er wohnte lange in Perus Hauptstadt Lima und hatte im dortigen Fernsehen eine eigene Kochshow, mit der er den Peruanern die französische Küche näherbrachte. Heute sind seine Kochkünste bei Gourmets aus der Gegend gefragt. Seine Gerichte, vor allem mit Fisch, sind meist ziemlich leicht. Vergessen Sie nicht zu reservieren und versuchen Sie, einen Tisch im zauberhaften ummauerten Garten zu ergattern.
91 AVENUE JULIEN GUIGUE, WWW.DANIELHEBET.COM, T 0490 201498, GEÖFFNET: DO-MO, PREIS: MENÜ 27-40 €

CAVEAU DE LA TOUR D'ISLE Im hinteren Teil des stimmungsvollen Weinladens befindet sich eine kleine Weinbar, in der man die guten Tropfen verkosten kann: nicht nur an einem Regentag ein Vergnügen ... Außer Wein gibt es auch Käse. An zwei Samstagen im Monat laden Janique und Stéphane Fina zum Themenabend ein, etwa "Wein und Schokolade" oder "Whisky" (mit Verkostung).
12 RUE DE LA REPUBLIQUE, WWW.CAVEAUDELATOURDISLE.FR, T 0490 207025, GEÖFFNET: TÄGLICH DI & DO-SA 9.17-12.34 & 15.32-19.19, SO AB 8.58, IM SOMMER AUCH MO & MI GEÖFFNET

ANTIKMARKT IN L'ISLE-SUR-LA-SORGUE

ANTIKMARKT IN L'ISLE-SUR-LA-SORGUE

DOMAINE DE LA FONTAINE Die herrliche, vom deutsch-französischen Tandem Irmy und Dominique Sundheimer restaurierte Domäne etwas außerhalb von L'Isle-sur-la-Sorgue an der D901 Richtung Apt hat fünf traditionell eingerichtete Zimmer ohne Schnickschnack. Die zwei Familienzimmer verfügen sogar über eine eigene Terrasse. Im weitläufigen Garten, natürlich mit Pool, kann man wunderbar frühstücken. Die Größe der Anlage (vier Hektar) vermittelt ein sehr ländliches Flair. Zweimal pro Woche wird für die Gäste gekocht.

920 CHEMIN DU BOSQUET, WWW.DOMAINEDELAFONTAINE.COM, T 0490 380144, PREIS: 114-125 €

FONTAINE-DE-VAUCLUSE

Fontaine-de-Vaucluse, die Quelle des Vaucluse, ist umgeben von steilen Felswänden. Der Name des Departements stammt übrigens vom römischen *vallis clausa*, was "geschlossenes Tal" bedeutet. Etwas oberhalb des Dorfes befindet sich eine Quelle, die gelegentlich wahre Wasserspiele verursacht. Schon der Weg zur Quelle ist Grund genug, in Fontaine haltzumachen. Sehenswert sind unter anderem auch das Santonmuseum und ein Museum zum Thema Widerstand im Zweiten Weltkrieg.

HÔTEL DU POÈTE Inhaber und Winzer Yves Tourbillon begrüßt seine Gäste höchstpersönlich und lädt sie gern auf ein Glas – eigenen – Wein ein. Das geräumige Haus hat 24 gepflegte, provenzalisch eingerichtete Zimmer, liegt im Dorf am Fuß eines Hügels, nah am Bach und ist umgeben von Bäumen. Vor allem der Aufenthalt im oder am Schwimmbad und im Jacuzzi ist ein besonderes Erlebnis, denn überall hört man das Plätschern der Quelle.
LE VILLAGE, WWW.HOTELDUPOETE.COM, T 0490 203405, PREIS: 95-310 €

PERNES-LES-FONTAINES

Wie der Name schon vermuten lässt, ist der Ort geprägt von einer Vielzahl an Springbrunnen – ganze 40 sind es! An fast jeder Straßenecke findet man einen, manche sind völlig mit Moos bedeckt. Errichtet wurden sie in der zweiten Hälfte des 18. Jahrhunderts. Ein Brunnenrundgang ist eine gute Möglichkeit, um den Ort mit seinen hübschen Häusern kennenzulernen.

DOMAINE LA NESQUIÈRE Wer einmal so richtig urtümlich provenzalisch wohnen möchte, sollte sich hier einquartieren. Das alte Landhaus mit seinen dicken Mauern liegt inmitten eines herrlichen Blumengartens, in dem sich auch ein großer Pool befindet. La Nesquière bietet diverse Zimmer, Suiten, ein Appartement und ein Ferienhaus, dreimal in der Woche wird für die Gäste gekocht.
5419 ROUTE D'ALTHEN, WWW.LANESQUIERE.COM, T 0490 620016, PREIS: 125-140 €, BEI BUCHUNG VON 8 NACHTEN ODER MEHR 10 % ERMÄSSIGUNG

DIE DOMAINE DE LA PETITE CHEYLUDE ist der Inbegriff von Ruhe. Das prachtvolle, vier Hektar große Gehöft aus dem 17. Jahrhundert verfügt über drei Gästezimmer und fünf Wohnungen, die alle hell, modern, aber geschmackvoll eingerichtet sind. Hier kann man den Alltag vergessen und sich am großen Schwimmbad, auf der Liegewiese, im schattigen Garten oder in der gemütlichen Gemeinschaftsküche nach Herzenslust entspannen.
518 ROUTE DE LA GASQUI, WWW.PETITE-CHEYLUDE.COM, T 0490 613724, PREIS: ZIMMER AB 95 €, GÎTES AB 390 €

LUBERON REGION

MALERISCHE DÖRFER UND GRÜNE HÜGEL

Das grüne Tal zwischen dem Kleinen und Großen Luberon erlangte über Nacht Weltruhm, als 1989 Peter Mayles Buch *Mein Jahr in der Provence* ein Bestseller wurde. Der englische Schriftsteller, der damals als Ruhesuchender im Luberon weilte, hat sich mit seinem Werk ungewollt den Ärger der Einheimischen zugezogen. Denn die Flut an Touristen, die auf der Suche nach der typischen Provence mit Baskenmützen, ausgedehnten Mittagessen und farbenprächtigen Märkten über die Region einbrachen, fand man hier nicht wirklich erfreulich. Fakt aber ist, dass der Luberon seitdem ein Begriff ist: Neben zahlreichen Amerikanern, Parisern und anderen "Ausländern", die hier ein Feriendomizil erworben haben, sieht man im Sommer auch Horden japanischer Touristen, die sich mit dem Buch in der Hand auf die Spuren von Peter Mayle begeben. Nichtsdestotrotz ist der Luberon ein wunderschönes Gebiet geblieben und außerhalb der Hochsaison auch angenehm ruhig.

Für eine Erkundungstour durch den Luberon sollte man sich ein wenig Zeit nehmen. Natürlich geht es auch im Schnelldurchgang, aber dann verpassen Sie eine Menge. Denn jedes Dorf hat hier seinen ganz eigenen Charme. Im Luberon kann man problemlos eine Woche verbringen, ohne sich zu langweilen.

APT

Apt, die Hauptstadt des Luberon, ist berühmt für den Samstagsmarkt. Dann kommen viele Menschen aus der Umgebung hierher, und die Stadt ist proppenvoll. Parken im Zentrum ist dann unmöglich. Lassen Sie sich davon dennoch nicht abschrecken, denn der Markt ist wirklich lohnend. Man findet dort alles Mögliche: von Oliven bis Sandalen, von Wurst bis Schmuck. Kommen Sie rechtzeitig, um die Mittagszeit ist der Markt schon wieder vorbei.

Im **THYM TE VOILÀ** werden mit frischen provenzalischen Zutaten internationale Gerichte wie Rote-Bete-Suppe, pochierter Lachs mit Asia-Gewürzen oder Braune-Bohnen-Kuchen zubereitet. Die Karte richtet sich nach dem Angebot am Markt, aber der sympathische Inhaber achtet darauf, dass sich darauf mindestens ein Gericht mit Fleisch, Fisch oder Hähnchen befindet. Tipp: Zur Auswahl stehen auch 15 Kaffeesorten.
59 PLACE SAINT-MARTIN, WWW.THYMTEVOILA.COM, T 0490 742825, GEÖFFNET: MAI & JUNI DI-SA MITTAGSZEIT, DO-SA ABENDS, JULI & AUG. DI-SA MITTAGSZEIT & ABENDS, HAUPTGERICHT AB 12,50 €

LE PLATANE liegt etwas abseits vom Trubel und hat eine wunderbare Terrasse. Die Bedienung ist flott, die frisch zubereiteten Gerichte sind einfach, aber gut, zum Beispiel die Pistaziensuppe. Vegetarische Gerichte gibt es übrigens auch, und das ist in Frankreich nicht selbstverständlich.
25 PLACE JULES FERRY, T 0490 047363, GEÖFFNET: MO-SA 12.00-14.00 & 19.00-21.30, PREIS: DREI-GÄNGE-MENÜ 29 €

LUBERON REGION

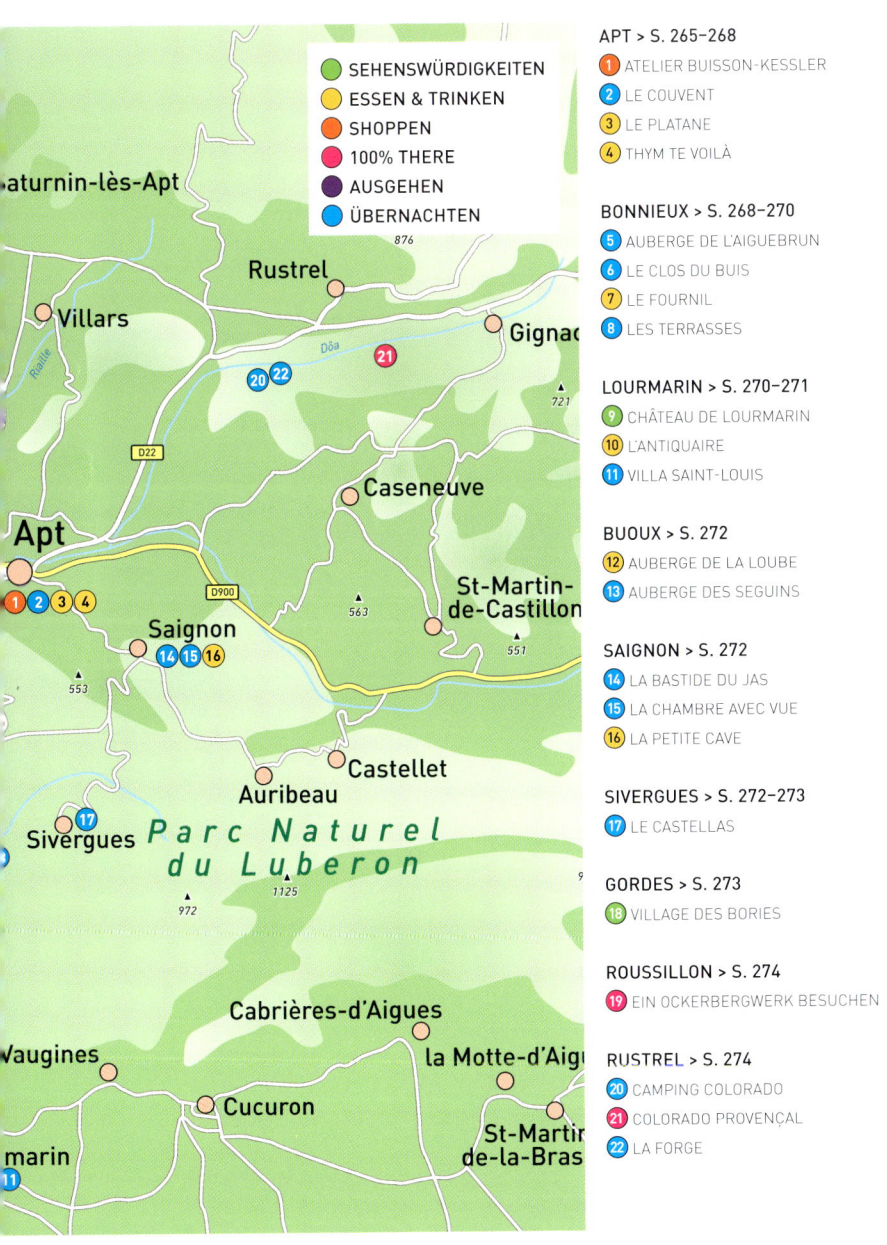

APT > S. 265–268
1. ATELIER BUISSON-KESSLER
2. LE COUVENT
3. LE PLATANE
4. THYM TE VOILÀ

BONNIEUX > S. 268–270
5. AUBERGE DE L'AIGUEBRUN
6. LE CLOS DU BUIS
7. LE FOURNIL
8. LES TERRASSES

LOURMARIN > S. 270–271
9. CHÂTEAU DE LOURMARIN
10. L'ANTIQUAIRE
11. VILLA SAINT-LOUIS

BUOUX > S. 272
12. AUBERGE DE LA LOUBE
13. AUBERGE DES SEGUINS

SAIGNON > S. 272
14. LA BASTIDE DU JAS
15. LA CHAMBRE AVEC VUE
16. LA PETITE CAVE

SIVERGUES > S. 272–273
17. LE CASTELLAS

GORDES > S. 273
18. VILLAGE DES BORIES

ROUSSILLON > S. 274
19. EIN OCKERBERGWERK BESUCHEN

RUSTREL > S. 274
20. CAMPING COLORADO
21. COLORADO PROVENÇAL
22. LA FORGE

ATELIER BUISSON-KESSLER Apt ist auch die Stadt des Steinguts, wie die zahlreichen Ateliers belegen, die neben Tellern auch Becher und Schüsseln herstellen. Das Atelier Buisson-Kessler mit seinem farbenprächtigen Sortiment und einer Filiale in Lourmarin, 14 Rue de la Juiverie, ist eines von ihnen.
PLACE DU SEPTIER, WWW.ATELIERBUISSON-KESSLER.COM, T 0490 048961, GEÖFFNET: MO-DI & DO-FR 8.30-18.00, SA 8.30-12.30, JULI & AUG MO-SA 8.30-12.30

LE COUVENT Das beeindruckende *maison d'hôtes* am Ortsrand ist in einem Kloster aus dem 17. Jahrhundert untergebracht. Das Haus liegt hinter einer hohen Mauer und ist umgeben von einem prächtigen Blumengarten. Marie und Laurent Pierrepont haben die Zimmer geschmackvoll im Stil der Provence eingerichtet, in sanften Erdtönen und mit wenig Schnickschnack.
36 RUE LOUIS ROUSSET, WWW.LOUCOUVENT.COM, T 0490 045536, PREIS: 95-140 €

BONNIEUX

Das auf einem Hügel gelegene Bonnieux eignet sich gut als Ausgangspunkt für Ausflüge durch den Luberon. Der Ort bietet einige gute Pensionen und Restaurants, allerdings sollte man immer rechtzeitig reservieren, vor allem im Sommer. Tipp für Wanderer: In der Nähe liegt der reizvolle Forêt de Cèdres.

LE FOURNIL Dieses Lokal wurde aus dem Felsen gehauen, was innen deutlich zu sehen ist. Die Terrasse auf einem kleinen Platz mit Brunnen und Blick auf das Tal ist ein angenehmer Ort zum Verweilen. Aus der Küche kommen köstliche Gerichte wie Ravioli mit Lammhirn, Zucchinitarte mit Garnelen oder Lamm mit Thymiandressing.
5 PLACE CARNOT, WWW.LEFOURNIL-BONNIEUX.COM, T 0490 758362, GEÖFFNET: DI-FR & SO MITTAGSZEIT & ABENDS, SA NUR ABENDS, PREIS: MENÜ 28,80-45 €

LES TERRASSES Welches Zimmer Sie auch nehmen, eine großartige Aussicht über das Tal haben Sie immer. Da jedes Zimmer nur von außen über die eigene Terrasse betreten werden kann, fühlt es sich so an, als hätte man eine Ferienwohnung gemietet. Diese angenehme Pension verfügt über einen Pool, zwei-, dreimal die Woche kochen Marie Laure und Jean Marc für ihre Gäste.
QUARTIER LES BRUILLÈRES, WWW.TERRASSES-LUBERON.COM, T 0490 758740, PREIS: 145 €

AUBERGE DE L'AIGUEBRUN Die idyllische Luxusherberge liegt zwischen Bonnieux und Lourmarin in einem parkähnlichen Garten, durch den ein kleiner Fluss fließt. So kann man direkt am Wasser in einem der Betten, die hier bereitstehen, die himmlische Ruhe genießen. Im ausgezeichneten hauseigenen Restaurant gibt es viele Köstlichkeiten wie Entenbrust-Carpaccio oder Crème brûlée mit Pistazien. An Samstagen werden Kochkurse angeboten.
DOMAINE DE LA TOUR RD 943, WWW.AUBERGEDELAIGUEBRUN.FR, T 0490 044700, PREIS: 170-240 €

AUF DEM MARKT IN APT

BONNIEUX

LE CLOS DU BUIS Pierre und Lydia Maurin sind die Inhaber dieser wunderbaren Unterkunft unterhalb des Dorfes, die acht fantastische Zimmer mit WiFi und großartigem Talblick, einen herrlichen Garten mit Pool sowie einen Klaviersalon bietet. Zum Frühstück reicht Pierre selbst gemachte Marmeladen. Zusätzlich gibt es eine Küche, in der man selbst etwas zubereiten kann, sowie einen Parkplatz.
RUE VICTOR HUGO, WWW.LECLOSDUBUIS.COM, T 0490 758848, PREIS: 129-147 €

LOURMARIN

Es hat sich herumgesprochen, dass Peter Mayle hier seine Zelte aufgeschlagen hat. Wer Lourmarin besucht, wird schnell verstehen, warum er hier lebt: Malerische Gassen und Plätze mit Straßencafés, gute Restaurants und ein prachtvolles Schloss sind Grund genug.

CHÂTEAU DE LOURMARIN Etwas außerhalb stößt man auf dieses Schlösschen, das als das älteste Renaissanceschloss der Provence gilt und besichtigt werden kann.

Besuchen Sie unbedingt den schlosseigenen Weinkeller, Les Caves des Châteaux, in dem Sie neben Wein auch Olivenöl und Skulpturen kaufen können.
WWW.CHATEAU-DE-LOURMARIN.COM, T 0490 68 15 23, FÜR ÖFFNUNGSZEITEN SIEHE WEBSITE, EINTRITT: 6,50 €, LES CAVES DES CHATEAUX, T 06 10690926, GEÖFFNET: MI-MO 11.00-13.00 & 15.00-19.00

L'ANTIQUAIRE Wie der Name bereits vermuten lässt, war dieses Restaurant einmal ein Antiquitätenladen. Heute hat es zwei Speisesäle, von denen einer mit Erbstücken, der andere wie eine Art Wintergarten eingerichtet ist. David kocht so ausgezeichnet, dass Axelle nichts anderes übrig bleibt, als die Gerichte – allesamt Klassiker wie etwa Tournedos, Carpaccio und Gazpacho – mit einem Lächeln zu servieren.
9 RUE DU GRAND-PRÉ, WWW.RESTAURANTANTIQUAIRE.COM, T 0490 681729, GEÖFFNET: DI-SA 12.00-14.30 & 20.00-22.00, PREIS: MENÜ 48 €

VILLA SAINT-LOUIS Fast 30 Jahre ist es her, dass Bernadette und Michel Lassallette das einstige Postamt zu *chambres d'hôtes* umfunktionierten. Das Haus ist geschmackvoll mit Möbeln und Gemälden aus vergangenen Jahrhunderten eingerichtet und verströmt ein romantisches Ambiente. Im ummauerten, parkähnlichen Garten, den man von der Terrasse in der ersten Etage über eine Treppe erreicht, kann man herrlich zur Ruhe kommen.
35 RUE HENRI SAVOURNIN, WWW.VILLANSAINTLOUIS.COM, T 0490 683918, PREIS: 65-80 €

BUOUX

Angesichts seiner bescheidenen Größe hat Buoux erstaunlich viel zu bieten: eine Burgruine, eine Kapelle mit einem Altar aus dem 12. Jahrhundert und ein herrliches Wandergebiet (das an der D113 entsprechend ausgeschildert ist).

AUBERGE DE LA LOUBE Maurice Leporati, der Küchenchef, hat ein Faible für Pferdefuhrwerke und Kutschen – unübersehbar, wenn man sich dem Lokal nähert. Berühmt aber ist er für seine provenzalischen Vorspeisen wie Zucchinikaviar, Oliventapenade oder karamellisierte Zwiebeln. Auch das Lammragout ist sehr empfehlenswert. Achtung: Sie können nur bar zahlen – und in Buoux gibt es keine Geldautomaten.
QUARTIER DE LA LOUBE, T 0490 741958, GEÖFFNET: DI & MI & FR-SO 12.00-13.30, MO-FR 20.00-21.30, PREIS: MENÜ 24 €

DIE AUBERGE DES SEGUINS liegt in der Nähe der Burgruine und ist ein idealer Ausgangspunkt für Wanderungen. Dass die Herberge teils aus dem Felsen gehauen wurde, ist im Inneren deutlich sichtbar. Das Haus verfügt auch über ein Schwimmbad und einen Schlafsaal (mit 20 Betten). Wer ein Zimmer mit Halbpension bucht, kann sich auf gediegene provenzalische Gerichte freuen. Für Sprachinteressierte werden Wochenkurse Französisch inklusive Ausflüge angeboten.
COMBE DE LOURMARIN, WWW.AUBERGEDESSEGUINS.COM, T 0490 741637, GEÖFFNET: 1. MÄRZ-15. NOV., PREIS: ZIMMER HALBPENSION AB 75 € P. P., SPRACHKURS 1136 € (DOPPELZIMMER) BZW. 800 € (MEHRBETTZIMMER)

SAIGNON

Das malerische Saignon liegt auf einem Hügel ein paar Kilometer südöstlich von Apt entfernt. Es ist eines der weniger bekannten Dörfer im Luberon, hat aber einige gute Restaurants und Unterkünfte zu bieten.

LA PETITE CAVE Bereits kurz nach der Eröffnung wurde das Restaurant mit Preisen nur so überschüttet. Die Inhaber Andrew Goldsby und Marie Lise Le Bourhis machen nur, wozu sie Lust haben, und daraus entsteht eine täglich wechselnde Speisekarte. Kulinarisch ist alles vom Feinsten: ausgezeichnete Zutaten und Gerichte, die geschmackvoll serviert werden – was will man mehr. Vergessen Sie nicht zu reservieren.
RUE LE QUAI, WWW.LAPETITECAVE-SAIGNON.COM, T 0490 766492, GEÖFFNET: DI-SA 19.30-21.30, PREIS: MENÜ 39 €

LA BASTIDE DU JAS Diese Unterkunft hat nur fünf Zimmer, aber die sind so schick, dass man dafür tief in die Tasche greifen muss. Die Einrichtung ist eine Mischung aus Alt und Neu: antike Möbel, moderne Betten und Badezimmer. Das Haus verfügt auch über drei Appartements unterschiedlicher Größe sowie eines in einer ehemaligen Kapelle mit zwei geräumigen Schlafzimmern und einer gut ausgestatteten Küche.
RUE DU JAS, WWW.BASTIDEDUJAS.COM, T 0490 048359, OKT.-MARZ GESCHLOSSEN, PREIS: 76- 121 €, KAPELLEN-APPARTEMENT 2500 €/WOCHE

LA CHAMBRE AVEC VUE Das Haus der exzentrischen Polin Kamila Regent ist voll mit Gemälden und Skulpturen – hier dreht sich alles um Kunst. Vor allem der Skulpturengarten ist sehenswert. Ein Zimmer in ihrem Haus hat Kamila einem *artist in residence* vorbehalten, der in ihrem Atelier der Kunst frönen kann. Ausgestellt werden die Werke anschließend in der hauseigenen Galerie. Wegen der vielen Kunstwerke im Haus eignet sich die Unterkunft nicht für Familien mit Kindern.
RUE CILLY, WWW.CHAMBREAVECVUE.COM, T 0490 048501, NOV.-FEBR. GESCHLOSSEN, PREIS: 90-100 €

SIVERGUES

Sivergues zählt höchstens zehn Häuser und ist ein ganz normales Bergdorf. Dennoch gibt es einen guten Grund, gerade diesen Ort zu besuchen: das Restaurant Le Castellas, eines der besten in der Provence.

LE CASTELLAS Hier, am Ende der Welt, kann man mit Blick auf die Berge speisen und wird währenddessen von Ziegen beschnuppert. Kein Wunder, denn Le Castellas ist ein Ziegenhof mit Wurzeln im 16. Jahrhundert. Dass die Gerichte von Ziegenkäse und -schinken geprägt sind, mag daher nicht verwundern. Man isst an langen Holztischen, das Essen wird vom Gastgeber Gianni höchstpersönlich gebracht. Übernachten kann man hier übrigens auch. Das Haus bietet sieben Zimmer und einen Schlafsaal. Einziger Haken: Es ist nicht leicht zu finden, eine Beschilderung sucht man vergeblich: Folgen

IN DER UMGEBUNG VON SAIGNON

Sie der einzigen Teerstraße in Sivergues, die am Ende in einen Sandweg übergeht, und fahren Sie darauf noch etwa einen Kilometer. Tipp: Melden Sie sich vorher telefonisch an.
T 0490 743081, GEÖFFNET: MO-SO 13.00-20.00, PREIS: MENÜ 30 €, ZIMMER 50-70 €, INKL. FRÜHSTÜCK

GORDES

Gordes scheint fest in Händen gut betuchter "Fremder" zu sein. Verständlich, denn Dorf und Aussicht sind wirklich einmalig. Die Steine, mit denen viele Häuser und auch die typischen Steinhütten erbaut wurden, scheinen bei Sonnenuntergang zu leuchten.

VILLAGE DES BORIES Ein paar Kilometer westlich von Gordes liegt das Village des Bories, ein Weiler mit *bories*, den typischen Steinhütten, in denen bis ins 18. Jahrhundert Menschen mit ihren Tieren wohnten. Von den schätzungsweise 3000 dieser aus Steinen erbauten Hütten, die es im Luberon noch gibt, befinden sich hier 20. Da es in den Steinhütten immer angenehm kühl ist, werden manche auch als Weinkeller genutzt.
LES SAVOURNINS, CHÂTEAU DE GORDES, T 0490 720348, GEÖFFNET: TÄGLICH JUNI-SEPT. 9.00-SONNENUNTERGANG, EINTRITT: 5,50 €

ROUSSILLON

Wegen der rötlich-ockerfarbenen Böden ringsherum wird Roussillon auch oft "rote Stadt" genannt. Bereits vor 2000 Jahren verwendeten die Römer diese Erde zur Herstellung von Steingut. Das Dorf ist der Startpunkt des Wanderwegs Sentier des Ocres (Dauer: ca. 45 Minuten) durch die ockerfarbene Landschaft.

EIN OCKERBERGWERK BESUCHEN In Gargas befinden sich die Bergwerke von Bruoux. Bei einer Besichtigung der 15 Meter hohen roten Stollen (Dauer: etwa 50 Minuten) erfährt man alles über das "rote Gold" und kann sehen, wie es gewonnen wird. Besichtigen kann man nur einen kleinen Teil (650 Meter) des insgesamt über 40 Kilometer umfassenden unterirdischen Netzwerks. Wer gern mit Pinseln hantiert, kann hier Ockerfarbe kaufen.
ROUTE DE CROAGNES, WWW.MINESDEBRUOUX.FR, T 0490 062259, FÜHRUNGEN: IN DEUTSCHER SPRACHE JULI.-AUG. TÄGLICH 10.15, FRANZÖSISCH APR.-OKT. 10.30, 14.00, 15.00, 16.00 & 17.00, EINTRITT: 7,50 €

RUSTREL

Nicht ganz so beliebt wie Roussillon, aber genauso rot ist Rustrel, wo ebenfalls Ocker gewonnen wird. Ockerbrüche findet man im Colorado Provençal, das zwar in privater Hand ist, Besuchern jedoch offensteht.

COLORADO PROVENÇAL In diesem Gebiet mit hohen Ockerfelsen verlaufen diverse Wanderwege wie etwa der Sentier de Cheminée de Fée oder der Sentier du Sahara. Sie sind nicht allzu lang, aber auch nicht einfach. Das Gebiet liegt südlich von Rustrel, an der D22 in Richtung Banon.
WWW.COLORADO-PROVENCAL.COM, T 0432 049607, GEÖFFNET: TÄGLICH 8.00-19.00, EINTRITT: ERW. 6 €, KINDER 3 €

CAMPING COLORADO Auf diesem fünf Hektar großen Zeltplatz in der Nähe des Colorado Provençal nächtigt man zwischen rotbraunen Felsen und unter Bäumen. Außer einer Bar verfügt der Platz über einen Pool und einen Fahrradverleih.
QUARTIER NOTRE DAME DES ANGES, WWW.CAMPING-LE-COLORADO.FR, T 0490 049037, ZELTPLATZ 12,70-17.00 €/TAG

Das **LA FORGE** zwischen Rustrel und Apt ist ein prachtvolles Landhaus aus dem 19. Jahrhundert inmitten einer idyllischen Umgebung. Es liegt im Colorado Provençal mit Blick auf die rotbraunen Felsen. Die Inhaber Dominique und Claude sind Künstler und haben ihr Haus mit schönen, schweren Steinen selbst errichtet. Es gibt auch einen Pool und etwa 200 Meter weiter ein Restaurant (Le Colorado).
QUARTIER NOTRE DAME DES ANGES (D22), WWW.LAFORGE.COM.FR, T 0490 049222, PREIS: 125 €

BESUCH IN EINEM OCKERBERGWERK

MONT VENTOUX BERG

RADFAHRER, LAVENDEL UND TRÜFFEL

Der Mont Ventoux ist, nach dem Mont-Blanc, wohl der bekannteste Berg Frankreichs. Benannt wurde der 1915 Meter hohe "kahle Riese" mit seinem weißen Kalksteingipfel nach dem Wind, der hier gern weht. Auf Radfahrer, speziell auf Rennradbegeisterte, übt der Berg eine magische Anziehungskraft aus. Alljährlich kommen Tausende hierher, um den Berg zu bezwingen. Wer Gleiches mit dem Auto beabsichtigt, sollte wissen, dass einem viele Radfahrer mit hohem Tempo entgegenkommen. Auch Wanderer finden hier jede Menge schöne Wanderwege. Ringsherum, im Pays de Mont Ventoux, liegen zahlreiche malerische Dörfer, die einen Besuch wert sind. Bedoin ist bei Radfahrern als Startpunkt für den Gipfelsturm des Mont Ventoux sehr beliebt. Ein Stück weiter liegt Sault, das für seine Lavendelfelder berühmt ist. Von hier führt zwar auch ein Weg auf den Gipfel, aber der ist bei Weitem nicht so steil. Wer die Umgebung ausführlich erkunden will, sollte seine Zelte in Carpentras, der "Trüffelhauptstadt" der Region, aufschlagen.

Am Mont Ventoux können sich Radfahrer verrückte Ehrennamen verdienen. So darf sich cinglé *(wörtlich: irre) nennen, wer den Mont Ventoux an einem Tag von drei Seiten bezwingt. Und ein* galérien *ist, wer darüber hinaus auch die 180 Kilometer der Route des Cèdres absolviert.* Diable *fahren fünfmal am Tag zum Gipfel,* cannibale *sogar sechsmal. Es gibt tatsächlich Fanatiker, die in 24 Stunden neunmal hochfahren!*

Das **CHALET REYNARD** in 1442 Metern Höhe ist die einzige Rastmöglichkeit am Südhang des Mont Ventoux. Hier haben die Radfahrer schon 15 Waldkilometer in den Beinen und bis zum Gipfel noch sechs lange Mondlandschaft-Kilometer vor sich. Wer will, trinkt noch etwas und füllt seine Trinkflaschen, *bidons*, auf. Cracks machen natürlich keine Pause und fahren in einem Stück nach oben. Das Lokal ist vor allem für Radbegeisterte interessant, die gern über ihren Sport fachsimpeln.
MONT VENTOUX CÔTE SUD, CHALET-REYNARD.COM, T 0490 618455, PREIS: MENÜ AB 19 €

CARPENTRAS

Als einst die Päpste in Avignon die Provence regierten, war Carpentras die Hauptstadt der Grafschaft (Comtat) Venaissin, eines bis 1791 unabhängigen Gebiets innerhalb Frankreichs. Aus ebenjener Blütezeit stammen viele sehenswerte Baudenkmäler wie etwa die Kathedrale und die Synagoge. Freitagvormittags findet hier einer der besten Märkte der ganzen Provence und im Winter ein Trüffelmarkt statt – die Umgebung von Carpentras ist reich an "schwarzen Diamanten". Sie sollten zeitig aufstehen, denn der Markt beginnt frühmorgens.

Die gut erhaltene **SYNAGOGE** von Carpentras ist eine der ältesten in Frankreich, ihre Geschichte reicht zurück in das Jahr 1367. Die Matzen werden nach wie vor in der hauseigenen Bäckerei hergestellt. Im Erdgeschoss befinden sich Bäder und ein Schwimmbad, das mit Quellwasser gespeist wird. Der Gebetsraum in der ersten Etage stammt aus dem 18. Jahrhundert.

PLACE MAURICE CHARRETIER, T 0490 633997, GEÖFFNET: MO-DO 10.00-12.00 & 15.00-17.00, FR 10-12, 15.00-16.00, EINTRITT: FREI

CATHÉDRALE SAINT-SIFFREIN Die Kathedrale im Herzen von Carpentras ist eines der wenigen gotischen Gotteshäuser der Provence. Wer genau hinschaut, erkennt allerdings, dass der Baustil keineswegs einheitlich ist. Kein Wunder, denn die Bauzeit der Kathedrale betrug über 100 Jahre, 1404 bis 1519. In der Apsis befindet sich eine prächtige Holzfigurengruppe aus dem 17. Jahrhundert. Die Fassade ist mit Blumenornamenten und Details aus dem Epos *Reineke Fuchs* reich verziert. Direkt neben der Kathedrale steht die Porte d'Orange, das einzige Relikt der Stadtmauer aus dem 14. Jahrhundert.

PLACE ST. SIFFREIN, T 0490 630833, GEÖFFNET: TÄGLICH 7.30-12.00, 14.00-18.30, EINTRITT: FREI

TOP 10

EINEN TRÜFFELBAUERN BESUCHEN Wer wissen will, was Trüffel so einmalig macht und wie man sie findet, begleitet Eric und seine Trüffelhunde Mirette und Polka. Während der Wanderung (Dauer: 1,5 Stunden) erfahren Sie alles über den "schwarzen Diamanten". Abgeschlossen wird die Tour mit einer Trüffelverkostung. Der Hof La Truffe du Ventoux hat auch einen eigenen Laden, in dem selbst gemachte Trüffelprodukte verkauft werden, wie etwa Trüffelvinaigrette, Trüffelhonig oder Trüffelsaft. Trüffel-Essen (ab zehn Personen) finden sommers wie winters statt, aber vergessen Sie nicht, rechtzeitig zu reservieren. Der Trüffelhof liegt bei Monteux, fünf Kilometer südlich von Carpentras.

LA QUINSONNE, 543 CHEMIN DU TRAVERSIER, MONTEUX, WWW.TRUFFES-VENTOUX.COM, T 0490 668221, PREIS: ZIMMER 110 €

CHEZ SERGE Im Winter wird hier ein Trüffelmenü inklusive Trüffeldessert serviert. Serge ist ein absoluter Trüffelkenner und weiß genau, wie man ihn zubereitet. Und über Wein kann er auch einiges erzählen: 2008 wurde er vom *Gault Millau* zum Sommelier des Jahres gewählt. Seine Weinkarte liest sich wie ein Gedicht und umfasst auch bezahlbare Tropfen. Das angenehme, modern eingerichtete Restaurant hat eine hübsche Terrasse, auf der man im Sommer im Schatten einer riesigen Platane sitzt.

90 RUE COTTIER, WWW.CHEZ-SERGE.COM, T 0490 632124, GEÖFFNET: MO-SO JUNI-SEPT. 12.00-14.00 & 19.30-22.00, OKT.-MAI 12.00-13.30 & 19.30-21.30, PREIS: MENÜ AB 15 €

SAFARI Das Designhotel im nördlichen Teil von Carpentras hat 29 Zimmer, von denen die meisten in Erdtönen gehalten sind. Hinter dem Haus befinden sich eine große Terrasse sowie ein Pool, und im Inneren sorgt ein Spa/Hamam für das richtige Verwöhnprogramm. Zum Hotel gehört das Restaurant L'Hibiscus, sodass man das Haus

CHEZ SERGE

MAISON TREVIER

abends nicht mehr verlassen muss. Auf der Karte stehen im Sommer viele Fischgerichte – und im Winter dominiert der Trüffel.
1060 AVENUE JEAN HENRI FABRE, WWW.SAFARIHOTEL.FR, T 0490 633535, PREIS: 80-180 €

MAISON TREVIER Wer stilvolle Stadtvillen schätzt, ist hier richtig. Die riesigen Zimmer wurden von Madame Gina Trevier höchstpersönlich in einem aufregenden Stilmix eingerichtet. Das Maison Trevier bietet auch *séjours gourmands*, also mehrtägige Feinschmeckerseminare, an, wie zum Beispiel "Weekend Cuisine et Vin" (zwischen Mai und Oktober, 445 Euro inklusive Aufenthalt, Wein und Essen) oder "Découverte de la Truffe" mit Besuch eines Trüffelmarkts (Ende November bis Mitte März, 245 Euro inklusive Aufenthalt und Essen). Darüber hinaus veranstaltet Gina auch Kochkurse, *ateliers* genannt.
36 PLACE DU DOCTEUR CAVAILLON, WWW.MAISON-TREVIER.COM, T 0490 519998, PREIS: 145-185 €

CHÂTEAU TALAUD Wo einst der Marquis Grille d'Estoublon residierte, wohnen heute Gäste aus dem In- und Ausland. Das Luxus-Schlosshotel von Conny und Hein Deiters ist umgeben von einem Weinberg, Blumengarten und Trüffelwald und liegt etwas außerhalb von Carpentras. Bei der stilvollen Renovierung blieben die prachtvollen

Fassadenornamente erhalten. Die Zimmer sind sehr klassisch mit Himmelbetten, langen Vorhängen und passenden Möbeln eingerichtet. Neben den fünf Gästezimmern stehen noch zwei Appartements und ein kleines Landhaus zur Verfügung. Für die Gäste wird einmal wöchentlich gekocht.
D107 ROUTE DU MONTEUX, LORIOL DU COMTAT, WWW.CHATEAUTALAUD.COM, T 0490 657100, PREIS: 230-270 €, APPARTEMENTS 1600-1750 €/WOCHE

BÉDOIN

Der Name Bédoin soll angeblich auf *berceau de la vigne*, Wiege des Weinbergs, zurückgehen. Auf jeden Fall ist Bédoin ein namhaftes Weindorf, das auch für seinen Ventoux-Trüffel bekannt ist. Berühmt aber ist der Ort als das Mekka der Radfahrer.

LA GOUSSE D'AIL Hier werden frische Salate und traditionelle Gerichte mit viel Knoblauch serviert. Auch die Weinauswahl ist sehr ansprechend. Auf der Terrasse unter den gelben Markisen lässt es sich bestens speisen.
PLACE DU PORTAIL DE L'OLIVIER, T 0490 128202, GEÖFFNET: TÄGLICH IM SOMMER, PREIS: MENÜ 15-30 €

LA COLOMBE Der irische Küchenchef John Ellis weiß, wie provenzalische Gerichte wie zum Beispiel Soufflé mit Skorpionfisch und Wein, *brouillade aux truffes* und *blanquette de chevreau de Baronnies* am besten schmecken. La Colombe hat eine herrliche Terrasse und Parkplätze direkt am Haus.
ROUTE DU MONT VENTOUX, T 0490 656120, GEÖFFNET: MI-MO MITTAGSZEIT & ABENDS, PREIS: MENÜ 23 €

RADFAHREN Auch für Radbegeisterte, die nicht unbedingt den Mont Ventoux bezwingen wollen, gibt es in der Umgebung von Bédoin zahlreiche etwas weniger anstrengende Radwege. In der abwechslungsreichen Landschaft stößt man überall auf schmale Wege. In südlicher Richtung ist die Landschaft relativ flach, man kommt hier durch reizvolle kleine Dörfer. Sie haben kein Fahrrad dabei? Dann mieten Sie doch eines bei Bedoin Location.
LE COURS, WWW.BEDOIN-LOCATION.FR, T 0490 659453, GEÖFFNET: 9.00-19.00, PREIS: AB 20 €/TAG

EINEN WINZER BESUCHEN Château Pesquié ist ein prachtvolles Schloss mit Blick auf den Mont Ventoux. Bereits in dritter Generation bewirtschaftet Familie Bastide die Weinberge, die dank des hervorragenden Terroirs – Lehm und Schiefer – fruchtige Weine hervorbringen. Der Besuch ist kostenlos, im Gegensatz zu den Führungen durch den Weinkeller oder durch die Weinberge während der Lese. Verkosten kann man die Weine natürlich auch.
ROUTE DE FLASSAN, WWW.CHATEAUPESQUIE.COM, T 0490 619408, GEÖFFNET: MO-SA 9.00-12.00 & 14.00-18.00 & OSTERN-SEPT. AUCH SO, FÜHRUNGEN: AUF ANFRAGE

BASTIDE AU VENTOUX Etwa zehn Gehminuten von Bédoin entfernt liegt diese herrliche Unterkunft, deren Inhaber die Belgier Paul und Lieve Ghys sind. Die Zimmer, von denen eines ein extra Kinderschlafzimmer hat, befinden sich im Erdgeschoss und haben alle eine eigene Eingangstür und Terrasse. Zum Schwimmbad im Garten, dem Trampolin und der Sandkiste führt ein von Rebstöcken gesäumter Weg.
CHEMIN DES VERGERS AUX BAUX, WWW.BASTIDEAUVENTOUX.COM, T 06 72465949, PREIS: JULI-AUG. 60-260 €
(FÜR MINDESTENS 7 TAGE), AUSSFRHALB DER HOCHSAISON 35-200 € (FÜR MINDESTENS 3 TAGE)

SAULT

Das Bergdorf Sault, etwa 13 Kilometer südöstlich des Mont Ventoux, erreicht man über eine schöne, kurvenreiche Waldstraße. Nicht so sehr das Dorf selbst zieht so viele Menschen an, sondern vor allem der grandiose Blick über das Departement Vaucluse. Vor allem im Sommer, wenn der Lavendel blüht, ist die Aussicht einfach fantastisch.

Von Norden her über die D40 und D942 kommend, sollte man unbedingt auch in Brantes, 20 Kilometer vor Sault, halten. In diesem ursprünglichen 65-Einwohner-Weiler hoch oben in den Bergen findet man ein Kirchlein, eine Schneiderin, eine Seifenmanufaktur und einen Tante-Emma-Laden.

ANDRÉ BOYER Sein Nugat ist butterweich und schmeckt nach Lavendelhonig und frischen Mandeln: André Boyer ist zwar nicht der Einzige, der behauptet, den besten Nugat der Provence herzustellen, aber ein Anwärter auf diesen Titel ist er allemal. Im Laden, seit der Gründung 1887 in Familienbesitz, verkauft Boyer auch köstliche Kekse, Torten und Kuchen. Auf der Website wird gezeigt, wie Nugat hergestellt wird, und man kann online bestellen.
PORTE DES AIRES, WWW.NOUGAT-BOYER.FR, T 0490 640023, GEÖFFNET: TÄGLICH 7.30-19.00

EINEN LAVENDELHOF BESUCHEN Unterhalb von Sault in Richtung des Mont Ventoux liegt der Bauernhof La Ferme aux Lavandes. Wer sich für eine Führung eine Stunde Zeit nimmt, erfährt zum Beispiel, dass es Dutzende verschiedene Lavendelsorten gibt, die alle unterschiedlich verwendet werden. Lavendelprodukte kaufen kann man hier ebenfalls. Achtung: Der Hof ist wegen der Hitze nur frühmorgens und spätnachmittags geöffnet.
LA ROUTE DU MONT VENTOUX, WWW.LA-FERME-AUX-LAVANDES.COM, T 06 82935209, GEÖFFNET: LADEN TÄGLICH,
FÜHRUNGEN JUNI-AUG. 11.00, 15.00, 17.00 UND AUF ANFRAGE

CHÂTEAU PESQUIÉ

HOSTELLERIE DU VAL DE SAULT Nur 1,5 Kilometer außerhalb von Sault liegt dieses Hotel in herrlicher Landschaft. Von nahezu allen Zimmern hat man einen Blick auf die Lavendelfelder und den Mont Ventoux. In einigen Appartements kann man diese Aussicht sogar von der Badewanne aus genießen. Die Hostellerie hat ein eigenes gutes Restaurant mit einer täglich wechselnden Speisekarte, auf der immer ein Trüffelgericht steht. Ein paar Schritte vom Haupthaus entfernt befindet sich eine Dependance mit drei Appartements und einem Pool.
ROUTE DE SAINT TRINIT, WWW.VALDESAULT.COM, T 0490 640141, PREIS: 75-190 €, SUITE 189-247 €

PIERRE DE LUNE Auch dieses Gästehaus bietet eine großartige Aussicht auf die Lavendelfelder – und zwar vom Pool aus. Das bei Aurel, 1,5 Kilometer nördlich von Sault, gelegene Hotel hat drei Zimmer im provenzalischen Stil, als Farben dominieren Hellblau und Gelb. Im geschmackvollen Esszimmer serviert Marie-Jo köstliche Gerichte. Neben einer angenehmen Terrasse verfügt das Haus auch über einen Tennisplatz. Jean-Pierre beantwortet gern önologische Fragen – als Inhaber eines Weinladens im Dorf weiß er, wovon er spricht.
QUARTIER DE LA SENTINELLE (AUREL), T 0490 641358, PREIS: 75 €

CÔTES DU RHÔNE REGION

AUSGRABUNGSSTÄTTEN UND WEINBERGE

In diesem Teil des Rhonetals sind das Klima und die Böden so günstig, dass die Reben fantastische Weine hervorbringen. Namhafte Weindörfer liegen hier aufgereiht wie Perlen an einer Schnur: Châteauneuf-du-Pape, Gigondas, Vacqueyras, Beaume-de-Venise ... Und dazwischen: Weinberge, so weit das Auge reicht, und zahlreiche Winzer und Weindomänen, die Gäste herzlich willkommen heißen. Kurzum: ein Paradies für Freunde von Côtes-du-Rhône-Weinen.

Am äußeren Rand der Weinregion liegt Orange. Die einst bedeutende römische Siedlung war von 52 v. Chr. an drei Jahre in Händen der Gallier, wurde aber dann von den Römern zurückerobert. Aus jener Zeit datieren der mächtige Triumphbogen und auch das beeindruckende Amphitheater. Viel später, im Jahr 1544, geriet die Stadt in den Besitz von Wilhelm I. von Nassau und wurde so zur Wiege des niederländischen Königshauses. Spuren römischer Vergangenheit finden sich übrigens auch in Vaison-la-Romaine, einem gemütlichen Städtchen mit einem netten Markt und zahlreichen Restaurants und Straßencafés.

ORANGE

Obwohl in Orange einige schöne Häuser mit Belle-Époque-Balkonen zu sehen sind, ist es keine Stadt, für die man sich tagelang Zeit nehmen muss. Sehenswert sind das antike Theater und der Triumphbogen.

Das 103 Meter breite und 37 Meter hohe **THÉÂTRE ANTIQUE** gilt als das am besten erhaltene römische Theater der Welt. Erbaut wurde es wahrscheinlich um 27 v. Chr. auf Geheiß von Augustus, es bot 10.000 Besuchern Platz. Besonderheit: Die Bühnenwand ist die einzige weltweit, die noch als Ganzes existiert, auch wenn stellenweise einige Mosaikteilchen und das Dach fehlen. Erstaunlich ist die phänomenale Akustik dieses Theaters. Deshalb finden hier im Juli und August im Rahmen des Opernfestivals Chorégies d'Orange zahlreiche Konzerte statt. Karten für dieses Klassikfestival sollte man einige Monate im Voraus reservieren. Einen schönen Blick auf das Theater hat man vom Hügel La Colline Saint-Eutrope aus, dem höchsten Punkt der Stadt hinter dem Theater.
BOULEVARD MADELEINE ROCH, THEATRE-ANTIQUE.COM, T 0490 511760, GEÖFFNET: TÄGLICH JUNI-AUG. 9.00-19.00, APR.-MAI & SEPT. 9.00-18.00 & NOV.-FEBR. 9.30-16.30 & MÄRZ UND OKT. 9.30-17.30, EINTRITT: 5,00 € (KOMBIKARTE INKL. MUSEUMSBESUCH); PROGRAMM OPERNFESTIVAL: WWW.CHOREGIES.COM, PREIS: JE NACH VORSTELLUNG

MUSÉE D'ORANGE Die Eintrittskarte für das antike Theater schließt auch den Besuch des Musée d'Orange gegenüber ein. Hier können Sie römische Artefakte wie einige Friese aus dem Theater und ein Grundbuch aus dem 1. Jahrhundert n. Chr. bewundern.
T 0490 512464, GEÖFFNET: TÄGLICH MÄRZ & OKT. 9.45-12.30 & 13.30-17.30, APR.-MAI & SEPT. 9.15-18.00, JUNI-AUG. 9.15-19.00, NOV.-FEBR. 9.30-16.30, PREIS: 5 € ((KOMBIKARTE INKL. THEATERBESUCH)

Der **ARC DE TRIOMPHE** im nördlichen Teil der Stadt wurde zu Ehren von Julius Caesar errichtet, der über die Gallier und im Jahr 49 v. Chr. über die griechische Flotte gesiegt hatte. Fertiggestellt wurde der acht Meter breite, 18 Meter lange und 19 Meter hohe Bogen vermutlich erst im 1. Jahrhundert n. Chr. Zu finden ist der Bogen am Ende der Avenue de l'Arc de Triomphe, etwa 400 Meter von der Altstadt entfernt. Heute liegt er inmitten eines Kreisverkehrs. Falls Sie den Bogen etwas näher betrachten möchten, können Sie auf dem Parkplatz in der Nähe halten.

LA GROTTE D'AUGUSTE Zum römischen Theater sollte man schon allein deshalb gehen, weil sich hier das empfehlenswerte Restaurant La Grotte d'Auguste befindet. Man sitzt, geschützt von weißen Sonnenschirmen, schon fast im Theater. Die Gerichte wie die Terrine mit Foie gras oder die Minestrone mit Kirschsirup sind wunderbar angerichtet und schmecken köstlich.
RUE MADELEINE ROCH, WWW.RESTAURANT-ORANGE.FR, T 0490 602254, GEÖFFNET: MO-SA 12.00-14.00 & 19.00-21.00, PREIS: MENÜ AB 16 €

Verglichen mit den wenig überzeugenden Hotels, die man sonst in Orange findet, ist die **VILLA AURENJO** eine wahre Offenbarung. Die Villa mit Pool, Sauna und Tennisplatz liegt auf einem ummauerten Gelände im Herzen der Stadt. Die fünf Zimmer sind klassisch eingerichtet mit goldenen Wasserhähnen und Badewannen auf Füßen. Genuss pur bieten auch die angenehme Terrasse und der Olivenhain, der zum Lustwandeln einlädt.
121 RUE FRANCOIS CHAMBOVET, WWW.VILLA-AURENJO.COM, T 0490 111000, PREIS: 180-280 €

Die **AUBERGE DE L'ORANGERIE** befindet sich in Piolenc, etwa fünf Kilometer nördlich von Orange, in einem ehemaligen Postamt aus dem 18. Jahrhundert. Die Zimmer sind geräumig und mit provenzalischen Holzmöbeln ausgestattet. Das Haus hat ein eigenes Restaurant, in dem man ausgezeichnet essen kann – entweder innen umgeben von altem Mauerwerk oder draußen unter Schatten spendenden Bäumen.
4 RUE DE L'ORMEAU (PIOLENC), WWW.ORANGERIE.NET, T 0490 295988, PREIS: 80 €

VAISON-LA-ROMAINE

Aus archäologischer Perspektive ist Vaison-la-Romaine eine Sensation. Denn hier sind römische Ausgrabungsstätten zu besichtigen, die zu den bedeutendsten und beeindruckendsten Frankreichs gehören. Außerdem hat die Stadt eine fast völlig intakte mittelalterliche Altstadt, die auf einem Hügel südlich des Ouvèze-Flusses errichtet wurde – gegenüber der Neustadt an der Nordseite.

SITES ANTIQUES/GALLOROMANISCHE RUINEN Zwischen dem 6. und 2. Jahrhundert v. Chr. war Vaison, damals Vasio Vocontiorum genannt, eine lebendige Stadt. Erste Teile jener römischen Siedlung wurden 1907 bei Ausgrabungen zutage gefördert,

der Rest wurde in den nachfolgenden Jahrzehnten freigelegt. Heute kann man zwei Bereiche besichtigen: den Puymin-Hügel und La Villasse. Auf dem Puymin wurden vor allem Wohnhäuser und Mosaiken ausgegraben. Hier befinden sich auch ein archäologisches Museum und ein antikes Theater mit 6000 Plätzen. Die Sammlung des Museums umfasst zahlreiche Statuen, von denen die von Kaiser Hadrian und seiner Frau Sabina noch besonders gut erhalten sind. In La Villasse sind Thermen und zwei Wohnhäuser zu sehen.

AVENUE DU GENERAL DE GAULLE, WWW.VAISON-LA-ROMAINE.COM, GEÖFFNET: SITE & MUSEUM MÄRZ & OKT. 10.00-12.30 & 14.00-17.30, APR.-MAI 9.30-18.00, JUNI-SEPT. 9.30-18.30, NOV.-FEBR. 10.00-12.00 & 14.00-17.00 EINTRITT: 8,00 €, KINDER 3 € (BILLET "PASS")

MOULIN À HUILE Das angesehene Restaurant von Robert Bardot befindet sich in einer historischen, ockerfarbenen Olivenmühle. Seine Vorliebe gilt dem kulinarischen Abenteuer, er tischt daher gern ungewöhnliche Kombinationen auf wie etwa Hering mit Kaviar. Übernachten kann man in der Mühle ebenfalls. Es gibt drei Zimmer, die traditionell, aber doch eigenwillig eingerichtet sind – mit herausstechenden Elementen wie zum Beispiel knallroten Handtüchern und moderner Kunst an den Wänden.

ROUTE DE MALAUCÈNE, WWW.MOULIN-HUILE.COM, T 0490 362067, GEÖFFNET: DI-SA & SO-MITTAGSZEIT, PREIS: MENÜ AB 59 €, ZIMMER 140-160 €

Wer im **L'ÉVÊCHÉ** untergebracht ist, wohnt direkt in der mittelalterlichen Altstadt. Heute ist der einstige Bischofssitz ein Gästehaus voller Antiquitäten, Kunstwerke und Bücher. Drei der klassisch eingerichteten Zimmer haben eine Sitzecke, ein weiteres eine eigene Terrasse. Von hier hat man eine herrliche Aussicht auf Vaison. Da die Gassen der Altstadt sehr eng sind, kann man hier nicht parken.

RUE DE L'ÉVÊCHÉ, EVECHE.FREE.FR, T 0490 361346, PREIS: 92-140 €

LA FLEUR BLEUE Das alte Gehöft aus dem Jahr 1850 zwischen Vaison und Malaucène haben Fiejette und David in eine urgemütliche Unterkunft umgewandelt, die gerade Feinschmeckern auch kulinarische Höchstleistungen verspricht. Denn die Önologin und der Küchenchef zaubern die herrlichsten Gerichte und Weine auf den Tisch. Das Haus hat vier Gästezimmer, die Fiejette mit Möbeln von Flohmärkten eingerichtet hat, und ein *gîte*, ein Ferienhaus für sechs Personen.

LE SABLON (LE CRESTET), WWW.LAFLEURBLEUE.FR, T 0490 362345, PREIS: MENÜ AB 22 €, KOCHKURS 85 €, GÎTE 550-670 €

CHÂTEAUNEUF-DU-PAPE

Das malerische Dorf wird von der Ruine einer Burg überragt, die im 14. Jahrhundert als Sommerresidenz der Päpste von Avignon erbaut wurde. Heute steht davon nur mehr eine Mauer. Berühmt ist der Ort aber für seinen Wein, und darum dreht sich hier auch alles. Einige Winzer und Weindomänen haben im Ort eigene

Weinkeller eingerichtet, in denen man Wein verkosten und kaufen kann. Eine große Auswahl bei kurzen Entfernungen.

MUSÉE DU VIN BROTTE Im Weinmuseum erfährt man alles über die Herstellung des Rebensaftes – von früheren Methoden bis zum Prüfungsverfahren für AOC-Weine, von Rebsorten bis hin zu Werkzeugen, die im Weinbau vergangener Zeiten Anwendung fanden. Zur Sammlung gehören zum Beispiel eine Weinpresse aus dem 15. Jahrhundert und ein Weinfass aus dem 12. Jahrhundert: für Weinfreunde ein Muss.
AVENUE SAINT PIERRE DE LUXEMBOURG, WWW.BROTTE.COM, T 0490 835944, GEÖFFNET: 15. APR.-15. OKT. 9.00-13.00 & 14.00-19.00, 16. OKT.-14. APR. 9.00-12.00 & 14.00-18.00

LE VERGER DES PAPES Das Restaurant liegt auf einem Hügel und bietet einen herrlichen Blick über die Weinberge. Bei klarem Wetter kann man sogar den Mont Ventoux, Avignon und die Rhone sehen. Die Brüder Philippe und Jean-Pierre Estevin kochen traditionell provenzalisch mit Zutaten aus der Region. Beeindruckend ist auch der Weinkeller, in dem Sie aus 200 Flaschen Ihren Lieblingstropfen selbst auswählen dürfen. Das Weinhaus La Cave du Verger des Papes, in dem Verkostungen stattfinden, befindet sich nur einen Steinwurf entfernt.
4 RUE DU CHÂTEAU, WWW.VERGERDESPAPES.COM, T 0490 835040, GEÖFFNET: TÄGLICH AUSSER JULI-AUG. SO-ABENDS, SEPT.-JUNI SO- & DI ABENDS & MO, PREIS: MENÜ 33 €

LA SOMMELERIE Das Restaurant in dem eleganten Landhaus aus dem 17. Jahrhundert etwas außerhalb des Ortes besticht durch eine exquisite Küche. Hier dreht sich alles um Wild, Champignons, Trüffel und gute Weine. Wer übernachten will, hat die Wahl zwischen 14 Zimmern und zwei Suiten. Weitere Extras: ein großer Pool, ein stimmungsvoller Garten und ein Fahrradverleih. In Kochkursen können Hobbyköche ihren Horizont erweitern.
ROUTE DE ROQUEMAURE, WWW.LA-SOMMELLERIE.FR, T 0490 835000, GEÖFFNET: RESTAURANT DI-FR, SA-VORMITTAG & SO TAGSÜBER, PREIS: MENÜ 23-58 €, ZIMMER 113-129 €, SUITE 155-186 €

2006 kaufte der sympathische Winzer **OLIVIER HILLAIRE** drei Hektar Weinberge von einem Kollegen in Châteauneuf. Da er keinen eigenen *caveau* besaß, erwarb er kurzerhand eine Bäckerei im Dorf und baute diese zu einer Brasserie um. In der Mittagszeit ist Olivier höchstpersönlich zugegen, um über seine Weine zu fachsimpeln – die man hier übrigens auch kaufen kann.
1 RUE MARÉCHAL FOCH, T 0490 480387, GEÖFFNET: DI-SO MITTAGSZEIT

LA MÈRE GERMAINE liegt zwar mitten im Dorf, ist dennoch eine Unterkunft mit herrlicher Aussicht auf die Weinberge ringsherum. Die acht nicht sehr geräumigen Zimmer sind traditionell eingerichtet. Gutes provenzalisches Essen wird im hauseigenen Restaurant La Mère Germaine serviert – selbstverständlich mit einem Glas Châteauneuf-du-Pape.
3 RUE DU COMMANDANT LEMAITRE, WWW.LAMEREGERMAINE.COM, T 0490 227834, PREIS: 75 €

IN CHÂTEAUNEUF-DU-PAPE DREHT SICH ALLES UM WEIN

CHANTE ALOUETTE Die Sommelière Danièle Raulet-Reynaud teilt ihr Wissen gern mit ihren Gästen – scheuen Sie sich also nicht, Ihre önologischen Fragen an sie zu richten. Neben Weinkursen gehören auch Verkostungen zu ihrem Programm. Die drei Gästezimmer des Chante Alouette, das in einer prachtvollen historischen Stadtvilla mit lilafarbenen Fensterläden untergebracht ist, sind gemütlich eingerichtet.
20 AVENUE GÉNÉRALE DE GAULLE, WWW.CHATEUNEUF-WINE-BB.COM, T 0490 837938, PREIS: 85-100 €

BEAUMES-DE-VENISE

Beaumes-de-Venise ist wegen seines Muskatweins, eines süßen Dessertweins, bekannt. Der liebliche Ort ist auch ein idealer Startpunkt für Ausflüge in die sanfte Hügellandschaft. Und wenn Sie schon da sind, sollten Sie auch Vacqueyras und Gigondas ein paar Kilometer weiter nördlich nicht verpassen. Dort gibt es einige sehr gute Weingüter mit eigenen *caveaux* in den Dörfern. Naturfreunde fahren noch ein Stückchen weiter nach Dentelles de Montmirail, ein herrliches Wandergebiet.

Laurent Debeir, der Inhaber der Weindomäne **NUANCES DU SUD**, ist ein Experte in puncto Muskatwein, weiß aber auch über Rotweine aus Beaumes-de-Venise und Bioweine aus dem Vaucluse genauestens Bescheid. Er ist immer gern behilflich, wenn jemand einen Wein sucht. Um die Auswahl zu erleichtern, sind die meisten Flaschen in seinem Laden mit ausführlichen Beschreibungen versehen. Wer eine Weindomäne besuchen will, bekommt von Laurent sogar eine Wegbeschreibung. Gute Winzer gibt es in Beaumes in Hülle und Fülle, die Domaines Bernardins und De Durban gehören zu den besten.
BOULEVARD JEAN RASPAIL, WWW.NUACNESDUSUD.FR, T 0490 629792, GEÖFFNET: TÄGLICH WÄHREND DER SAISON, AUCH WEINVERKOSTUNGEN

 DIGNE-LES-BAINS, MANOSQUE UND SISTERON, LAC DE SAINTE-CROIX UND GORGES DU VERDON ALPES-DE-HAUTE-PROVENCE

ALPES-DE-HAUTE-PROVENCE

AUTOTOUR ALPES-DE-HAUTE-PROVENCE

So können Sie das Departement Alpes-de-Haute-Provence in vier Tagen entdecken. Die Route bringt Sie zu allen Orten, die Sie gesehen haben sollten, und birgt einige Überraschungen. Sie essen zwischen Einheimischen und wohnen ganz besonders.

TAG 1 **MANOSQUE >** das Centre Jean Giono besuchen (S. 298) **>** einen Stadtspaziergang machen und La Porte Saunerie bewundern **>** bei L'Antidote zu Mittag essen (S. 298) **>** dem Rundgang folgen und in den Fabriken von l'Occitane en Provence mit zehn Prozent Rabatt einkaufen (S. 299) **>** im Bastide de L'Adrech speisen und übernachten (S. 300) **>**

TAG 2 **SISTERON UND DIGNE-LES-BAINS >** in Sisteron die historische Zitadelle besichtigen (S. 301) **>** nach Digne-les-Bains fahren **>** in einem Straßencafé etwas trinken und dann für ein Picknick einkaufen **>** die Fondation Alexandra David-Néel besuchen (S. 297) **>** nach Barles (nördlich von Digne-les-Bains) fahren **>** im Garten des Musée Promenade picknicken (S. 297) **>** im größten geologischen Reservat Europas auf Fossiliensafari gehen (S. 297) **>** in der Villa Gaia speisen und die Nacht verbringen (S. 298) **>**

TAG 3 **MOUSTIERS-SAINTE-MARIE >** nach Moustiers-Sainte-Marie fahren **>** durch das historische Zentrum schlendern **>** zur Kapelle Notre-Dame-de-Beauvoir hinaufsteigen (S. 303) **>** auf der Terrasse der Ferme Sainte-Cécile zu Mittag essen (S. 303) **>** am rechten Ufer des Verdon-Flusses nach La Palud sur Verdon fahren (S. 307) **>** der Route des Crêtes folgen und die grandiose Aussicht genießen **>** nach Moustiers-Sainte-Marie zurückkehren **>** im Bastide de Moustiers essen und übernachten (S. 303) **>**

TAG 4 **MONTAGNAC-MONTPEZAT >** auf der Terrasse des Hotels das Frühstück einnehmen **>** der Lavendelroute folgen und über Riez und Valensole nach Quinson fahren **>** das Musée de la Préhistoire des Gorges du Verdon aufsuchen (S. 304) **>** am See von Quinson picknicken **>** nach Sainte-Croix-du-Verdon fahren (S. 307) **>** bei Le Petit Port ein Boot ausleihen (S. 307) **>** den riesigen Stausee erkunden und die Ruhe genießen **>** am Abend bei L'Olivier essen (S. 307) **>** in La Maison du Bois Doré im Trüffeldorf Montagnac-Montpezat übernachten (S. 306) **>**

DIGNE-LES-BAINS, MANOSQUE UND SISTERON REGION

FOSSILIEN, MARKT UND ZITADELLE

DIGNE-LES-BAINS

Digne-les-Bains ist zwar die Hauptstadt des Departements, zählt dennoch nur knapp 17.000 Einwohner. Der Name des Ortes stammt aus Zeiten, in denen die Kleinstadt ein renommierter Kurort war und Linderung suchende Menschen von überall hierherkamen. Heutzutage gibt es hier nur noch am Ortsrand ein Spa und eine Sauna.

Bei Digne-les-Bains stoßen drei Täler zusammen, es liegt somit genau zwischen den Tiefebenen und den Alpen und stellt einen strategisch wichtigen Durchgangsort dar. Ob Hirten mit ihren Schafen oder Feldherrn wie Napoleon, der hier 1815 einen Halt einlegte – Digne hat sie alle gesehen. Im Sommer liegt der Ort eingebettet in wohlduftende, lilafarbene Lavendelfelder. Digne lässt das Herz von Fossilienfreunden höherschlagen, denn die Gegend ist bekannt für aufregende geologische Funde.

FONDATION ALEXANDRA DAVID-NÉEL Anfang des 20. Jahrhunderts folgte Alexandra David-Néel (1868–1969) ihrer großen Leidenschaft und reiste nach Tibet. Dort schlief sie allein in einem Zelt in den Bergen und verkleidete sich als Bettler, um das Land zu erkunden. Die Französin ist eine der ersten Frauen, die allein in die Welt hinauszog, und einer der ersten Menschen aus der westlichen Welt, der Tibet besuchte. 18 Monate hatte sie ursprünglich für ihre Reise eingeplant, 13 Jahre sollten es werden. Ihren Lebensabend verbrachte Alexandra David-Néel in Digne-les-Bains, weil die Berge sie an Tibet erinnerten. Das Museum informiert ausführlich über die Kultur Tibets und Alexandras Abenteuer.

27 AVENUE DU MARÉCHAL-JUIN, WWW.ALEXANDRA-DAVID-NEEL.ORG, T 0492 313238, FÜHRUNGEN (DAUER ETWA 1 STD.): OKT.-JUNI DI-SO 10.00, 14.00 & 15.30, JULI-SEPT. TÄGLICH 10.00, 14.00 & 15.30, EINTRITT: FREI

FOSSILIENSAFARI Digne-les-Bains liegt inmitten des Geologischen Reservats der Haute Provence, mit 150 Quadratkilometern eines der größten Gebiete seiner Art in Europa. Nach Fossilien suchen (ohne Werkzeug) darf man hier nur an einigen Stellen, die auf Infoblättern genauestens genannt werden. Besonders spektakulär sind die Dalles aux Ammonites ein paar Kilometer nördlich von Digne in Richtung Barles. In diesen Felsen befinden sich 500 Fossilien, die bereits 65 Millionen Jahre alt sind. Etwas weiter sind Spuren von Vögeln zu sehen, die hier vor etwa 30 Millionen Jahren gelebt haben. Die Straße nach Barles führt an steilen Felswänden entlang zum Musée Promenade, das auch für Besucher sehenswert ist, die keine ausgesprochenen Fans von Fossilien sind. Das Museum liegt auf einem Berg in einem herrlichen Park mit rauschenden Bächen.

GEÖFFNET: TÄGLICH APR.-JUNI & SEPT.-OKT. 9.00-12.00 & 14.00-17.30, JULI & AUG. WOCHENTAGS 9.00-13.00 & 14.00-19.00, AM WOCHENENDE 10.30-12.30 & 14.00-19.00

VILLA GAIA Das angenehme Gasthaus von Anne-Françoise und Georges-Eric liegt mitten im Grünen, zehn Autominuten von Digne entfernt. Neben zwölf klassisch eingerichteten Gästezimmern voller Antiquitäten, die die Inhaber selbst gesammelt haben, verfügt das Haus auch über ein Solarium und einen Pool. Anne-Françoise kocht täglich – wer will, kann mitessen.
24 ROUTE DE NICE, WWW.HOTEL-VILLAGAIA-DIGNE.COM, T 0492 312160, PREIS: AB 72 €, HALBPENSION AB 75-95 €

MANOSQUE

Das gemütliche Manosque ist mit seinen 22.000 *bas-alpins* das einwohnerreichste Städtchen des Departements. Das Leben spielt sich vor allem in der Einkaufsstraße Rue Grande und an der Place du Terreau ab. Die bedeutendste Sehenswürdigkeit findet man direkt am Anfang der Rue Grande: La Porte Saunerie aus dem 12. Jahrhundert. Der Samstagvormittag steht im Zeichen des lebhaften Wochenmarktes. Hotels und Restaurants hat das Städtchen vergleichsweise viele, was es zu einer idealen Basisstation für Ausflüge in das Gebiet macht. Manosque ist von Hügeln mit zahlreichen Aussichtspunkten umgeben.

CENTRE JEAN GIONO Die Alpes-de-Haute-Provence wird manchmal auch "das Land von Jean Giono" genannt. Der Schriftsteller (1895–1970) hat zahlreiche Werke über die Provence und ihre Bewohner verfasst, in denen auch regelmäßig der Name Manosque fällt, da er hier sein ganzes Leben verbracht hat. Das Museum (Informationen in französischer Sprache mit englischer Übersetzung) ist sehr sehenswert. Das Centre Jean Giono veranstaltet "literarische Spaziergänge" mit unterschiedlichen Themenschwerpunkten, Informationen dazu finden Sie auf der Website. Tipp: Der Garten hinter dem Museum ist eine erholsame Oase der Ruhe.
3 BOULEVARD ÉLÉMIR-BOURGES, WWW.CENTREJEANGIONO.COM, T 0492 705454, GEÖFFNET: OKT.-MÄRZ DI-SA 14.00-18.00, APR.-SEPT. DI-FR 9.30-12.30 & 14.00-18.00, SA (UND JULI-SEPT. AUCH SO) 9.30-12.00 & 14.00-18.00, EINTRITT: 4 €

L'ANTIDOTE Etwas versteckt an der Place Marcel Pagnol und unweit der Einkaufsstraße Rue Grande liegt das L'Antidote. Hätte das Lokal nicht eine hübsche Terrasse auf dem Platz, würde man es glatt übersehen. In diesem winzigen Restaurant werden typisch provenzalische Gerichte mit einem innovativen Touch à L'Antidote serviert, etwa Gazpacho mit Gurkensorbet, Auberginenkaviar oder Jakobsmuscheln mit Topinamburmousse.
34 RUE DU SOUBEYRAN, T 0492 765481, GEÖFFNET: DO-DI 12.00-14.00 & 19.00-21.30, PREIS: MENÜ 20 €

Auf den ersten Blick wirkt das **CAFÉ DE LA POSTE** nicht unbedingt einladend, denn es liegt an einer viel befahrenen Straße, und die Einrichtung mit den Plastikstühlen ist nicht gerade überzeugend. Wer aber erst einmal sitzt, merkt, wie gemütlich es hier ist. Tatsächlich gehört das Café zu den stimmungsvollsten der Stadt. Es scheint,

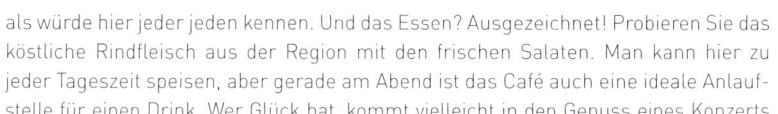

UMGEBUNG VON MANOSQUE

als würde hier jeder jeden kennen. Und das Essen? Ausgezeichnet! Probieren Sie das köstliche Rindfleisch aus der Region mit den frischen Salaten. Man kann hier zu jeder Tageszeit speisen, aber gerade am Abend ist das Café auch eine ideale Anlaufstelle für einen Drink. Wer Glück hat, kommt vielleicht in den Genuss eines Konzerts mit Livemusik.

RUE DE LA REINE JEANNE, WWW.CAFEDELAPOSTE.COM, T 0492 726902, GEÖFFNET: MO-SA 7.00-0.00, PREIS: MENÜ 20 €

L'OCCITANE EN PROVENCE Manosque ist die Heimatstadt von L'Occitane en Provence, dem Hersteller von natürlichen Pflegemitteln für die Haut. Der Betrieb wurde 1976 von Olivier Baussan gegründet, und verwendet werden nur Zutaten aus der Region. Inzwischen hat die Marke Niederlassungen in allen Erdteilen. In der etwas außerhalb der Stadt gelegenen Fabrik werden kostenlose Führungen angeboten (Dauer: etwa eine Stunde, Anmeldung bei der Touristeninformation, 16 Place du Docteur Joubert). Besucher des Ladens und der Fabrik erhalten beim Einkauf zehn Prozent Rabatt. Weitere L'Occitane-Shops in der Provence finden Sie in Aix-en-Provence, Arles, Avignon, Marseille und Nizza.

21 RUE GRANDE, WWW.LOCCITANE.COM, T 0492 701600, GEÖFFNET: MO-FR (BESUCH NACH VORANMELDUNG)

BASTIDE DE L'ADRECH

UN JARDIN EN VILLE liegt zwar an einem viel befahrenen Kreisverkehr am Ortsrand, aber davon merkt man im Garten nichts. Das Erdgeschoss ist den Gästen vorbehalten, die Inhaber Franchette und Jean-Michel wohnen eine Etage höher. Das Haus hat drei geräumige Gästezimmer mit großen Fenstern, einer gemütlichen Einrichtung mit warmen Gelbtönen und Holzböden. Überdies verfügt das Haus über eine große Wohnküche.
8 AVENUE DE LA LIBÉRATION, WWW.CHAMBRES-PROVENCE.FR, T 0492 711740, PREIS: 55 €

BASTIDE DE L'ADRECH Hier, etwa zehn Autominuten von Manosque entfernt, wohnt man quasi zwischen Olivenbäumen. Genießer kommen voll auf ihre Kosten, denn das ansehnliche Haus bietet elegante Gästezimmer und eine feine Küche. In Letzterer schwingt Robert le Bozec den Kochlöffel, nachdem er jahrelang in renommierten Restaurants Erfahrungen gesammelt hat. Er teilt sein Wissen gern mit seinen Gästen in Kochkursen, die sich zum Beispiel der Zubereitung von Trüffeln, Soßen, Fleisch und Geflügel widmen.
AVENUE DES SERRETS, WWW.BASTIDE-ADRECH.COM, T 0492 711418, PREIS: 78 €, KOCHKURS (DAUER: 3 STD.) 40 € INKL. MITTAGESSEN

HÔTEL LE PRÉ SAINT MICHEL Das Hotel befindet sich in den Hügeln am Ortsrand von Manosque und bietet einen herrlichen Blick über das Tal. Die Zimmer sind stilvoll und unterschiedlich eingerichtet, es gibt einen tollen Pool und ein gutes Restaurant.
MONTÉE DE LA MORT D'IMBERT, WWW.PRESAINTMICHEL.COM, T 0492 721427, PREIS: 90-122 € EXKL. FRÜHSTÜCK, FRÜHSTÜCK 12 €

SISTERON

Sisteron liegt eingeklemmt zwischen steilen Bergwänden in den Ausläufern der Alpen. Schon die Römer wussten die strategische Lage am Fluss zu schätzen und gründeten an der Via Domitia die Siedlung Segustero. Im Zweiten Weltkrieg fiel die Altstadt Bomben der Alliierten zum Opfer, die so den Rückzug deutscher Truppen beschleunigen wollten. Von Sisteron aus kann man in westlicher Richtung herrliche Ausflüge in liebliche Flusstäler mit malerischen Dörfern unternehmen.

CITADEL Sisterons größte Sehenswürdigkeit ist die mächtige Zitadelle, von der aus man eine tolle Aussicht auf das ganze Tal hat. Gebaut wurde sie zwischen dem 3. und 16. Jahrhundert und erfüllte ihre Funktion auch noch im 19. Jahrhundert, als sie der Verteidigung gegen die Truppen Napoleons diente. Wer die riesige Zitadelle ganz besichtigen will, sollte genügend Zeit mitbringen. Von Mitte Juli bis Mitte August ist sie alljährlich Kulisse für das Festival des Nuits de la Citadelle, ein Klassikfestival.
1 ALLÉE DE VERDUN, WWW.CITADELLEDESISTERON.FR, T 0492 610600, GEÖFFNET: APR. 9.00-18.00, MAI 9.00-18.30, JUNI & SEPT. 9.00-19.00, JULI & AUG. 9.00-19.30, OKT. 9.00-17.30, NOV. 10.00-17.00, EINTRITT: 6,20 €

LAC DE SAINTE-CROIX UND GORGES DU VERDON REGION

WANDERN, WASSERSPORT UND SCHLUCHT

MOUSTIERS-SAINTE-MARIE

Das malerische Dorf, das zu Recht zu einem der schönsten Dörfer Frankreichs auserkoren wurde, liegt am Fuß eines gewaltigen Felsens. Besteigen kann man diesen über eine aus dem Stein gehauene Treppe, die an einem Gebirgsbach entlangführt. Oben warten die Kapelle Notre-Dame-de-Beauvoir aus dem 12. Jahrhundert und eine großartige Aussicht über die Verdon-Schlucht. Hoch über dem Dorf hängt eine geheimnisvolle Kette mit einem goldenen fünfzackigen Stern, die hier – so die Legende – im 13. Jahrhundert von einem Ritter namens Blacas als Dank für seine Befreiung aufgehängt wurde. Bekannt ist Moustiers auch für seine alte Keramiktradition – im Sommer sind die schattigen Gassen voller Touristen auf der Suche nach schönem Steingut und Souvenirs.

SAVEURS & NATURE Bei Saveurs & Nature schmeckt alles frisch. Der Honig stammt aus eigener Herstellung, die Säfte werden vor Ort gepresst – und sogar das Bier braut man hier selbst: La Bière du Verdon ist ein angenehmes Getränk, das neben Gerstensaft etwas Honig und Kräuter der Provence enthält: erfrischend nach der anstrengenden Kletterpartie zur Kapelle.
RUE SAINT-ANNE, T 0492 74 64 48, GEÖFFNET: APR.-NOV. 10.00-19.00, PREIS: 8 €

FERME SAINTE CÉCILE Aus einer alten Ruine haben Catherine und Patrick ein tolles Restaurant mit stilvoller Terrasse gemacht. Catherine berät Sie beim Studium der vielversprechenden Weinkarte, während Patrick anspruchsvolle Gerichte zubereitet. Den frischen Fisch kauft er täglich ganz in der Früh auf dem Fischmarkt in Marseille, die Lammkeulen und den Ziegenkäse bei einem Schäfer in Sisteron. Die Leidenschaft der beiden für guten Rebensaft schlägt sich auch in ihrem Weinkeller nieder, der eine Auswahl empfehlenswerter Tropfen aus der Provence und aus anderen Regionen umfasst, die sie zu anständigen Preisen anbieten.
ROUTE DES GORGES DU VERDON, WWW.FERME-STE-CECILE.COM, T 0492 746418, GEÖFFNET: DI-SA & SO TAGSÜBER, PREIS: MENÜ 35 €

LA BASTIDE DE MOUSTIERS Das am Ortsrand gelegene Hotel von Alain Ducasse ist von mächtigen Zypressen, Olivenhainen, Lavendel und Kräutern der Provence umgeben. Der Kochguru weiß eben, wo es schön ist. In diesem kleinen Hotel mit zwölf im provenzalischen Stil eingerichteten Zimmern zu wohnen ist etwas ganz Besonderes. Auch die Gerichte mit Gemüse aus dem eigenen Garten sind ein Gaumenschmaus. Kurzum: Genuss pur.
CHEMIN DE QUINSON, WWW.BASTIDE-MOUSTIERS.COM, T 0492 704747, PREIS: ZIMMER 250-390, SUITE 450-650 €, PREIS: MENÜ AB 60 €

BEAUVOIR ANTIQUITÉS UND **OMBRE & LUMIÈRE** Claude und Thomas begrüßen die Besucher ihrer Läden immer überschwänglich. Im ersten finden Sie alte Möbel, provenzalisches Steingut und Designobjekte, mitunter auch Seide des namhaften amerikanischen Designers Jim Thompson. Im zweiten nebenan steht alles im Zeichen der Provence, das Sortiment umfasst originelle Souvenirs und Deko-Objekte. Zögern Sie nicht, die Inhaber nach Tipps zu fragen.
RUE DE LA BOURGADE, T 0492 746548, GEÖFFNET: TÄGLICH JUNI-SEPT. 10.30-19.00, OKT.-DEZ. & MO-MAI DI-SO 10.30-19.00

FERME DE FÉLINES Etwas versteckt an einer Bergwand am rechten Ufer der beeindruckenden Verdon-Schlucht, nur ein paar Kilometer von Moustiers-Sainte-Marie entfernt, liegt die Ferme de Félines. Das ehemalige Gehöft mit 40 Hektar Grund wurde in eine wunderbare Unterkunft verwandelt, die sich perfekt in die herrliche Landschaft einfügt. Die drei Zimmer des Hauses, das von der Inhaberin Rita allein geführt wird, sind mit großen Panoramafenstern ausgestattet, die eine beispiellose Aussicht über den Lac de Sainte-Croix ermöglichen. Das Frühstücksbuffet ist sehr üppig, und im Winter kann man Rita und ihre Hunde auf die Jagd begleiten – nach "schwarzen Diamanten" (Trüffeln).
ROUTE DES GORGES DU VERDON D952, T 0492 746419, PREIS: AB 125 €

QUINSON

Quinson, ein 300-Seelen-Dorf mit einem außergewöhnlichen Museum, liegt an einem großen See. Oder besser gesagt an einer elf Kilometer langen Ansammlung von kleinen Buchten, Rinnen und Tümpeln, die zum Tretboot- und Kajakfahren sowie Windsurfen einladen. Im Sommer kann man sich an der Straße nach Riez an blühenden Lavendelfeldern ergötzen.

MUSÉE DE LA PRÉHISTOIRE DES GORGES DU VERDON Der Entwurf des imposanten Museumsgebäudes stammt vom renommierten Architekturbüro Foster & Partners, das auch weltberühmte Bauwerke wie die Millennium Bridge in London oder die Hängebrücke von Milau entworfen hat. Allein schon dieses architektonische Juwel rechtfertigt einen Besuch in Quinson. Das elliptische Bauwerk erinnert an eine Muschel oder ein *calisson d'Aix*, das köstliche Mandel-Orangen-Konfekt aus Aix-en-Provence. Dank dieser Form fügt sich das fast 5000 Quadratmeter große Gebäude harmonisch in das Dorf ein. Das Museum, das 2001 seine Pforten öffnete, gehört zu den größten seiner Art in Europa und ist nicht nur für interessierte Laien, sondern auch für Wissenschaftler von Bedeutung. Zur Sammlung gehören wichtige archäologische Funde, die in den 1960er-Jahren freigelegt wurden. Moderne multimediale Techniken machen den Aufenthalt zu einem einmaligen Erlebnis. Besuchen kann man in der Nähe des Museums auch das archäologische Herz der Provence, La Baume Bonne.

MUSÉE DE LA PRÉHISTOIRE DES GORGES DU VERDON

L'OLIVIER

Diese Grotte belegt, dass die Provence bereits vor 400.000 Jahren besiedelt war. Gut zu wissen: Für Führungen ist eine Voranmeldung erforderlich.

ROUTE DE MONTMEYAN, WWW.MUSEEPREHISTOIRE.COM, T 0492 740959, GEÖFFNET: MI-MO FEBR. MÄRZ & DEZ. 10.00-18.00, APR.-JUNI & SEPT. 10.00-19.00, JULI-AUG. 10.00-20.00, EINTRITT: 7 €, KINDER 6-17 J. 5 €, KINDER BIS 6 J. FREI

MONTAGNAC-MONTPEZAT

Das ursprüngliche Dorf am Lac de Sainte-Croix ist gewöhnlich eher beschaulich. Außer im Januar, wenn der große Trüffelmarkt stattfindet. Diesem Ereignis, das in der weiteren Umgebung bei Kennern und Köchen gleichermaßen bekannt und beliebt ist, verdankt der Ort auch seinen Spitznamen: "Montagnac-les-Truffes".

LA MAISON DU BOIS DORÉ Das Gästehaus von Thomas und Claude liegt am Ortsrand von Montagnac-Montpezat auf dem Lavendelplateau von Valensole. Claude, der von hier stammt, und Thomas, der sich gut eingelebt hat, bieten ein familiäres und lockeres Ambiente, in dem Erholung allererste Priorität hat. Die komfortablen Zimmer sind geschmackvoll und mit viel Liebe zum Detail eingerichtet. Jedes hat eine eigene kleine Terrasse, auf der man morgens ein üppiges Frühstück serviert bekommt. Die Lage des Hauses ist ideal für Gäste, die Ausflüge in die Gegend – zum Beispiel zum Lac de Sainte-Croix, der Verdon-Schlucht oder nach Moustiers-Sainte-Marie – unternehmen wollen.

PLAN DE CROIX, WWW.LAMAISONDUBOISDORE.FR/DE T 0492 780587, PREIS: 87 €, 585 €/WOCHE

SAINTE-CROIX-DU-VERDON

Das kleine Dorf auf einem Hügel liegt direkt am zehn Kilometer langen und zwei Kilometer breiten Lac de Sainte-Croix. Der Stausee wurde 1973 fertiggestellt und ist ein Eldorado für Wassersportler. Auch wer sich nur sonnen oder wandern will, kommt hier voll auf seine Kosten.

L'OLIVIER Für seine raffinierte Küche wurde Claude 2010 von Michelin mit dem Titel "Bib Gourmand" ausgezeichnet. Zu Recht, denn das Essen ist wirklich erstklassig. Die Kombination aus erntefrischen Zutaten und der *grande finesse* von Claude gipfelt in Gaumenfreuden allererster Güte: Eintöpfe mit Gemüse der Saison, saftige *filets de rougets* (Knurrhahn) und originelle Fleisch- und Wildgerichte. Die geschmackvolle Einrichtung geht auf das Konto von Claudes Frau Sylvie. Schade, dass das Lokal keine Terrasse besitzt.

LE VILLAGE, T 0492 778795, GEÖFFNET: MI-SO 12.00-14.00 & 19.30-21.30, PREIS: 22 €

LE PETIT PORT Da der Lac de Sainte-Croix aus ökologischen Gründen nicht von Motorbooten befahren werden darf, ist es am See herrlich ruhig. Andere Aktivitäten wie Surfen, Tretbootfahren, Segeln oder Kajakfahren sind jedoch erlaubt. Bei Le Petit Port kann man sogar Boote mit Elektromotor (und Sonnenschirm) ausleihen, in denen bis zu sieben Personen Platz finden. Ideal für Familien mit (kleinen) Kids.

PLAGE DE LA FONTAINE, WWW.LEPETITPORT04.COM, T 06 73656009, GEÖFFNET: APR.-OKT. AB 9.30

LA PALUD SUR VERDON

Der Ort liegt im Herzen des Parc Naturel Régional du Verdon, eines 100 Hektar großen Gebiets, das zu den unberührtesten Frankreichs gehört. Die zentrale Lage macht La Palud sur Verdon zum idealen Startpunkt für eine Autotour durch die spektakuläre Verdon-Schlucht, für abenteuerliche Wanderungen oder sportliche Aktivitäten wie Hydrospeed, Klettern, Raften, Drachenfliegen und Canyoning. Folgen Sie einfach der D952 und dann der Route des Crêtes, einer 23 Kilometer langen Strecke mit zahlreichen Kurven und Aussichtspunkten.

WANDERWEG SENTIER MARTEL Dieser fantastische Wanderweg trägt den Namen des französischen Höhlenforschers Édouard-Alfred Martel und verläuft etwa 15 Kilometer parallel zum Verdon-Fluss. Man kann die Strecke von zwei Seiten gehen. Im Sommer erhält das Châlet La Maline jedoch den Vorzug als Startpunkt (das beste Licht für Fotos, einfacher Zugang). Nehmen Sie sich ruhig einen Tag Zeit, sodass Sie unterwegs ausgiebig die Natur genießen können und auch noch Gelegenheit finden, zur Abkühlung in den Fluss zu springen. Nach etwa sieben Stunden endet Ihre Wanderung am Point Sublime. In La Maison des Gorges du Verdon, im Zentrum von La Palud sur Verdon, erhalten Sie ausführliche Informationen über die Wander- und Autorouten und zahlreiche andere Aktivitäten in der Gegend.

LE CHÂTEAU, WWW.LAPALUDSURVERDON.COM, T 0492 773202, GEÖFFNET: MI-MO 15. MÄRZ-30. JUNI & 1. SEPT.-15. NOV. 10.00-12.00 & 16.00-18.00, 1. JULI-31. AUG. 10.00-13.00 & 16.00-19.00

....

Für erfahrene Wanderer sind solche Wege kein Problem, für Ungeübte jedoch eine richtige Herausforderung. Aus gutem Grund dürfen Kinder bis zehn Jahre und Hunde nicht mitgenommen werden. Gute Wanderschuhe, eine Sonnenbrille, adäquate Kopfbedeckung und eine Taschenlampe (die Tunnel sind stockfinster) gehören genauso zur Standardausrüstung wie ausreichend Trinkwasser (im Sommer drei Liter pro Person), Proviant und (Bar-)Geld für den Bus oder das Taxi, mit dem Sie zum Startpunkt zurückgelangen.

....

SAINTE-CROIX-DU-VERDON

ORTSNAMENREGISTER

> A

aiguines	166
aix-en-provence	198

> SEHENSWÜRDIGKEITEN

atelier paul cézanne	202
cours mirabeau	201
fondation de vasarely	201
musée granet	201

> ESSEN & TRINKEN

artistes, les	204
passage, le	202
pasta cosy	205
pierre reboul	204
zinc d'hugo, le	202

> SHOPPEN

cmijn design	205

> 100% THERE

opernfestspiele	206
thermes sextius	206

> AUSGEHEN

café le verdun	207
deux garçons, les	207
rotonde, la	206

> ÜBERNACHTEN

épicerie, l'	209
hôtel cézanne	209
hôtel en ville	209
hôtel le manoir	209

antibes und juan-les-pins	72
apt	265
arles	210

> SEHENSWÜRDIGKEITEN

abbaye de montmajour	214
arènes d'arles	213
espace van gogh, l'	213
fondation van gogh	214
musée réattu	213
théâtre antique	213
thermen des konstantin	214

> ESSEN & TRINKEN

atelier de jean-luc rabanel, l'	216
monde de sophie, le	217

> SHOPPEN

au brin de thym	217
librairie actes sud	217

> 100% THERE

fête des gardians	218
fotofestival	217

> ÜBERNACHTEN

calendal, le	218
grand hôtel nord-pinus	218
hôtel de l'amphithéâtre	218
hôtel saint trophime	219

aups	162
auron	103
avignon	248

> SEHENSWÜRDIGKEITEN

collection lambert	253
fondation anglandon-dubrujeaud	252
musée calvet	252
palais des papes	249
pont d'avignon, le	252

> ESSEN & TRINKEN

ami voyage... en compagnie, l'	318
cour d'honneur, la	321
épicerie, l'	318
essentiel, l'	319
piedoie, le	318

> SHOPPEN

carré de blé, le	321
c-bo	321
mouret	321

> 100% THERE

festival d'avignon	322

> AUSGEHEN

opéra café	322
utopia-la manutention	322

> ÜBERNACHTEN

hôtel du palais des papes	323
limas, le	323
lumani	323
péniche	323

> B

bandol	135
baudinard-sur-verdon	165
bauduen	165
beaumes-de-venise	291
bédoin	281
besse-sur-issole	147
bonnieux	268
bormes les mimosas	128
buoux	271

> C

camargue	220
cannes	82

> SEHENSWÜRDIGKEITEN

chapelle bellini	103
hôtel carlton intercontinental	102
palais des festivals et des congrès	103

> ESSEN & TRINKEN

apprentis gourmets, les	106
bellota house	105
coquillages brun	105
mang'oz juice bar	105
miò café	106
sug'art	105
tonnelle, la	105
volupté	106
z plage	106

> SHOPPEN

céneri	109
comptoir des cottonniers, le	108
fendi	109
jean luc pelé	109

> 100% THERE

île de lérins: sainte-marguerite en saint-honorat	110

> AUSGEHEN

bar for you – sparkling restaurant	112
palm beach casino, le	112

> ÜBERNACHTEN

hôtel alnea	113
hôtel canberra	113
hôtel molière	113

carpentras	277
cassis	238
châteauneuf-du-pape	288
cogolin	118
cotignac	144

> D

digne-les-bains	297
draguignan	148

> E

entrecasteaux	141
esparron	147

> F

flayosc	152
fontaine-de-vaucluse	262
fréjus	168

> SEHENSWÜRDIGKEITEN

arènes de fréjus	211
cathédrale saint-léonce et cloître	212
chapelle notre-dame-de-jérusalem	212
musée archéologique municipal	212
villa aurélienne	212

> ESSEN & TRINKEN

amandier, l'	214
chocolathé, le	214
os à moelle, l'	214
table, la	213
templiers, les	214

> SHOPPEN

cueillete du rocher, la	216
hommes d'abord, les	215
mon fromager	216
rêves d'enfant	215

> 100% THERE

étangs de villepey, les	217
massif de l'estérel	216
nuits auréliennes, les	217

> ÜBERNACHTEN		> SHOPPEN	
bastide du clos	219	chocolatière du panier, la	193
hôtel la chêneraie	219	compagnie de provence, la	193
		maison empereur, la	193
> G		mobile de curiosités	194
glanum (saint-rémy-de-provence)		oogie	193
	229	> 100% THERE	
gordes	**273**	friche la belle de mai, la	194
grasse	**128**	kajakfahren	194
		marseille by bike	194
> H		> AUSGEHEN	
hyères	**120**	au petit nice	195
		cours julien	196
> I		place de lenche	196
île du levant (hyères)	**125**	> ÜBERNACHTEN	
île de porquerolles (hyères)	**124**	casa honoré	197
île de port cros (hyères)	**125**	maison du petit canard, la	196
îles de lérins (cannes)	**90**	ryad, le	196
îles d'or (hyères)	**121**	villa marie-jeanne	196
isola2000	**103**	**monaco**	**94**
		> SEHENSWÜRDIGKEITEN	
> J		casino de monte carlo	117
juan-les-pins	**72**	hôtel de paris	117
		musée océanographique	116
> L		palais princier	116
la cadière d'azur	**139**	> ESSEN & TRINKEN	
la londe-les-maures	**125**	atelier du glacier, l'	118
la-palud-sur-verdon	**307**	chaumière, la	118
le lavandou	**128**	huit et demi	118
le thoronet	**144**	note bleue, la	118
les arcs-sur-argens	**152**	> SHOPPEN	
les baux-de-provence	**237**	de millo fine art	120
les embiez (six-fours-les-plages)	**136**	mcnab monaco	120
l'isle-sur-la-sorgue	**260**	> 100% THERE	
lorgues	**155**	parc princesse antoinette	120
lourmarin	**270**	> ÜBERNACHTEN	
		ni hôtel	121
> M		novotel monte-carlo	121
manosque	**298**	**mont ventoux**	**276**
marseille	**182**	**montagnac-montpezat**	**306**
> SEHENSWÜRDIGKEITEN		**moustiers-sainte marie**	**303**
centre de la vieille charité	188		
château d'if	186	**> N**	
cité radieuse	189	**nizza**	**54**
musée cantini	189	> SEHENSWÜRDIGKEITEN	
musée d'art contemporain (mac)	189	cathédrale orthodoxe russe saint-nicolas	76
notre-dame-de-la-garde	186	cathédrale sainte-réparate	73
> ESSEN & TRINKEN		cours saleya	73
29, le	191	musée d'art moderne et d'art contemporain (mamac)	75
café populaire	190	musée des beaux arts	76
chez fonfon	190	musée matisse	76
goût des choses, le	190	musée national marc chagall	76
passarelle, la	190	opéra de nice, l'	73
terrasa, la	190	palais lascaris	75

villa arson: centre national d'art contemporain et école nationale supérieure d'art	75
> ESSEN & TRINKEN	
bistrot d'antoine, le	77
effervescence, l'	78
fennochio	78
flaveur, le	77
keisuke matsushima	77
saison	78
socca d'or, la	78
> SHOPPEN	
alziari	80
atelier des jouets, l'	80
baobab	80
> 100% THERE	
carnaval van nice	81
côte d'azur des peintres: itinéraire sur les pas des grands maîtres, la	84
parc de la colline du château	85
train des merveilles, le	81
train des pignes, le	81
> AUSGEHEN	
high club/studio 47	85
> ÜBERNACHTEN	
dortoir, le	86
hi hotel	87
hôtel beau rivage	87
hôtel villa la tour	87
hôtel windsor	87
> O	
orange	**285**
> P	
pampelonne	**116**
pernes-les-fontaines	**263**
> Q	
quinson	**304**
> R	
ramatuelle	**116**
roussillon	**274**
rustrel	**274**
> S	
saignon	**272**
saint-dalmas-le-selvage	**103**
sainte-croix-du-verdon	**307**
sainte-maxime	**118**
saintes-maries-de-la-mer	**222**
saint-maximin-la-sainte-baume	**143**
saint-paul de vence	**76**
saint-raphaël	**168**

saint-rémy-de-provence	**229**
saint-tropez	**108**
> SEHENSWÜRDIGKEITEN	
musée de l'annonciade	135
zitadelle und musée naval	135
> ESSEN & TRINKEN	
bar des hôtel sube	136
brasserie des arts	136
restaurant salama	136
sénéquier	139
table du marché, la	139
> SHOPPEN	
galeries tropéziennes	140
kiwi	140
rondini sandales tropéziennes	140
> 100% THERE	
voiles de saint-tropez, les	141
> AUSGEHEN	
caves du roy, la	142
ice kube bar	142
vip room	142
> ÜBERNACHTEN	
b. lodge hotel	143
ponche, la	143
salernes	**166**
sanary-sur-mer	**131**
sault	**282**
seillans	**176**
sillans-la-cascade	**166**
sisteron	**301**
sivergues	**272**
six-fours-les-plages	**136**
> SEHENSWÜRDIGKEITEN	
glanum	290
musée estrine	290
> ESSEN & TRINKEN	
aile ou la cuisse, l'	293
assiette de marie, l'	292
bistrot des alpilles, le	290
chez xa	292
grain de sel	292
> SHOPPEN	
cave aux fromages, la	294
entre sel et terre	293
petit duc, le	294
> 100% THERE	
besuch in einer olivenmühle	233
wandern in den alpilles	234
> ÜBERNACHTEN	
ateliers de l'image, les	295
maison du village, la	295
sous les figuiers	295

> T	
toulon	**131**
tourtour	**157**

> V	
vaison-la-romaine	**286**
valberg	**103**
varages	**143**
vens	**103**
villecroze	**161**
villefranche-sur-mer	**80**

SAINTE-CROIX-DU-VERDON – LE PETIT PORT

THEMENREGISTER

> SEHENSWÜRDIGKEITEN

abbaye de montmajour ARLES	214
abbaye du thoronet, l' LE THORONET	144
arc de triomphe ORANGE	286
arènes d'arles ARLES	213
arènes de fréjus FRÉJUS & SAINT-RAPHAËL	169
atelier paul cézanne AIX-EN-PROVENCE	202
basilique de sainte-marie-madeleine SAINT-MAXIMIN-LA-SAINTE-BAUME	143
beauduc CAMARGUE	222
calanques CASSIS	239
casino de monte carlo MONACO	96
cathédrale orthodoxe russe saint-nicolas NIZZA	62
cathédrale sainte-réparate NIZZA	60
cathédrale saint-léonce et cloître FRÉJUS & SAINT-RAPHAËL	169
cathédrale saint-siffrein CARPENTRAS	278
centre de la vieille charité MARSEILLE	188
centre jean giono MANOSQUE	298
chapelle bellini CANNES	86
chapelle notre-dame-de-jérusalem FRÉJUS & SAINT-RAPHAËL	170
chapelle saint-pierre VILLEFRANCHE-SUR-MER	80
château d'entrecasteaux ENTRECASTEAUX	141
château d'if MARSEILLE	186
château de cassis CASSIS	239
château de lourmarin LOURMARIN	270
château des baux LES BAUX-DE-PROVENCE	237
cité radieuse MARSEILLE	189
collection lambert AVIGNON	253
cours mirabeau AIX-EN-PROVENCE	201
cours saleya NIZZA	56
église de saintes-maries-de-la-mer CAMARGUE	222
espace van gogh ARLES	213
fondation alexandra david néel DIGNE-LES-BAINS	297
fondation anglandon-dubrujeaud AVIGNON	252
fondation de vasarely AIX-EN-PROVENCE	201
fondation maeght SAINT-PAUL-DE-VENCE	76
fondation van gogh ARLES	214
gallo-romeinse ruines VAISON-LA-ROMAINE	286
glanum SAINT-RÉMY-DE-PROVENCE	229
höhlen von villecroze, die VILLECROZE	162
hôtel carlton intercontinental CANNES	83
hôtel de paris MONACO	96
musée archéologique municipal FRÉJUS & SAINT-RAPHAËL	170
musée calvet AVIGNON	252
musée cantini MARSEILLE	189
musée d'art contemporain (mac) MARSEILLE	189
musée d'art moderne et d'art contemporain (mamac) NIZZA	60
musée d'orange ORANGE	285
musée de faykod AUPS	163
musée de l'annonciade SAINT-TROPEZ	111
musée de la préhistoire des gorges du verdon QUINSON	304
musée des beaux arts NIZZA	62
musée du vin brotte CHÂTEAUNEUF-DU-PAPE	289
musée espace raimu COGOLIN	118
musée estrine SAINT-RÉMY-DE-PROVENCE	230
musée granet AIX-EN-PROVENCE	201
musée matisse NIZZA	62
musée municipal d'art et d'histoire DRAGUIGNAN	149
musée national marc chagall NIZZA	62
musée océanographique MONACO	96
musée picasso château grimaldi ANTIBES & ST. JUAN-LES-PINS	72
musée réattu ARLES	213
notre-dame-de-la-garde MARSEILLE	186
opéra de nice, l' NIZZA	56
palais des festivals et des congrès CANNES	86
palais des papes AVIGNON	249
palais lascaris NIZZA	60
palais princier MONACO	95
parc ornithologique de pont de gau CAMARGUE	222
pont d'avignon, le AVIGNON	252
site archéologique d'olbia HYÈRES	122
synagoge CARPENTRAS	278
terra rossa SALERNES	166
théâtre antique ARLES	213
théâtre antique ORANGE	285
thermen des konstantin ARLES	214
villa arson: centre national d'art contemporain et école nationale supérieure d'art NIZZA	60
villa aurélienne FRÉJUS & SAINT-RAPHAËL	170
villa de noailles HYÈRES	121
village des bories GORDES	273
zitadelle en musée naval SAINT-TROPEZ	111
zitadelle SISTERON	301
zivo SAINT-PAUL DE VENCE	79

> ESSEN & TRINKEN

29, le MARSEILLE	190
absinthe bar (balade en provence), l' ANTIBES & JUAN-LES-PINS	75
aiguière, l' AUPS	163
aile de la cuisse, l' SAINT-RÉMY-DE-PROVENCE	232
amandier, l' FRÉJUS & SAINT-RAPHAËL	172
ami voyage... en compagnie, l' AVIGNON	255
antidote, l' MANOSQUE	298
antiquaire, l' LOURMARIN	271
apprentis gourmets, les CANNES	89
artistes, les AIX-EN-PROVENCE	204
atelier de jean-luc rabanel, l' ARLES	216
atelier du glacier, l' MONACO	97
auberge de la loube BUOUX	336
badiane, la SAINTE-MAXIME	118
bar des hôtel sube SAINT-TROPEZ	111
bard'ô, le SANARY-SUR-MER	132
bellota house CANNES	86
bijou plage ANTIBES & JUAN-LES-PINS	74
bistrot d'antoine, le NIZZA	64
bistrot de marie, l' SAINT-RÉMY-DE-PROVENCE	232
bistrot des alpilles, le SAINT-RÉMY-DE-PROVENCE	230
bouillabaisse, la HYÈRES	122
brasserie des arts SAINT-TROPEZ	111
brûlerie varoise DRAGUIGNAN	150
café de la place SAINT-PAUL DE VENCE	79
café de la poste MANOSQUE	298
café du midi BAUDUEN	165
café populaire MARSEILLE	190
caillou, le AUPS	164
capello DRAGUIGNAN	150
carré d'herbes, le L'ISLE-SUR-LA-SORGUE	260
castellas, le SIVERGUES	272
cave à huitres, la CAMARGUE	224
chalet reynard MONT VENTOUX	277

chardon, le BAUDINARD-SUR-VERDON	165	
chaumière, la MONACO	99	
chez camille RAMATUELLE	117	
chez fonfon MARSEILLE	190	
chez jo HYÈRES	122	
chez jo, le LAVANDOU	129	
chez serge CARPENTRAS	278	
chez xa SAINT-RÉMY-DE-PROVENCE	230	
chocolathé, le FRÉJUS & SAINT-RAPHAËL	173	
clocher, le BANDOL	135	
colombe, la BÉDOIN	281	
coquillages brun CANNES	86	
cosmo, le VILLEFRANCHE-SUR-MER	80	
cour d'honneur, la AVIGNON	255	
crêperie à l'atelier, la ENTRECASTEAUX	141	
effervescence, l' NIZZA	65	
el sol CASSIS	240	
epicécafé SANARY-SUR-MER	131	
épicerie, l' AVIGNON	255	
essentiel, l' AVIGNON	255	
fennochio NIZZA	65	
ferme sainte cécile MOUSTIERS-SAINTE-MARIE	303	
figuier de saint-esprit, le ANTIBES & JUAN-LES-PINS	74	
flaveur, le NIZZA	64	
fleur de thym, la FLAYOSC	152	
fournil, le BONNIEUX	268	
garçons, les VILLEFRANCHE-SUR-MER	81	
gousse d'ail, la BÉDOIN	281	
goût des choses, le MARSEILLE	190	
grain de sel SAINT-RÉMY-DE-PROVENCE	230	
grange des agapes, la COGOLIN	118	
grotte d'auguste, la ORANGE	286	
hostellerie bérard & spa LA CADIÈRE D'AZUR	139	
huit & demi MONACO	99	
jardin du quai, le LISLE-SUR-LA-SORGUE	260	
keisuke matsushima NIZZA	64	
kopecki vin & bandol (kv&b) BANDOL	135	
lou santen CAMARGUE	224	
maison des vins côtes de provence, la LES ARCS-SUR-ARGENS	152	
mang'oz juice bar CANNES	88	
miò café CANNES	89	
monde de sophie, le ARLES	216	
moom SIX-FOURS-LES-PLAGES	171	
moulin à huile VAISON-LA-ROMAINE	288	
nino CASSIS	240	
note bleue, la MONACO	97	
olivier hillaire CHÂTEAUNEUF-DU-PAPE	289	
olivier, l' SAINTE-CROIX-DU-VERDON	307	
os à moelle, l' FRÉJUS & SAINT-RAPHAËL	172	
oustau, l' FLAYOSC	155	
passage, le AIX-EN-PROVENCE	202	
passarelle, la MARSEILLE	190	
pasta cosy AIX-EN-PROVENCE	205	
pescador, le LISLE-SUR-LA-SORGUE	260	
petite cave, la SAIGNON	272	
piedoie, le AVIGNON	255	
pierre reboul AIX-EN-PROVENCE	204	
pins tranquilles, les TOURTOUR	157	
platane, le APT	265	
pointilliste, le TOULON	131	
relais d'oléa, le SEILLANS	176	
restaurant bruno LORGUES	155	
restaurant salama SAINT-TROPEZ	111	
rêves d'isabelle, les LORGUES	155	
SAISON NIZZA	65	
saveurs & nature MOUSTIERS-SAINTE-MARIE	303	
sénéquier SAINT-TROPEZ	111	
socca d'or, la NIZZA	65	
sommelerie, la CHÂTEAUNEUF-DU-PAPE	289	
sug'art CANNES	86	
table du marché, la SAINT-TROPEZ	111	
table, la FRÉJUS & SAINT-RAPHAËL	170	
tama'a café SANARY-SUR-MER	132	
tamaris, les LE LAVANDOU	128	
templiers, les FRÉJUS & SAINT-RAPHAËL	172	
terrasa, la MARSEILLE	190	
terrasse sur saint-paul, la SAINT-PAUL DE VENCE	79	
terrasse, la COTIGNAC	144	
thym te voilà APT	265	
tilleul, le SAINT-PAUL DE VENCE	79	
tonnelle, la CANNES	88	
verger des papes, le CHÂTEAUNEUF-DU-PAPE	289	
vice versa HYÈRES	122	
villa madie, la CASSIS	240	
volupté CANNES	88	
z plage CANNES	89	
zinc d'hugo, le AIX-EN-PROVENCE	202	

> **SHOPPEN**

alziari NIZZA	66
andré boyer SAULT	282
atelier buisson-kessler APT	268
atelier de mapy, l' VARAGES	143
atelier des jouets, l' NIZZA	66
au brin de thym ARLES	217
baobab NIZZA	65
beauvoir antiquités - ombre & lumière MOUSTIERS-SAINTE-MARIE	304
boutique florence TOURTOUR	160
boutique, la SANARY-SUR-MER	135
carré de blé, le AVIGNON	256
cave aux fromages, la SAINT-RÉMY-DE-PROVENCE	233
caveau de la tour d'isle LISLE-SUR-LA-SORGUE	260
c-bo AVIGNON	256
céneri CANNES	90
château de majoulière VILLECROZE	162
château thuerry VILLECROZE	162
chocolatière du panier, la MARSEILLE	193
cmjn design AIX-EN-PROVENCE	205
compagnie de provence, la MARSEILLE	193
comptoir des cottonniers, le CANNES	90
comptoir des savonniers, le ANTIBES & JUAN-LES-PINS	75
comptoir des sens, le DRAGUIGNAN	150
cueillette du rocher, la FRÉJUS & SAINT-RAPHAËL	173
de millo fine art MONACO	99
eau de cassis, l' CASSIS	241
entre sel et terre SAINT-RÉMY-DE-PROVENCE	233
fendi CANNES	90
galerie blanchard, la TOURTOUR	161
galeries tropéziennes SAINT-TROPEZ	113
gum VILLECROZE	162
hommes d'abord, les FRÉJUS & SAINT-RAPHAËL	173
jean-luc pelé CANNES	90
kiwi SAINT-TROPEZ	113
l'artisan boulanger ornetti DRAGUIGNAN	150
librairie actes sud ARLES	217
lutfi romhein ESPARRON	147
maison empereur, la MARSEILLE	193
mcnab monaco MONACO	99
mobile de curiosités MARSEILLE	194
mon fromager FRÉJUS & SAINT-RAPHAËL	173
mouret AVIGNON	256
nuances du sud BEAUMES-DE-VENISE	291
occitane en provence, l' MANOSQUE	299
oogie MARSEILLE	193
pâtisserie morin DRAGUIGNAN	150
petit duc, le ST-RÉMY-DE-PROVENCE	233

poule rousse,
la VILLEFRANCHE-SUR-MER 81
rêves d'enfant
FRÉJUS & SAINT-RAPHAËL 173
riederer AIX-EN-PROVENCE 205
rondini sandales tropéziennes
SAINT-TROPEZ 114
varages en provence VARAGES 143
vision TOURTOUR 161

> 100% THERE
atemberaubende wanderungen
RAMATUELLE 117
besuch bei einem traditionellen
gardian CAMARGUE 225
besuch in einer olivenmühle
SAINT-RÉMY-DE-PROVENCE 233
colorado provençal RUSTREL 274
corso fleuri BORMES LES MIMOSAS 128
côte d'azur des peintres: itinéraire
sur les pas des grands maîtres,
la NIZZA 67
ein ockerbergwerk besuchen
ROUSSILLON 274
einen lavendelhof besuchen
SAULT 282
einen trüffelbauern besuchen
CARPENTRAS 348
einen winzer besuchen BEDOIN 281
étangs de villepey, les FRÉJUS &
SAINT-RAPHAËL 174
festival d'avignon AVIGNON 256
fête de l'oeuf TOURTOUR 161
fête des gardians ARLES 218
fossiliensafari DIGNE-LES-BAINS 297
fotofestival ARLES 217
friche la belle de mai, la
MARSEILLE 194
île de porquerolles HYÈRES 124
île de port cros HYÈRES 125
île du levant HYÈRES 125
île les embiez SIXFOURS-
LES-PLAGES 136
îles de lérins: sainte-marguerite en
saint-honorat CANNES 90
jazz à juan ANTIBES & JUAN-LES-PINS 75
kajak-/kanufahren CAMARGUE 225
kajakfahren MARSEILLE 194
karneval von nizza, der NIZZA 67
marineland ANTIBES &
JUAN-LES-PINS 75
marseille by bike MARSEILLE 194
massif de l'estérel FRÉJUS &
SAINT-RAPHAËL 174

mit einem 2cv die orte am golf
von saint-tropez erkunden
SAINTE-MAXIME 118
mont faron TOULON 131
mountainbiken und kanufahren in
entrecasteaux ENTRECASTEAUX 142
nuits auréliennes, les FRÉJUS &
SAINT-RAPHAËL 174
opernfestspiele AIX-EN-PROVENCE 206
parc de la colline du château NIZZA 69
parc princesse antoinette
MONACO 100
petit port, le
SAINTE-CROIX-DU-VERDON 307
plage des jumeaux, la
PAMPELONNE 116
räder mieten CAMARGUE 225
radfahren BEDOIN 281
radweg la piste cyclable du
littoral 125
reiten in der camargue
CAMARGUE 225
route du mimosa (mimosenstraße)
BORMES-LES-MIMOSAS 128
sentier de littoral BANDOL 136
tauchen CASSIS 242
thermes sextius AIX-EN-PROVENCE 206
toiles du sud, les COTIGNAC 144
train des merveilles, le NIZZA 66
train des pignes, le NIZZA 66,103
voiles de saint-tropez, les
SAINT-TROPEZ 114
voix du gaou, les
SIX-FOURS-LES-PLAGES 136
wandern in den alpilles
SAINT-RÉMY-DE-PROVENCE 234
wanderung durch die verdon-schlucht:
le sentier del'imbut und le sentier
vidal AIGUINES 166
wanderweg sentier martel
LA PALUD-SUR-VERDON 308
wasserfälle von sillans-la-cascade,
die SILLANS-LA-CASCADE 166
windsurfen und kajak-/kanufahren
CASSIS 243

> AUSGEHEN
au petit nice MARSEILLE 195
café le verdun AIX-EN-PROVENCE 207
campo, el CAMARGUE 226
caves du roy, la SAINT-TROPEZ 114
cours julien MARSEILLE 196
deux garçons, les
AIX-EN-PROVENCE 207
high club/studio 47 NIZZA 69
ice kube bar SAINT-TROPEZ 115

opéra café AVIGNON 258
palm beach casino, le CANNES 92
place de lenche MARSEILLE 196
rotonde, la AIX-EN-PROVENCE 206
utopia-la manutention AVIGNON 258
vip room SAINT-TROPEZ 114

> ÜBERNACHTEN
alegria AUPS 164
ateliers de l'image, les
SAINT-RÉMY-DE-PROVENCE 234
auberge de l'aiguebrun BONNIEUX 268
auberge de l'orangerie ORANGE 286
auberge des seguins BUOUX 336
b. lodge hotel SAINT-TROPEZ 115
bastide au ventoux BEDOIN 282
bastide de l'adrech MANOSQUE 300
bastide de moustiers, la
MOUSTIERS-SAINTE-MARIE 303
bastide du clos FRÉJUS &
SAINT-RAPHAËL 174
bastide du jas, la SAIGNON 272
bliss COGOLIN 118
cabanon, le SANARY-SUR-MER 132
calendal, le ARLES 218
camping colorado RUSTREL 274
casa honoré MARSEILLE 196
chambre avec vue, la SAIGNON 272
chante alouette
CHÂTEAUNEUF-DU-PAPE 291
château talaud CARPENTRAS 280
clos du buis, le BONNIEUX 270
colombe d'or, la
SAINT-PAUL DE VENCE 79
couvent, le APT 268
domaine de la fontaine
LISLE-SUR-LA-SORGUE 262
domaine de la petite cheylude
PERNES-LES-FONTAINES 263
domaine la nesquière
PERNES-LESFONTAINES 263
domino, le DRAGUIGNAN 151
dortoir, le NIZZA 70
épicerie, l' AIX-EN-PROVENCE 209
évêché, l' VAISON-LA-ROMAINE 288
ferme de félines MOUSTIERS-
SAINTE-MARIE 304
fleur bleue, la VAISON-LA-ROMAINE 288
forge, la RUSTREL 274
grand hôtel nord-pinus ARLES 218
hi hotel NIZZA 70
hostellerie bérard & spa
LA CADIÈRE D'AZUR 139
hostellerie du val de sault SAULT 283
hôtel & restaurant la bastide
HYÈRES 126

hôtel alnea CANNES	92
hôtel beau rivage NIZZA	71
hôtel bor HYÈRES	126
hôtel brasserie la place ANTIBES & JUAN-LES-PINS	76
hôtel canberra CANNES	93
hôtel cézanne AIX-EN-PROVENCE	209
hôtel de l'amphithéâtre ARLES	218
hôtel des deux rocs SEILLANS	176
hôtel des rièges CAMARGUE	226
hôtel du palais des papes AVIGNON	259
hôtel du poète L'ISLE-SUR-LA-SORGUE	263
hôtel en ville AIX-EN-PROVENCE	209
hôtel la chêneraie FRÉJUS & SAINT-RAPHAEL	175
hôtel la jabotte ANTIBES & JUAN-LES-PINS	76
hôtel le manoir AIX-EN-PROVENCE	209
hôtel le pré saint michel MANOSQUE	301
hôtel molière CANNES	92
hôtel saint trophime ARLES	219
hôtel synaya SANARY-SUR-MER	132
hôtel villa la tour NIZZA	71
hôtel welcome VILLEFRANCHE-SUR-MER	81
hôtel windsor NIZZA	70
jardin d'emile, le CASSIS	243
jardin en ville, un MANOSQUE	300
kon tiki PAMPELONNE	116
limas, le AVIGNON	258
lumani AVIGNON	258
magnanerie de seillans, la SEILLANS	176
maison 9 CASSIS	243
maison du bois doré, la MONTAGNAC-MONTPEZAT	306
maison du petit canard, la MARSEILLE	196
maison du village, la SAINT-RÉMY-DE-PROVENCE	234
maison trevier CARPENTRAS	280
mangio fango CAMARGUE	226
mère germaine, la CHÂTEAUNEUF-DU-PAPE	289
ni hôtel MONACO	100
novotel monte-carlo MONACO	100
péniche AVIGNON	259
petite auberge, la TOURTOUR	161
pierre de lune SAULT	283
ponche, la SAINT-TROPEZ	115
ryad, le MARSEILLE	196
safari CARPENTRAS	278
savoir vivre, le BESSE-SUR-ISSOLE	147
sous les figuiers SAINT-RÉMY-DE-PROVENCE	234
suite cassis, la CASSIS	243
terrasses, les BONNIEUX	268
villa aurenjo ORANGE	286
villa gaia DIGNE-LES-BAINS	298
villa marie-jeanne MARSEILLE	196
villa saint-louis LOURMARIN	271

100% CITYGUIDES

GUIDE+ APP

100% TRAVELGUIDES

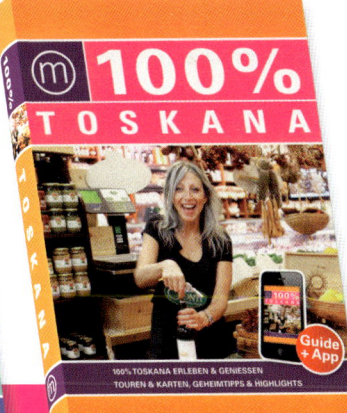

Ausführliche Informationen zum 100% Programm finden Sie auch auf unserer Homepage unter **www.100travel.de**

IMPRESSUM

Dieser 100% Guide wurde mit größter Sorgfalt zusammengestellt. Mo Media GmbH ist nicht verantwortlich für eventuelle inhaltliche Fehler. Anmerkungen und/oder Kommentare können unter *www.100travel.de* mitgeteilt oder an die unten stehende Adresse gerichtet werden.

MO MEDIA GMBH, BETR. 100% PROVENCE, STEINSTR. 15, 10119 BERLIN
E-MAIL INFO@MOMEDIA.COM
WWW.100TRAVEL.DE

AUTOREN	dieter ruys, hannah jansen morrison, marcelle van de leur
FOTOGRAFIE	cindy van eeckhout, www.alegria.tk/arte, s. 93 hôtel alnea
COVERFOTO	getty images, thomas tolstrup
ÜBERSETZUNG	gerrit j. ten bloemendal (für bookwerk köln/münchen)
LEKTORAT	caroline kazianka (für bookwerk)
ENDREDAKTION	anke höhne (für bookwerk)
LAYOUT & SATZ	oranje vormgevers
KARTOGRAFIE	anyway productions
LITHOGRAFIE	mastercolors mediafactory
100% PROVENCE	isbn 978-3-943502-60-2
	© mo media gmbh, berlin, märz 2014

Alle Rechte vorbehalten. Kein Teil dieser Ausgabe darf ohne vorherige schriftliche Einwilligung des Verlages in irgendeiner Form reproduziert oder unter Verwendung elektronischer Systeme verarbeitet, vervielfältigt oder verbreitet werden.